George Adamski
Im Innern der Raumschiffe

J. Fischer-Schwarz

George Adamski

IM INNERN DER RAUMSCHIFFE

Vorwort
von
Desmond Leslie

Dritte Auflage 1989

VENTLA-VERLAG D-6200 WIESBADEN 13

Titel der Originalausgabe:
Inside The Space Ships

*

Aus dem Englischen übersetzt
von H. Rather und C. Müller

ISBN 3-88071-082-1

Herstellung: Friedr. Ehrenklau Druckerei GmbH, 6420 Lauterbach/Hessen

ICH WIDME DIESES BUCH
EINER BESSEREN WELT

Hiermit möchte ich Charlotte Blodget meine tiefempfundene Dankbarkeit ausdrücken für den Rahmen, den sie mit ihren Worten in diesem Buche meinen Erlebnissen gab.

George Adamski

VERZEICHNIS DER BILDER

INHALTSVERZEICHNIS

ZUR ZWEITEN UND DRITTEN AUFLAGE

Nach mühevoller Vorarbeit ist es gelungen, die epochalen Erlebnisberichte George Adamskis – des wohl bekanntesten UFO-Pioniers – unseren deutschsprachigen Lesern zugänglich zu machen. Das Buch „Im Innern der Raumschiffe" ist die Fortsetzung zu dem Bericht über seine erste Begegnung mit einem Menschen von der Venus.
Diesen ersten Erlebnisbericht haben wir nochmals unseren Lesern in den „UFO-NACHRICHTEN" Nr. 268–270 März–Sept. 1981 unter dem Titel „Der Außerirdische und George Adamski" und damit auch neu Interessierten zugänglich gemacht.
Die Zweitauflage 1981 enthält zusätzlich zwei weitere Kapitel: Fred Steckling: „Meine Freundschaft mit G. Adamski" und K. & A. Veit: „Wer war George Adamski wirklich?"
Vorliegendes Buch gibt den Beweis von uns überlegenen Planetenbewohnern, die die Weltraumfahrt bereits in vollendeter Form beherrschen. Ungeahnte Perspektiven ergeben sich in Zukunft auf ethischer sowie auf physikalisch höherer Ebene. Wer diese kosmischen Enthüllungen liest, dem erschließt sich ein neues, überwältigend befreiendes Weltbild.

*

30 Jahre nach der deutschen Erstausgabe finden die kosmisch-evolutiv gelagerten Aspekte und Aussagen dieses grandiosen Buches erneute Bestätigung. Insbesondere durch gleichgelagerte Kontakt-Erlebnisse eines im höheren Staatsdienst tätigen Beamten aus Japan; diese wurden auf dem 14. Interkontinentalen UFO-Kongreß der DUIST im Juni 1987 erstmalig dem deutschen Publikum vorgestellt. („Junger Japaner besucht fremde Planeten" UFO-NACHRICHTEN Nr. 305–307, Juli–Dez. 1987).

Der Herausgeber Karl L. Veit

Einleitung

von Charlotte Blodget

In der Einführung zu diesem Buch möchte ich mit der Feststellung beginnen, daß jeder Leser den Inhalt tief erregend und spannend finden wird. Andererseits bin ich mir klar darüber, daß dem Lesen auch mehr oder weniger Skepsis folgen wird. Einige Leser werden Adamskis Behauptungen, seine Erlebnisse im Innern der Raumschiffe seien wirklich wahr, annehmen. Viele, die die Aufrichtigkeit, mit der er seine Geschichte erzählt, fühlen, werden ihn als einen ehrlichen, aber sich selbst täuschenden Menschen hinstellen und seine Abenteuer in die Kategorie des Mentalen oder Psychischen verweisen. Noch andere, die dazu erzogen sind, alles, was nicht in den vertrauten drei Dimensionen bewiesen ist, abzulehnen, werden das Buch als geschickten Schwindel abtun.

Obgleich ich selbst schon mehrmals Raumschiffe gesehen habe, sowohl in den Bahamas, wo ich wohne, als auch in Palomar, wo ich letzten Sommer mehrere Wochen weilte, war ich doch nie in einem Raumschiff, noch bin ich meines Wissens jemals einem Raummenschen begegnet. Aber ich bin George Adamski begegnet. Wenn man ihn kennt, weiß man eines ganz sicher: Er ist ein Mann von unzweifelhafter Lauterkeit.

Als ich „Fliegende Untertassen sind gelandet" (Flying Saucers have landet) gelesen hatte, schrieb ich, da ich sowieso vorhatte, den Sommer bei meinen Verwandten in Kalifornien zu verbringen, an Herrn Adamski, beschrieb ihm meine Sichtungen hier und fragte an, ob ich ihn besuchen dürfe. Eine herzliche Einladung war die Antwort.

Ohne Zögern gebe ich zu, daß ich meine erste Reise nach Palomar Terraces trotzdem mit festgefalteten Händen machte. Ich war durchaus auf alles gefaßt, angefangen bei einem höchst geistvollen Übergeschnappten bis zum harmlosen Phantasten. Oder vielleicht versprach er sich von dem weitverbreiteten Interesse an den „Fliegenden Untertassen" einen neuen bequemen, profitbringenden Kult für Kalifornien. Was ich fand, war ein Mann, der vollständig anders war und ziemlich schwer zu beschreiben ist.

Als erstes stellte ich fest, daß es ein kleines Verbrechen gewesen war, zu erlauben, daß ein so unzutreffendes und irreführendes Bild von ihm auf dem Umschlag seines Buches „Fliegende Untertassen sind gelandet" verwendet wurde. Adamski ist nicht nur ein sehr gut aussehender Mann ganz individueller Art, sondern hier war ein vornehmes Gesicht, auf dem die Redlichkeit klar geschrieben steht. Nie weicht der Ausdruck von Güte und Geduld aus diesem Antlitz. Das stellte ich während meines Aufenthaltes hier fest. Das bedeutet nicht, daß Adamski sich schon über den Punkt hinaus fortentwickelt hat, wo die kleinen Ärgernisse, die den Blutdruck niederer Wesen erhöhen, ihn nicht mehr reizen. Keineswegs! Bei Vorkommnissen wie z. B. eine widerspenstige Röhre, wenn er als Amateurklempner arbeitet oder wenn er mal seinen Lieblingshammer nicht finden kann, dann hat er einen Vokabelschatz wie jeder normale Mann. Aber sein Ärger dehnt sich selten auf andere Mitgeschöpfe aus. Alle, die den Weg zu seiner Tür finden, seien sie langweilige Menschen, lästige oder zänkische, herausfordernde Typen, sie alle begegnen bei ihm derselben geduldigen Höflichkeit wie intelligente, charmante oder im weltlichen Sinne bedeutende Personen. Kurz, er hat wahres Verständnis und Mitgefühl. Diese Eigenschaften, gepaart mit einem immer für Humor aufgeschlossenen Sinn, machen ihn zu einem ganz und gar zugänglichen Menschen im weitesten Sinne des Wortes. Außerdem verlangt er auch nicht, daß jeder ihm glaubt oder mit allem, was er behauptet, übereinstimmt. Er besitzt die wahre Demut, die jede Überheblichkeit ausschließt.

Adamski besitzt mehr Weisheit als formale Schulbildung, was in seinem Falle ein Plus ist und ihn frei hält von den Ketten, die den akademischen Verstand so oft fesseln. Gleichzeitig ist er über die meisten Dinge erstaunlich gut informiert, einschließlich der Weltereignisse und ihrer Hintergründe. Vielleicht ist er aus diesem Grunde so etwas wie ein Prophet. Abgesehen von totalem Fehlen eines materiellen Erwerbssinnes, weshalb ihn andere Leute manchmal übervorteilen, zeigt sich Adamski als ein ungewöhnlich gut ausgeglichener Mensch. Ich bin geneigt, zu glauben, daß die auffallend große Geduld, die Adamski an den Tag legt, eine große Rolle gespielt haben muß, als unsere Brüder von anderen Planeten ihn zu einem ihrer ganz wichtigen Sendboten auf Erden erwählten. Adamski besitzt nicht die bequeme Geduld, die damit zufrieden ist, am Feuer oder im Schatten eines Baumes zu warten und zu träumen, sondern eine Geduld, die handelt. Als er z. B. erst einmal überzeugt war von der außerirdischen Natur der seltsamen Objekte, die er am Himmel gesehen hatte, setzte er alles daran, fotografische Beweise für ihre Realität zu beschaffen. Daß das ein Projekt größten Ausmaßes war, sollte jedem klar sein. Keine Wetterunbilden und noch so lange darauf verwendete Zeit schreckten Adamski ab. Tatsächlich vergingen fünf Jahre (1948 bis 1952), ehe er aus Hunderten von Versuchen eine oder mehrere gute Fotos eines jeden gesichteten Raumschiff-Typs erhalten hatte. Dann erst betrachtete er die Anfangsstufe seiner Untertassenforschung als vollständig erreicht. Seitdem sind in vielen Teilen der Welt Aufnahmen gemacht und veröffentlicht worden, die denselben Schiffstyp als Bestätigung für Adamskis Bilder zeigen.

Leonard G. Cramp, M. S. I. A., machte vergleichende orthographische Zeichnungen von Adamskis Venus-Erkundungsschiff und dem Fahrzeug, das der dreizehnjährige Stephen Darbishire[1]) in England aufgenommen hatte („Die Coniston-Untertasse") und bewies die Übereinstimmung der beiden im Bau und in den Maßen. Man findet diese Zeichnungen in Cramps Buch „Raum, Schwerkraft und die Fliegenden Untertassen".[2]) (Wissenschaftlern und technisch Begabten zu empfehlen.)

Bevor ich Palomar Terraces verließ, regte ich an, daß es vielleicht im Interesse der Menschen, die absolut konkrete Beweise haben wollen, gut wäre, in dieses Buch irgendwelche Zeugenaussagen mit aufzunehmen von Personen, die nicht aus Sicherheitsgründen oder persönlichen Rücksichten dauernd stillzuschweigen brauchen, oder vielleicht Aufnahmen vom Innern eines Raumschiffes oder eines auf einem anderen Planeten hergestellten Gegenstandes. Obgleich ich Adamskis Erklärung verstand, weshalb er

1) Siehe UFO-Nachrichten Nr. 16, Dez. 1957, Ventla-Verlag.

2) Fotos und technische Darstellung des Adamski-Scouts mit der Darbishire-Aufnahme Seite 11 im Buch „Erforschung außerirdischer Weltraumschiffe . . ." von Karl L. Veit.

meinte, daß solche Beweise wenig nützen würden, war ich doch daran interessiert wegen der Reaktion bei meinen vielen aus allen Berufen stammenden Freunden, die ich sehen würde. Zu ihnen gehörten prominente Wissenschaftler, Journalisten, Professoren verschiedener Falkultäten und aufgeklärte Laien.

Ich fand ein größeres allgemeines Interesse an „Untertassen" als ich erwartet hatte. Außerdem zeigte man nicht nur überraschend wenig Skepsis in bezug auf die Tatsache dieser fremden Fahrzeuge an unserem Himmel, sondern auch eine Bereitschaft, sie für interplanetarischen Ursprungs zu halten. Was wenige glauben wollten war, daß George Adamski unsere Nachbarn von anderen Planeten gesehen, mit ihnen gesprochen hatte und sogar in ihren Schiffen mitgefahren war.

Bereitwillig gestand man zu, daß man über den Weltraum bis jetzt keine große Kenntnis besitzt. Die Auffassung, von einer nicht zu überbrückenden Entfernung zwischen den Planeten wird von vielen unserer Wissenschaftler nicht länger aufrecht erhalten. Ebenso besteht der alte Maßstab von Lichtjahren nicht mehr als Grundlage, nach dem das Zeitelement berechnet werden muß. Die Strömungen im Raum (aus Mangel an einem besseren Ausdruck) sind zugegebenermaßen Geheimnisse, die der Erforschung harren. Die Beherrschung der Schwerkraft liegt noch in der Zukunft.

Da die Wissenschaft während unserer Lebenszeit unleugbar Riesenfortschritte gemacht hat, vergessen wir zuweilen allzuleicht, daß wir trotzdem immer noch Kinder sind betreffs unseres Verständnisses des ungeheuren Universums, von dem wir ein so winziges Teilchen sind. Wir übersehen noch, daß das durch die Menschheitsgeschichte fortlaufende Geschehen uns das erzwungene Aufgeben oder die Abänderung von gestrigen Voraussetzungen und Schlußfolgerungen im Lichte der weiteren Entdeckungen von morgen aufnötigt. Je reifer der menschliche Geist wird, desto mehr erkennt er, daß die unendlichen Wunder einer ewigen Schöpfung mit von Menschen erdachten Maßstäben nicht vollständig gemessen und erfaßt werden können. Dies ist eine erregende Erkenntnis, die aber weder erschreckt noch entmutigt! Nur der unreife Geist lehnt voreilig alles als unmöglich oder beunruhigend ab, was außerhalb seiner eigenen kleinen physischen Erfahrung liegt oder jenseits seiner beschränkten Vorstellungskraft.

Als Erforscher der Geschichte und der menschlichen Natur ist Adamski sich voll bewußt, daß er sich mit seinen Berichten über Erlebnisse, die so weit entfernt sind von den gewöhnlichen Ereignissen auf diesem kummervollen Planeten, weitgehenden Angriffen aus ganz bestimmten Quellen aussetzt. Und obgleich ich weiß, daß irgendwelche gegen seinen gesunden Verstand und seine Wahrhaftigkeit gerichteten Verleumdungen ihn nicht persönlich aufregen können, weiß ich auch, welche Wichtigkeit er der Verbreitung der Wahrheit über die Raumschiffe und ihre freundschaftliche Mission an den entzweiten Völkern der Erde beimißt. Aus diesem Grunde, und da ich auf das Verlangen nach irgendwelchen „konkreten Beweisen" stieß, zur Erhärtung von Adamskis Behauptungen, schrieb ich ihm und bat von neuem um seine Zustimmung, daß etwas derartiges in dieses Buch eingefügt würde. Ich meine, daß seine Antwort an mich seinen Standpunkt weit wirkungsvoller rechtfertigt, als ich oder sonst jemand es könnte. Deshalb füge ich sie mit seiner Erlaubnis bei:

Palomar Terraces
Star Route, Valley Center, California

Liebe Charlotte!

Ich habe Deinen Brief mit größtem Interesse gelesen; während alle die verschiedenen Ausführungen einerseits sinnvoll zu sein scheinen, sind sie es andererseits doch nicht. Ich will niemand kritisieren; aber die meisten Leute, die auf einem Spezialgebiet geschult sind, einerlei wer sie sein mögen oder welche Stellung sie einnehmen, werden oft von zu getreuem Festhalten an den überlieferten herkömmlichen Schablonen beherrscht.

Wie ich Dir sagte, habe ich tatsächlich Zeugen für eine meiner Reisen in einem Raumschiff. Es sind beide Wissenschaftler, die hohe Stellungen innehaben. Wenn sie erst einmal imstande sein werden, Aussagen zu machen, wird sich das Bild über Nacht ändern. Aber heutzutage, wo aus Sicherheitsgründen alles klassifiziert ist, müssen sie zunächst noch im Dunkel bleiben. Erst wenn sie glauben, den Beweis freigeben zu können, den sie haben, ohne die nationale Verteidigung noch sich selbst zu gefährden, werden sie, wie sie gesagt haben, dies durch die Presse tun. Wie bald das sein kann, ahnen weder Du noch ich. Aber, da sie auf das Geheiß der Weltraumbrüder dabei waren, sind manche Dinge, die „Brüder" und die breite Öffentlichkeit betreffend, im Gange, die sonst nicht hätten gestartet werden können. Und so gern wir es auch möchten, so können wir von diesen Dingen noch nicht sprechen, denn gute Absichten haben oft böse Folgen. Alles, was zu vorzeitig begonnen wird, kann die besten Anfänge verderben.

Bedenke außerdem, daß es auch noch eine andere Seite

zu dieser Beweisangelegenheit gibt, über die Du voll informiert bist, und Du wirst deshalb verstehen, weshalb wir geduldig auf die Erfüllung unserer Hoffnungen warten müssen. Erst ganz kürzlich erhielt ich einen Brief, der andeutete, daß sich solche Möglichkeiten schon zeigen und es scheint, daß vielleicht eine Unterstützung aus dieser Quelle kommt, was für die Welt ein Segen sein würde. Also nochmals, ich muß voll Zuversicht warten und die Entscheidung der Zeit überlassen.

Ich kann Deine Ansicht betreffs persönlicher Zeugen, die unabhängig von staatlichen und persönlichen Sicherheitsgründen wären und deshalb frei aussagen und mich so unterstützen könnten, wohl verstehen. Aber genau so wie die Skeptiker meine eigenen eidesstattlichen Versicherungen anzweifeln würden, sollten sie die eines anderen nicht ebenso anzweifeln? Das wurde bewiesen in bezug auf die beschworenen Aussagen der Zeugen, die bei dem ersten, in dem Buch „Fliegende Untertassen sind gelandet" beschriebenen Treffen zugegen waren. Wenn ein Kritiker eben ein Kritiker ist, kann man den Allmächtigen vor ihn bringen, und er wird doch noch zweifeln. Selbst der Durchschnittsmensch zweifelt leicht an allem, was ihm neu ist.

Was die konkreten, auf einem anderen Planeten hergestellten Gegenstände betrifft, die ich ja vorlegen könnte, würden sie wirklich zweckdienlich sein? Ganz abgesehen von der Unmöglichkeit, sie allen Lesern zu zeigen, stehen wir derselben alten Geschichte gegenüber, was die Fotografien von solchen Dingen betrifft. Kannst Du Dir nicht schon vorstellen, was man dazu sagen wird? „Dies und jenes hat Adamski selber gemacht und fotografiert" oder „Was ist denn schon so anders an diesem Becher oder an jenem Materialstück", und in der Tat — nach allem zu urteilen, was ich persönlich in den Raumschiffen gesehen habe, besteht, oberflächlich betrachtet, wirklich kein größerer Unterschied zwischen einem venusischen und einem irdischen Becher als zwischen den tausend und eins verschiedenen Bechertypen, die auf der Erde hergestellt werden!

Sieh doch, was man über die Fotos von den Raumschiffen gesagt hat, die doch Objekte zeigen, die vollständig anders sind als irgendwelche auf Erden hergestellten und die von vielen Leuten in verschiedenen Teilen der Welt fotografiert worden sind! Einerlei wie man es auch betrachtet, wenn die betreffende Person nicht selbst jenes Etwas besitzt, das nötig ist, um die Wahrheit zu erkennen, so kann man ihr noch so viele Beweise bringen, so wird sie stets noch konkrete Beweise verlangen, die ihrem eigenen Verständnis entsprechen; die Meinungen aller anderen Menschen werden da ignoriert.

Es ist etwa so: Wer die Tiefe des Lebens in seinem Wesen trägt, der braucht keinen dieser Beweise, aber wer sie nicht hat, wird, wie Jesus sagt: „Zeichen fordern, aber die Zeichen werden ihnen nicht gegeben werden", denn selbst wenn sie gegeben würden, so würden die Zweifler sie doch nicht verstehen. Seine Worte sind heute genau so wahr.

Wer die Wahrheit besitzt, fragt nicht nach Beweisen; denn sein inneres Gefühl erkennt jene Wahrheit, die in sich selbst Beweis ist. Und wir haben hierfür eine hervorragende Bestätigung in bezug auf das Buch „Fliegende Untertassen sind gelandet". Wie Du weißt, bin ich „Niemand"; ich lebe lieber in den Bergen als in einer Großstadt, wo ich „all die richtigen Leute" treffen könnte. Jenes Buch bot den Psychologen, den Psychoanalytikern und den berufsmäßigen Kritikern eine Fülle von Material für Angriffspunkte, und sie fanden sie heraus! Und doch hat das Buch seinen Weg um die Welt gemacht. Du hast ja viele der Briefe, die wir inzwischen bekamen, gelesen und selbst gesehen, daß nur wenige Zweifel und Kritik enthielten, während die meisten voll des Lobes waren. Du hast festgestellt, wie viele Schreiber von ihren eigenen persönlichen Erlebnissen erzählten, aber nicht wagten, darüber zu sprechen, weil auch sie keine „konkreten Beweise" vorlegen konnten; oder sie hatten versucht, wenigstens ihren Freunden und Verwandten davon zu erzählen — leider mit schlechten Ergebnissen!

Waren es nicht schon immer die sogenannten anerkannten Autoritäten, die in vergangenen Zeiten — genau wie heutzutage — alles, was zur Besserung der Menschheit vorgeschlagen wurde, kritisiert und verächtlich gemacht haben? Die Art Beweise, die sie wünschten, waren verfrüht und konnten nicht aus Erfahrung gegeben werden. Aber Zeit und Ausdauer haben am Ende stets diejenigen gerechtfertigt, die die fortschrittlichen Ideen herausbrachten. Um d i e s e r Menschen willen geht es der Menschheit um so vieles besser — nicht durch die Skeptiker! Heute ist es nicht anders. Aber eines möchte ich Dir versichern: Die „Brüder" werden uns nicht im Stich lassen, wenn wir ihrer Führung folgen, ebensowenig wie sie es bei „Fliegende Untertassen sind gelandet" getan haben. Während wir Menschen hier nicht viel dazu getan haben, das Buch so weit zu verbreiten, muß noch jemand anders uns mächtig geholfen haben. Deshalb wollen wir weitermachen ohne viel an der Handlungsweise, die mit dem ersten Buch begann, zu ändern. Ich bin sicher, daß wir es nicht falsch machen werden. Mögen die Kritiker nur fordern! Gerade ihre Opposition mag dazu dienen, vielleicht ihre eigene Neugier zu reizen und sie zu veranlassen, tiefer zu forschen oder zu analysieren. Immer wird die Wahrheit siegen, trotz persönlicher oder beschränkter Ansichten.

Bezüglich der Analyse des Stückchens Metallschlacke, welches ich in diesem Buche erwähne, und das Du selbst schon in der Hand gehalten hast, habe ich gezögert auf Grund einer früheren Erfahrung. Vor einigen Jahren ließ ich nämlich eine chemische Analyse machen von einem Stück Metall-Legierung, das, wie ich tatsächlich wußte, nicht von unserem Planeten stammte. Damals war mein erster Gedanke, eine Analyse machen zu lassen. Ich übergab es also zu diesem Zwecke einem Wissenschaftler. Als ich mich das erste Mal telefonisch nach dem Ergebnis erkundigte, klang die Stimme des Mannes ganz erregt. Aber als ich ihn später in seinem Laboratorium aufsuchte, hatte er sich wieder ganz in der Gewalt (oder jemand anders hatte ihn in seiner Gewalt) und versuchte, alles leicht abzutun. Als er sagte, das sei nichts Besonderes, das könne man auf jedem alten Schrotthaufen finden, bestand ich darauf, daß er mir eine genaue Angabe seiner Prüfungsergebnisse anfertigte. Da gab er dann zu, daß „geringfügige Unterschiede" in der Zusammensetzung von irgend anderen üblichen Legierungen bestünden; das könne durch Abweichung beim Erhitzen oder von einem anderen „leichten Zwischenfall" gekommen sein, den man seinerzeit nicht bemerkt habe, weshalb eine Wiederholung der Legierung unwahrscheinlich sei.

Jene Erfahrung war mir eine Lehre und ich möchte durchaus nicht riskieren, das kleine Metallstück, das Du gesehen hast, zu verlieren und es einem anderen zu überlassen, wenn ich nicht die Gewißheit habe, daß er die Wahrheit aufrichtig sucht und bekanntgibt. Ich weiß ja, daß es nicht von dieser Erde stammt!

Da ich weiß, daß mein Wissen sehr gering ist im Vergleich zu dem der „Brüder", überlasse ich ihnen gern alle Entscheidungen, wie Du es auch tätest. Ich habe Veranlassung zu glauben, daß sie sich bemühen, auch in anderen Teilen der Welt Kontakte mit Menschen aufzunehmen, so daß auch der größte Skeptiker mich nicht beschuldigen könnte, vielleicht einen Zeugen irregeführt oder gar gekauft zu haben, um meine Behauptungen zu bestätigen, falls ich versuchen sollte, jemanden zu nennen, dessen Name in der Welt keinen Klang trüge.

Vielleicht warten die Brüder von anderen Planeten, bis das innere Wesen der Menschen auf Erden sich, wenn auch noch so gering, regt zum Erwachen des Wunsches nach einem besseren Leben unter ihren Mitmenschen. Vielleicht ist auch der Glaube die Hauptsache, nicht der blinde Glaube, sondern der wissende Glaube, der nur aus dem Innern kommt und nicht von dem abgebracht werden kann, was er als wahr erkannt hat. Das erste Buch hat zu einem solchen Erwachen beigetragen. Der Zweck dieses Buches ist, diese Bewegung anzuregen zu immer größerem Wachstum und Verständnis.

Für die Begebenheiten, die im ersten Buch beschrieben werden, gab es keine wissenschaftliche Unterbauung. Aber Ereignisse, die seit der Veröffentlichung stattfanden und aus vielen Teilen der Welt berichtet wurden, haben sich als eine bessere Bestätigung erwiesen als alles, was ich zur Zeit der Veröffentlichung hätte anführen können. Und das hat sich ereignet trotz der Oppositionskräfte, die aus irgendwelchen Gründen nicht wollen, daß die Wahrheit herauskommt. Bei diesem Buche wird es genau so sein. Vor vielen Dingen bin ich bestens behütet und ebenso gut geführt worden. Bis jetzt haben mich die „Brüder" noch nie im Stich gelassen. Wenn wir also geduldig und in ruhigem Vertrauen warten, so wird alles kommen wie es soll. Dann wird es eine Fülle von Beweisen in der ganzen Welt geben, mehr als mir als einzelnem jemals gegeben werden oder die ich vorbringen könnte.

Stets
Dein George Adamski

Vorwort

von Desmond Leslie

Als ich mit George Adamski zusammen das Buch „Fliegende Untertassen sind gelandet" herausgab, kannte ich ihn noch nicht persönlich. Mein Verleger und ich waren damals beide der Ansicht, daß Adamskis eidesstattliche Erklärung, daß er wirklich auf dem Erdboden Kontakt mit einer fliegenden Untertasse gehabt habe, vollauf als Beweis genüge, die Veröffentlichung seines Berichtes zu rechtfertigen. Spätere Ereignisse bewiesen, daß wir recht getan hatten. Im November 1953, einen Monat nach der Herausgabe unseres Buches, flog ein Objekt, beinahe identisch mit dem, welches Adamski fotografiert hatte, über Norwich, Norfolk, und wurde von sieben Mitgliedern der Britischen Astronomischen Gesellschaft und der Norwicher Astronomischen Gesellschaft gesichtet. Einer von ihnen, Mr. Potter, machte eine Zeichnung, die eine Untertasse mit einer Kuppel und einen Ring mit Luken zeigte, die den von Adamski gemachten Fotos fast gleich war.

Am 15. Februar 1954 machten zwei Jungen im Alter von dreizehn und acht Jahren eine Aufnahme von einem Objekt, das aus den Wolken über Coniston, Lancashire, herabgeflogen war. Die Aufnahme war etwas unscharf, jedoch klar genug, um die Untertasse mit Kuppel, vier Luken und kugelförmigem Landegerät erkennen zu lassen, gleich den Adamski-Fotos. Der einzige Unterschied, den eine oberflächliche Prüfung ergab, war eine Verschiedenheit im Winkel. Die Fotografie schien in einem Winkel von 25° zur vertikalen Achse der Untertasse aufgenommen zu sein, wogegen die entsprechende von Adamski in einem Winkel von ungefähr 50° aufgenommen wurde. Eine genaue Prüfung ergab, daß die Jungen (1.) das Negativ nicht gefälscht hatten, noch (2.) ein Modell nach der Aufnahme Adamskis fotografiert hatten. Einen weiteren Beweis lieferte später Leonard Cramp, M. S. I. A., der Verfasser eines kürzlich erschienenen wissenschaftlichen Buches, betitelt „Raum, Schwerkraft und die Fliegenden Untertassen". Mit Hilfe orthographischer Projektionen bewies er, daß die Coniston-Untertasse genau dieselben Proportionen besaß wie die Untertasse Adamskis. Wenn die Jungen also ein Modell angefertigt hätten, so hätten sie zunächst mal orthographische Projektionen machen und dann ihr Modell danach in richtigem Maßstab anfertigen müssen. Und das hätte wiederum erfordert, auf einer Drehbank mehrere genau parabolische Kurven zu schneiden. Die Knaben hatten gar keine Gelegenheit, an eine Drehbank zu kommen, und wußten nichts von orthographischen Projektionen. Ich bezweifle auch, daß sie wußten, wie man parabolische Kurven schneidet.

Viele haben Adamski vorgeworfen, er hätte einen Lampenschirm fotografiert. Das Erscheinen eines großen „Lampenschirmes" über Norwich und später sein plötzliches Herabsinken vom Himmel über Lancashire läßt vermuten, daß der in Frage kommende „Lampenschirm" erstaunliche Selbstantriebskräfte gehabt haben muß, dazu die Befähigung, von Kalifornien fort fast 10 000 km weit über den Atlantik zu fliegen. Hätte Adamski einen Lampenschirm oder irgendeinen anderen selbstgemachten Gegenstand fotografiert, dann wäre, und das sei ebenso vermerkt, vermutlich früher oder später ein zweites gleiches Objekt derselben Herstellungsart in irgend jemandes Besitz aufgetaucht und identifiziert worden. Adamskis Negative wurden von Cecil B. de Mills erstem Trick-Fotografen, Pev Marley, geprüft, der erklärte, wenn es Fälschungen wären, so seien es die besten, die er jemals gesehen habe, und auch von Joseph Mansour, dem Chef der Jetex Model Aircraft, wurden sie geprüft, der sagte, seiner Meinung nach seien es keine Aufnahmen von Modellen, sondern Aufnahmen von großen Objekten mit einem Durchmesser von etwa zehn Meter.

Im Sommer 1954 fuhr ich nach Amerika und prüfte Adamskis sämtliche Filme und Geräte. Er besitzt ein feines 15,2-cm-Newton-Reflex-Teleskop. Auf das Okular setzt er eine höchst primitive Kamera, die nur aus einer Box mit einem durch Ball betätigten Verschluß besteht und einem Schieber hinten für die Platten. Diese Kamera paßt genau auf das Okular des Teleskops, das ihr als Linse dient. Mit diesem Gerät habe ich ein Untertassen-Modell fotografiert, das in einiger Entfernung aufgehängt war. Das Ergebnis sah dann auch genau so aus wie ein Untertassen-Modell, das in einer Entfernung aufgehängt war.

Die Zeugen für Adamskis Untertassen-Kontakt in der Wüste am 20. November 1952 gaben mir ihre eigenen Darstellungen. Sie hatten das mächtige, flügellose, zigarrenförmige Raumschiff beobachtet, als es an jenem Morgen über Desert Center flog. Sie hatten gesehen, wie Adamski mit einer anderen Person sprach, die einen braunen Anzug aus einem Stück trug. Als sie sich nach der Abfahrt des Fremden zu Adamski begaben, hatten sie alle die beiden Paare der Fußabdrücke in der Wüste untersucht, Adamskis und ein anderes Paar, das so groß wie die eines Frauenschuhes „Größe vier" war. Es wurden Abdrücke gemacht, wovon ich einen, während ich dies schreibe, auf meinem Schreibtisch stehen habe. Adamskis Fußspuren führten zur Gruppe zurück; die anderen hörten einfach auf an der Stelle, wo die Untertasse geschwebt hatte.

Im August dieses Jahres besuchte ich die genaue Örtlichkeit, wo das Treffen stattgefunden hatte, und stellte fest, daß meine Füße, trotzdem die Lufttemperatur rund 100° Fahrenheit betrug, wohlgeformte Fußspuren hinterließen. Ich führe die Festigkeit des Sandes auf die Tatsache zurück, daß ich über einem alten Wasserlauf stand und der Untergrund möglicherweise feucht war. Alle sechs Zeugen für Adamskis Kontakt: Dr. George Williamson und Frau, Herr und Frau Al Bailey, Frau Lucy McGinnis und Frau Alice Wells, bestätigen, daß während des ganzen Vorgangs niedrig fliegende Flugzeuge der Luftwaffe in der Luft kreisten und herabstießen. Dies ist von der Luftwaffe niemals bestätigt, aber auch nicht abgestritten worden.

Adamski war nicht der erste, der behauptete, Kontakt mit einem gelandeten Weltraumfahrzeug gehabt zu haben. Sechs Monate früher (im Juni 1952) hatte ein Mechaniker namens Truman Bethurum, der bei einem Bauprojekt auf der Mormon Mesa, Mojave Desert arbeitete, wie er behauptete, verschiedene Kontakte mit der Mannschaft einer großen Untertasse gehabt und war auf ihre Einladung hin auch an Bord gewesen. Ich hatte von Bethurum den Eindruck, daß er viel zu wenig Phantasie besitzt, um sich diese Geschichte ausgedacht zu haben. Es stellte sich dann auch heraus, daß sein Chef, E. E. White, von der Wells Cargo (nicht Fargo) Construction Company aus einer Entfernung von eineinhalb Meilen gesehen hatte, wie die Untertasse kam und landete. In dem fahlen Licht hatte er vermutet, es handele sich um ein notlandendes Verkehrsflugzeug. Und bei einer späteren Gelegenheit sahen White und verschiedene andere Männer zwei Mitglieder der Untertassen-Besatzung. Ich glaube nicht, daß Bethurum alles vollkommen verstanden hat, was er zu sehen bekam, noch was ihm die fremden Besucher erzählt haben, sondern nur, daß er tatsächlich ein Erlebnis mit einem außerirdischen Flugkörper und seiner Besatzung gehabt hatte. Wie so oft wächst die Geschichte mit jedem neuen Erzählen. Aber es gibt eine Original-Tonbandaufnahme, in welcher er, noch erschrocken und verwirrt, zögernd berichtet, was sich ereignet hatte, während alles noch frisch in seinem Gedächtnis war.

Auf mich machte Bethurum den Eindruck eines gutmütigen Menschen ohne Phantasie, einfach, aber aufrichtig, dem es genau so viel Schwierigkeiten bereitete, sein eigenes Erlebnis zu schildern, wie einem brasilianischen Urwaldbewohner, der seinem Dorfe die Landung eines Helikopters und seiner wunderbar weißen Mannschaft zu beschreiben versuchen würde.

Bei Daniel Fry war die Geschichte ganz anders. Fry war ein Regierungsingenieur und arbeitete auf dem Versuchsgelände von White Sands, New Mexico, im Jahre 1950. Nach seinem Bericht landete dort eines Abends eine kleine Untertasse. Eine Stimme, die aus einer Art Radio kam, denn es handelte sich um ein vom Mutterschiff ferngelenktes Fahrzeug, lud ihn ein, an Bord zu kommen und erklärte in kurzen Umrissen seine Konstruktion und den Antrieb. Frys Berichterstattung ist das Gegenteil von der Bethurums. Sie ist technisch genau, typisch für einen Ingenieur, der an Tatsachen und Zahlen gewöhnt ist. Fry behauptet, sein Kontakt liege schon vier Jahre zurück, er habe damals nur wenig Menschen davon erzählt, weil er befürchtet habe, seine Stellung zu verlieren und für verrückt gehalten zu werden. Kurz nachdem ich ihn persönlich kennengelernt hatte, unterzog er sich freiwillig (oder gezwungen, wie manche auch sagen) einem Lügendetektor-Test im Fernsehen. Fry, als Ingenieur, machte dabei vorsichtshalber seinen eigenen Test. Er wollte herausfinden, ob er von dem Lügendetektor Lügen ablesen könnte. Zu diesem Zweck gab er absichtlich ein falsches Alter, einen falschen Geburtsort usw. an, die der Lügendetektor alle als wahre Antworten registrierte. Sein Erlebnis dagegen registrierte der Lügendetektor als Unwahrheit! Danach schrieb eine unserer Untersuchungspersonen, Madame Manon Darlaine von Hollywood, an ihren Bekannten J. Edgar Hoover, Chef der F. B. I., und erwähnte dieses. Hoover erwiderte, der Lügendetektor sei vollständig unzuverlässig, da er nur veränderte Gefühlsregungen anzeige. Aus diesem Grunde hätte er seine Anwendung bei Erforschung von Verbrechen als untauglich verworfen. Frys persönliche Tests, die er ohne Wissen der Techniker gemacht hatte, bewiesen recht klar, daß diese Art der Erforschung nutzlos ist.

Alle drei Männer, Adamski, Bethurum und Fry, behaupten, daß ihre Erlebnisse konkret und physisch sind und nichts zu tun haben mit dem psychischen Bereich. Im Gespräch sind sie sachlich und betonen, daß sie, soweit sie es selbst beurteilen können, nur zufällig anwesend waren, als Angehörige einer fortgeschritteneren Zivilisation uns einen Besuch abstatteten — und mehr nicht. Sie machten mir den Eindruck von zuverlässigen Männern, die bestrebt waren, die Wahrheit zu sagen; sie gaben zu, daß es schwer sei, ein so großes Erlebnis in gewöhnlichen Worten wiederzugeben. Sie haben alle leiden müssen infolge ihrer Erlebnisse. Zweifellos haben die Eingeborenen, die die Helikopter-Landung im Urwald meldeten, ebenso leiden müssen durch Ungläubige wie auch durch Abergläubische. Was den Aberglauben anbetrifft, so muß festgestellt werden, daß die Übereifrigen unter den ungeschulten Medien sich auf das Gebiet der Fliegenden Untertassen begeben haben, was die ernste Gefahr mit sich bringt, daß die ganze Angelegenheit in Mißkredit gebracht wird. Es wäre wahrlich traurig, wenn die Wahrheit verlorenginge hinter einer Nebelwand von wichtigtuerischem Unsinn. Wenn es die Untertassen nämlich wirklich gibt, dann steht unser Planet kurz vor den größten wissenschaftlichen, gesellschaftlichen und philosophischen Entdeckungen seit dem Zeitbeginn.

Ein Kollege aus Südamerika, Ed Martins, kam, als ich im Juli bei Adamski war, herauf nach Mt. Palomar und brachte Berichte von verschiedenen Landungen in Südamerika mit, die denen Adamskis recht ähnlich waren — großes kreisrundes Schiff, gut aussehende normale menschliche Wesen darin und ein mächtiges elektromagnetisches Kraftfeld um das Schiff herum. Aus Kanada bekamen wir persönliche Berichte von einem Uhrmacher, einem Herrn Galbraith, der in der Nähe von Swastika, Ontario, wohnt. Er behauptet, 1948 die Landung zweier großer Schiffe beobachtet zu haben. Jedesmal stieg ein Mann aus und sammelte einige Erdbodenproben. Der

Mann machte einen freundlichen Eindruck. Aber das Kraftfeld, das vom Schiff ausstrahlte, war so mächtig, daß — ich gebrauche Galbraiths Worte — „es das Gras plattdrückte und mich auf meine Hacken setzte". Bei der zweiten Sichtung durchsuchte eine Polizeistreife gerade die Wälder nach einem entflohenen Verbrecher. Die Polizisten sahen das Licht im Walde, waren aber unfähig, näher heranzugehen; sie spürten, wie sie sagten, eine unsichtbare Wand. Auch Galbraith sagte, diese „Energiewand" habe ihn daran gehindert, näher heranzugehen (er war auf der anderen Seite des Waldes), obgleich er das Schiff genau sehen konnte und sein Insasse ihm aufmunternd zulächelte. Diese unsichtbare „Wand" spielt auch eine Rolle bei einigen der kürzlich berichteten Landungen aus Frankreich und Italien. Das Betrübliche an diesen europäischen Berichten ist, daß sie fast alle von erschrockenen Bauern gegeben wurden. Wenn ein Mann erschrocken ist, kann er nicht klar berichten, was er gesehen hat. Ein Kollege, Jef Athierens, ein Reporter aus Belgien, erzählte mir, er habe persönlich einige dieser Bauern interviewt. Er war davon überzeugt, daß sie „etwas ganz Ungewöhnliches landen" gesehen hatten, aber was das gewesen war, ließ sich schwer feststellen, weil Angst eine gewissenhafte Beobachtung verhindert.

In den beiden letzten Jahren gab es noch viele andere Landungsberichte; einige haben sich als offensichtliche Täuschungen herausgestellt — und das wird wohl noch öfter der Fall sein. Aber ich glaube nicht, daß sie alle Narren und Betrüger sind. Das einzige Übel ist, daß solchen eidesstattlichen Erklärungen das ganze Gewicht der modernen Astronomie entgegensteht, die behauptet, gut genug bewiesen zu haben, daß Leben in unserer Form auf anderen Planeten unseres Sonnensystems unmöglich ist. Entweder hat der eine oder der andere Unrecht. Es ist allzu leicht, eine kleine Handvoll Menschen abzuweisen, wenn man die ganze „Wissenschaft" im Rücken hat! Aber das ist der bequeme Ausweg. Die Behauptungen, daß die Erde rund sei, daß Wachs Töne registrieren könne, daß der Äther Radiowellen übertragen könne, daß Strahlen feste Materie durchdringen und das Innere sichtbar machen können, daß eine Maschine, die schwerer ist als die Luft, fliegen könne, alle diese Behauptungen wurden zu ihrer Zeit als unmöglich und der wissenschaftlichen Erkenntnis widersprechend abgelehnt.

Kürzlich erschien ein von Dr. Hubertus Strughold verfaßtes Buch über den Planeten Mars („Dieser grüne und rote Planet"). Es beweist, daß, wenn unsere Instrumente und ihre Informationen richtig sind, intelligentes organisches Leben, wie wir es kennen, auf dem Mars keine zehn Sekunden dauern kann. Aber am Schluß gibt Strughold zu, daß wir vielleicht „einen entscheidenden Faktor" übersehen haben, und daß der einzige ganz sichere zu richtigen Ergebnissen führende Weg für uns ist, selbst zu anderen Planeten zu reisen und alles aus erster Hand zu erfahren.

Es gibt aber auch noch die andere Möglichkeit — daß nämlich Menschen von diesen fremden Planeten uns zuerst besuchen, daß sie uns etwas von ihrer Kunst, ihrem Leben, ihren Überlieferungen, ihrer Wissenschaft, ihrer Religion und Philosophie enthüllen, so daß wir dann ein bißchen davon profitieren können.

Das ist genau das, was einige Leute bei ihrem Leben beschwören, daß es sich bereits ereignet hat. George Adamski ist einer von ihnen. Er erzählt von den vielen aufschlußreichen Stunden, die er in Gesellschaft von Menschen aus höher entwickelten Welten verlebte, und es ist ihm gelungen, einiges von der geistigen Schönheit ihres Wissens und ihrer Philosophie wiederzugeben.

Im Anfang scheint es nur zwei Möglichkeiten zu geben, Stellung zu diesem wundervollen Dokument zu nehmen: Entweder ist es wahr oder es ist nicht wahr. Ich kann es dem Leser nicht beweisen, daß es wahr ist, noch kann ich das Gegenteil beweisen. Jeder muß selbst entscheiden.

Aber eigentlich ist es etwas voreilig, sich darüber zu streiten. Die Hauptsache ist, daß man es liest und sich mit den Lehren befaßt, die darin gegeben werden, denn sie können eine große Hilfe und ein Segen für viele Menschen sein. Wenn sie mit der Zeit weitgehend angenommen und angewandt werden (hoffentlich!), so werden andere Menschen, die ähnliche Erlebnisse hatten, auftreten und die Behauptungen dieses einsamen Pioniers bestätigen.

Jeder, der als erster eine neue Wahrheit (oder vielmehr einen wiederentdeckten Aspekt der Einzigen Wahrheit) in die Welt hinausgesandt hat, ist stets auf Spott, Verachtung und das Geschrei „Betrüger!" gestoßen. Der Pionier ist naturgemäß seiner Zeit um einige Jahrzehnte voraus und wird von seinen Mitmenschen geschmäht. Deren Enkelkinder schütteln später den Kopf und fragen sich, warum man so viel Lärm darum gemacht hat, denn ihnen sind die reifen Früchte dieser einsamen Pioniere alltägliche und allgemein bekannte Tatsachen geworden.

Bis dahin befindet sich Adamski in derselben unangenehmen Lage wie der Eingeborene in Brasilien, der mit dem Helikopter fahren durfte. Auch er hat seine Fahrt gemacht. Der Helikopter ist wieder fort. Nun versucht er, seinen Stammesgenossen zu berichten, was er erlebte.

Aber es gibt keine Worte in seiner Sprache, um alles richtig zu schildern. Adamski hat sein Bestes getan, als er die einfache Sprache dieser Erde benutzte, um ein Erlebnis zu berichten, welches nicht von dieser Erde war. Solch ein Erlebnis in seiner Ganzheit wiederzugeben, das wäre unmöglich. Es muß unvermeidlich von der Persönlichkeit und der Erzählkunst des Berichterstatters gefärbt sein, wie das auch immer der Fall ist.

Aber trotz all dieser Schwierigkeiten ist es Adamski gelungen, uns einen Schimmer zu zeigen von einer Zivilisation, auf die wir wohl neidisch sein könnten, eine Zivilisation, die unsere Enkelkinder vielleicht das Glück haben werden, zu genießen. Bei wem wird die Entscheidung liegen? Wer wird entscheiden, ob die zukünftigen Generationen auf Sternenwegen wandeln und der Sphärenmusik lauschen werden, oder ob sie als entartete Mißgestalten in Höhlen leben und den vergifteten Boden mit primitiven Werkzeugen bearbeiten werden, um in einer Welt, wo das Grauen triumphiert, ein erbärmliches Leben zu fristen?

Wir sind es, die das zu entscheiden haben! Die Entscheidung ruht auf uns! Die Menschheit hat sich selbst ein letztes Ultimatum gestellt ; — das wahre Leben zu leben oder für immer unterzugehen! In diese „Schlangengrube" von streitenden Atomriesen und verwirrten, angsterfüllten Menschen fällt ein Lichtschein. Er strahlt aus einem wunderschönen, durchscheinenden Schiff, in welchem, wie wir glauben, Menschen sind, die ihre Leidenschaften gemeistert haben, und die uns helfen möchten, die unseren auch zu meistern — wenn wir uns nur helfen lassen wollten! Wir können es uns nicht leisten, sie zu übersehen. Wir können uns nicht mit Haarspaltereien aufhalten, wenn die ganzen Fundamente unseres Planeten vom Unheil erschüttert zu werden drohen.

Lesen Sie also das Folgende mit offenem Sinn und denken Sie darüber nach, ob das Licht seiner Lehre nach Wahrheit klingt.

I.

Die Wiederkehr des Venusmenschen

Los Angeles ist eine Stadt voll Lichter und Lärm, voll Hast und Ruhelosigkeit, im starken Gegensatz zu dem ruhigen Sternenlicht und dem Frieden meiner Bergheimat. Es war am 18. Februar 1953. Ich war nicht zum Vergnügen in diese Stadt gekommen, sondern weil ich mich dort hingezogen fühlte durch denselben heftigen Drang, der bereits in „Fliegende Untertassen sind gelandet" beschrieben wurde.

Wie seit vielen Jahren ging ich auch diesmal wieder in ein mir bekanntes Hotel in der Innenstadt. Als der Hotelboy meinen Koffer heraufgebracht, sein Trinkgeld erhalten hatte und verschwunden war, stand ich unentschlossen mitten im Zimmer. Es war erst gegen vier Uhr nachmittags, und da ich buchstäblich nicht wußte, was mich hierher getrieben hatte, wußte ich nicht recht, was ich tun sollte. Eine zeitlang starrte ich aus dem Fenster auf die belebte Straße. Von da kam aber gewiß keine Inspiration. Kurz entschlossen ging ich nach unten durch die Halle in die Cocktailbar. Der Ober kannte mich und obgleich ursprünglich skeptisch, hatte er großes Interesse bekommen, nachdem er sich mit mir unterhalten und meine Fotos von den Untertassen gesehen hatte. Er begrüßte mich herzlich. Als wir ein bißchen geplaudert hatten, sagte er mir, daß sich eine Menge Leute hier für die Untertassen interessierten und ihn gebeten hätten, ihnen Nachricht zu geben, wenn ich mal wieder im Hotel wäre.

Erwartungsvoll schaute er mich an. Ich wußte nicht recht, was ich darauf sagen sollte. Im Augenblick hatte ich keine Pläne. Einesteils hatte ich gar keine Lust, einer Gruppe von Fremden einen Vortrag über Untertassen zu halten, andererseits wäre es eine Möglichkeit gewesen, die Zeit totzuschlagen während ich wartete auf — ja worauf wartete ich eigentlich?

Also gab ich meine Einwilligung, und bald hatte sich eine Schar Männer und Frauen versammelt, deren Fragen ich nach bestem Wissen beanwortete, da die Leute ehrlich interessiert schienen.

Gegen sieben Uhr entschuldigte ich mich und ging die Straße ein Stück entlang, um irgendwo zu Abend zu essen. Ich wollte allein sein, nur von dem Gefühl begleitet, daß sich irgend etwas ereignen würde. Nachdem ich ziemlich gleichgültig etwas gegessen hatte, kehrte ich ins Hotel zurück. In der Halle war niemand, den ich kannte, und die Bar hatte keine Anziehungskraft mehr für mich. Da fiel mir Miss M. ein, eine junge Studentin von mir, die in der Stadt wohnte. Sie hatte längere Zeit nicht zu unserem Bergheim kommen können und mich gebeten, sie anzurufen, wenn ich das nächste Mal in die Stadt hinunterkäme. Ich ging in die Telefonzelle und wählte ihre Nummer. Als sie meine Stimme hörte, schien sie sich zu freuen. Leider besäße sie keinen Wagen, aber mit der Straßenbahn würde sie wohl in einer Stunde bei mir sein, meinte sie.

Ich kaufte eine Abendzeitung und ging auf mein Zimmer, um keinem Bekannten zu begegnen. Als ich das für mich Interessante gelesen hatte, zwang ich mich, auch das andere zu lesen, das ich sonst übersprungen hätte, als Versuch, die Ruhelosigkeit zu überwinden, die jetzt mein ganzes Bewußtsein durchdrang.

Bevor noch die Stunde herum war, ging ich hinunter in die Halle, um dort weiter zu warten. Nach ungefähr 15 Minuten kam Miss M., und wir unterhielten uns eine Weile zusammen. In mehreren Angelegenheiten, mit denen sie allein nicht fertig werden konnte, war es mir möglich, ihr Ratschläge zu geben und ihren Mut zu stärken. Ihre Dankbarkeit war rührend. Der Gedanke, daß ich in die Stadt kommen und ihr helfen würde, war ihre einzige Hoffnung gewesen.

Während ich sie zur Straßenbahn brachte, dachte ich, ob es vielleicht ihre telepathische Botschaft gewesen sei, die mich aus den Bergen nach hier gezogen hatte. Als ich wieder in der Hotelhalle war, wußte ich, daß dies nicht die Erklärung sein konnte. Die Unruhe war nämlich noch da, und zwar stärker als vorher!

Meine Armbanduhr zeigte zehn Uhr und dreißig Minuten. Die späte Stunde und das Fehlen jeglichen Anzeichens von irgend etwas Außergewöhnlichem sandten eine Welle der Enttäuschung durch mich. Und gerade in diesem Augenblick der Depression näherten sich mir zwei Männer. Einer von ihnen sprach mich mit meinem Namen an.

Beide waren mir völlig unbekannt, aber sie kamen ganz ohne Zögern auf mich zu, und nichts in ihrem Aussehen verriet, daß sie etwas anderes waren als gewöhnliche junge Geschäftsleute. Da ich in Los Angeles Vorträge gehalten hatte, im Radio zu Wort gekommen und im Fernsehen erschienen war und außerdem von vielen Leuten aus dieser Stadt in meinem Heim in Palomar Gardens aufgesucht worden war, bedeutete eine solche Annäherung von Fremden für mich kein ungewöhnliches Ereignis. Beide Männer waren, wie ich feststellte, gut gebaut. Der eine war etwas über 1,80 Meter groß und schien etwa

Anfang der Dreißig zu sein. Er hatte eine frische Gesichtsfarbe und dunkelbraune Augen mit einem Funkeln darin, das eine große Lebensfreude verriet. Sein Blick war außerordentlich durchdringend. Sein schwarzes, welliges Haar war modern geschnitten. Er trug einen dunkelbraunen Anzug, aber keinen Hut.

Der kleinere Mann sah jünger aus. Er war etwa 1,75 Meter groß, hatte ein rundes Jungengesicht, helle Haut und graublaue Augen. Sein Haar, auch wellig und modern geschnitten, war sandfarben. Er trug einen grauen Anzug und auch keinen Hut. Er lächelte, als er mich bei Namen nannte.

Als ich seinen Gruß erwiderte, streckte der Sprecher seine Hand aus, und sowie er die Meine berührte, erfüllte mich eine große Freude. Dasselbe Zeichen hatte ich von dem Manne bekommen, dem ich an jenem denkwürdigen 20. November 1952 in der Wüste begegnet war.*) Infolgedessen wußte ich, daß diese Männer keine Erdenbewohner waren. Trotzdem fühlte ich mich vollkommen behaglich, als wir uns die Hände schüttelten und der junge Mann sagte: „Wir sind zu dir geschickt worden. Hast du Zeit, mitzukommen?"

Ohne jegliche Frage oder Besorgnis in meiner Seele antwortete ich gleich: „Ich gebe mich ganz in eure Hände."

Zusammen verließen wir die Halle, ich ging in der Mitte. Um den Block nördlich des Hotels herum lenkten wir unsere Schritte zum Parkplatz, wo die beiden einen Wagen stehen hatten. Während dieser kurzen Zeit sprachen sie nicht; doch in meinem Herzen wußte ich, daß diese Männer treue Freunde waren. Ich fühlte mich nicht gedrängt zu fragen, wohin sie mich bringen wollten. Auch

* Beschrieben in dem Buch „Fliegende Untertassen sind gelandet."

fand ich es gar nicht sonderbar, daß sie von sich aus keine Erklärungen abgegeben hatten. Ein Platzwart brachte den Wagen herbei, und der jüngere Mann glitt auf den Führersitz. Auf seinen Wink setzte ich mich neben ihn. Unser anderer Gefährte nahm auch auf dem Vordersitz Platz. Der Wagen war eine viertürige schwarze Pontiac-Limousine.

Der Mann, der das Steuerrad genommen hatte, schien genau zu wissen, wohin es ging, und er fuhr geschickt. Ich bin nicht vertraut mit all den neuen Verkehrsstraßen, die aus Los Angeles herausführen; deshalb hatte ich keine Ahnung, in welcher Richtung wir fuhren. Während der Fahrt herrschte Schweigen, und ich wartete ganz ruhig darauf, daß meine Gefährten sich vorstellen und mir den Grund unserer Begegnung erklären würden. Ich weiß wohl, daß solch eine vertrauensvolle Haltung normalerweise töricht erscheint in Anbetracht der Gesetzlosigkeit, die heute in unserer Welt überhand nimmt. Es war aber eine Haltung, die Menschen anderer Zivilisationen wohl annehmen in Gegenwart von Wesen, die offensichtlich größere Weisheit besitzen als sie selbst. So haben es z. B. auch die Indianer in Amerika gemacht, um Achtung und Bescheidenheit, Geduld und Vertrauen zu zeigen. Ich verstand sie so gut und benahm mich wie sie, seitdem ich in der Nähe dieser Männer eine Macht spürte, durch die ich mich wie ein Kind in Gesellschaft von Wesen mit großer Weisheit und Güte fühlte.

Lichter und Wohnungen wurden spärlicher, als wir den Stadtrand verließen. Jetzt sprach der größere Mann zum ersten Male. „Du bist sehr geduldig gewesen," sagte er. „Wir wissen wohl, wie gern du erfahren möchtest, wer wir sind und wohin wir dich bringen wollen." Ich gestand, daß ich natürlich sehr neugierig sei, und fügte hinzu, daß ich aber gern wartete, bis sie Informationen geben würden. Der Sprecher lächelte und zeigte auf den Fahrer: „Er ist von dem Planeten, den ihr Mars nennt. Ich bin vom Saturn." Seine Stimme war sanft und angenehm und sein Englisch perfekt. Ich hatte bemerkt, daß der jüngere Mann auch sanft sprach, seine Stimme jedoch höher war. Wie und wo nur hatten sie unsere Sprache so gut sprechen gelernt?

Als mir dieser Gedanke durch den Sinn fuhr, wurde er sogleich erkannt. Der Marsbewohner sprach seit unserem Treffen im Hotel jetzt zum ersten Male. „Wir sind," sagte er, „was ihr auf Erden Kontaktleute nennt. Wir leben hier und arbeiten auch, denn wir müssen ja Geld verdienen für Kleidung, Nahrung und die vielen Dinge, die man braucht. Seit mehreren Jahren leben wir jetzt auf eurem Planeten. Zuerst hatten wir einen leichten Akzent, aber das ist überwunden, und man merkt nicht mehr, daß wir anders sind als Erdenmenschen, nicht wahr? Bei der Arbeit und in der Freizeit mischen wir uns hier unter die Leute, verraten aber nie das Geheimnis, daß wir Bewohner anderer Welten sind. Das würde gefährlich für uns sein, wie du wohl weißt. Wir verstehen euch Menschen besser, als die meisten von euch sich selbst verstehen, und erkennen klar die Gründe, für die unglückseligen Verhältnisse, in denen ihr euch befindet.

So wissen wir auch, daß du Spott und Kritik begegnet bist, weil du dauernd erklärt hast, es gäbe Menschen auf anderen Planeten, von denen eure Wissenschaftler sagen, sie seien unfähig, Leben zu tragen. Deshalb kannst du dir wohl denken, was geschehen würde, wenn wir auch nur andeuten würden, daß unsere Heimat auf anderen Planeten wäre. Wenn wir einfach die Wahrheit sagten, daß wir auf eure Erde gekommen sind, um zu arbeiten und zu lernen, gerade so, wie ihr zu andern Völkern geht und lernt, so würde man uns für Irre halten. Wir dürfen kurze Besuche auf unseren Heimatplaneten machen. Wir lieben wie ihr die Abwechslung und unsere alten Freunde wiederzusehen. Natürlich ist es nötig, solche Reisen während der offiziellen Ferien oder auch über das Wochenende zu arrangieren, damit wir von unseren irdischen Arbeitskameraden nicht vermißt werden."

Ich habe nicht gefragt, ob meine Gefährten hier auf Erden verheiratet seien, hatte aber den Eindruck, daß das nicht der Fall sei. Wieder war es einige Minuten still, und ich dachte über die Erklärung, die man mir soeben gegeben hatte, nach. Zu gern hätte ich gewußt, warum diese Menschen von anderen Welten gerade mich auserwählt hatten zur Freundschaft und Übermittlung von Wissen. Jedenfalls fühlte ich mich recht klein und sehr dankbar.

Als ich das alles so dachte, sprach der Saturnmann freundlich: „Du bist weder der erste noch der einzige Mensch, mit dem wir gesprochen haben. Wir sind zu vielen anderen Menschen in verschiedenen Erdteilen gekommen. Manche, die gewagt haben, darüber zu sprechen, sind verfolgt worden, sogar bis zum ‚Tode', wie ihr es nennt. Darum haben viele geschwiegen. Wenn aber das Buch, das du jetzt gerade schreibst, veröffentlicht wird, nämlich die Geschichte von deiner ersten Begegnung mit unserem Bruder von dem Planeten Venus draußen in der Wüste, so wird das Menschen aus anderen Ländern ermutigen, dir ihre Erlebnisse zu berichten." *)

*) Nachdem das Buch „Fliegende Untertassen sind gelandet" veröffentlicht worden ist, hat sich die Wahrheit dieser Vorhersage erwiesen.

Ich fühlte nicht nur starkes Vertrauen zu diesen neuen Freunden, sondern auch das überwältigende Gefühl, daß wir in Wirklichkeit einander gar nicht fremd waren. Ich hatte auch die feste Überzeugung, daß diese Männer alle Fragen, die unsere Welt betreffen, beantworten könnten und alle unsere Probleme zu lösen imstande wären; ja, daß sie sogar Kunststücke vollbringen könnten, die uns Erdenmenschen unmöglich wären, — falls sie das für nötig und im Einklang hielten mit der Mission, die zu erfüllen sie gekommen sind.

Wohl eineinhalb Stunden lang fuhren wir auf glatten Landstraßen dahin. Ich hatte immer noch keine Ahnung, in welcher Richtung es ging, außer, daß wir in die Wüste kamen. Es war zu dunkel, um Einzelheiten der Umgebung zu erkennen. Meine Gedanken waren noch vertieft in das, was man mir eben erzählt hatte, und es wurde wie gesagt wenig gesprochen.

Plötzlich wurde ich aus meinem Sinnen aufgeschreckt, als wir jetzt von der glatten Autostraße herunter auf eine rauhe, furchige, schmale Straße fuhren. Der Mann vom Mars meinte: „Wir haben eine Überraschung für dich!"

Auf dieser Straße begegnete uns kein Fahrzeug. Etwa 15 Minuten fuhren wir so. Dann sah ich mit steigender Erregung in der Ferne ein matt-weiß glühendes Objekt auf der Erde. Etwa 15 Meter davon hielten wir an. Ich schätzte es auf fünf bis sechs Meter hoch. Es sah genau so aus wie die Untertasse bei meinem ersten Treffen vor fast drei Monaten.

Als wir anhielten, bemerkte ich einen Mann, der neben dem schimmernden Fahrzeug auf der Erde stand. Wir kletterten aus dem Wagen, und meine Begleiter riefen einen Gruß hinüber. Der Mann neben der Untertasse schien an ihr zu arbeiten. Wir drei gingen auf ihn zu, und ich erkannte zu meiner größten Freude meinen Freund von der ersten Begegnung — den Mann von der Venus!

Er trug dieselbe skianzug-ähnliche Bekleidung, die er bei der ersten Gelegenheit getragen hatte, nur war sie diesmal hellbraun mit orangefarbigen Streifen oben und unten am Gürtel. Sein strahlendes Lächeln ließ erkennen, daß er meine Freude über dieses Wiedersehen teilte. Nach der Begrüßung sagte er: „Beim Landen ist an unserem kleinen Schiff ein Stückchen abgebrochen, da habe ich ein neues Stück gemacht, während ich auf euch wartete."

Neugierig schaute ich zu, während er den Inhalt eines kleinen Schmelztiegels in den Sand schüttete. „Die Zeit war genau richtig berechnet," sagte er. „Ich setzte das Stück gerade ein, als ihr kamt."

Plötzlich fiel mir auf, daß er Englisch sprach, und zwar mit nur ganz leichtem Akzent, wogegen es bei unserem ersten Treffen geschienen hatte, als ob er nicht fähig wäre, unsere Sprache überhaupt zu sprechen. Ich hoffte, daß er das erklären würde; aber er tat das nicht. Da mochte ich auch nicht fragen. Statt dessen bückte ich mich und berührte vorsichtig das, was er ausgeschüttet hatte. Es schien ein Häufchen geschmolzenes Metall zu sein, noch ganz warm, aber nicht zu heiß, um es anfassen zu können. Vorsichtig wickelte ich es in mein Taschentuch und steckte es zur Sicherheit in eine Innentasche meines Rockes. Dieses bißchen Metall besitze ich heute noch.

Meine Gefährten lachten über mein närrisches Tun; jedoch war kein Spott in ihrer Heiterkeit. Der Venusmann fragte, obgleich er die Antwort schon gewußt haben mußte: „Wozu möchtest du das haben?" Ich erklärte, daß ich hoffte, es als Beleg für die Wirklichkeit ihres Besuches benutzen zu können, da die Leute meistens einen „konkreten Beweis" verlangen, der zeigt, daß ich nicht geschwindelt habe, als ich von meiner ersten Begegnung mit ihm berichtete.

Immer noch lächelnd meinte er: „Ja, ja, ihr seid eine Rasse von Andenkensammlern, gelt? Jedoch wirst du finden, daß diese Legierung dieselben Metalle enthält, wie sie auf eurer Erde gefunden werden, da es auf allen Planeten ziemlich die gleichen gibt."

Hier ist es, glaube ich, angebracht, meinen Lesern zu sagen, daß mir keine Namen, wie wir sie kennen, genannt wurden für einen der Menschen von anderen Welten, denen ich begegnet bin. Der Grund dafür wurde mir erklärt, kann hier aber nicht vollständig wiedergegeben werden. Es möge genügen, daß damit kein Geheimnis verbunden ist, aber der Name hat dort eine andere Bedeutung und wird in anderer Art gebraucht als bei uns. Während dieser „namenlose Zustand" keinerlei Unannehmlichkeit bei meinem Umgang mit meinen neuen Freunden verursachte, kann ich mir doch vorstellen, daß das bei meinen Lesern der Fall sein würde, besonders wenn im letzten Teil des Buches die Kontakte zunehmen. Da wir in unserer Welt nicht ohne unsere Eigennamen auskommen, so werde ich ihnen welche geben.

Ich möchte ausdrücklich betonen, daß die Namen, die ich diesen neuen Freunden gebe, nicht ihre wirklichen Namen sind, daß ich aber meine eigenen guten Gründe für ihre Wahl habe, und daß sie eine bestimmte Bedeutung haben für diejenigen Personen, die sie auf den Seiten dieses Buches tragen werden.

Den Mann vom Mars nenne ich Firkon, den Saturnmann Ramu und den von der Venus werde ich Orthon nennen.

II.

Im Innern eines Aufklärungsschiffes (Scout) von der Venus

Kurz nach unserer Ankunft wandte sich Orthon um, betrat das Schiff und winkte mir, ihm zu folgen. Firkon und Ramu kamen gleich hinterher. Wie ich schon sagte, ruhte die Untertasse fest auf der Erde. Nur eine kleine Treppe war erforderlich zum Einsteigen.

Obgleich ich ja so etwas geahnt hatte, als wir das wartende Fahrzeug erreichten, war doch meine Freude unbeschreiblich, als ich nun wirklich an Bord kam. Schnell warf ich einen ersten Blick in die Runde. Ob man mir die Untertasse wohl nur von innen zeigen wollte? Oder — ich wagte kaum dieser Hoffnung Raum zu geben — ob man mich wirklich mitnehmen würde auf eine Reise in den Weltenraum . . .?

Wir traten direkt in die Einraum-Kabine durch eine Tür, die hoch genug war, um Ramu, den langen Saturnmenschen, aufrechten Ganges hindurchzulassen. Sobald er als letzter den Kabinenboden betreten hatte, schloß sich die Tür lautlos. Ich gewahrte ein ganz leises Summen. Es schien sowohl unter dem Fußboden als auch von der dicken Rolle herzukommen, die in das obere Ende der runden Wand eingebaut zu sein schien. In dem Augenblick, als das Summen anfing, begann diese Rolle hellrot zu glühen, ohne Hitze auszustrahlen. Genau solch eine leuchtende Rolle hatte ich auf der Untertasse bei meiner ersten Begegnung bemerkt. Aber damals hatte sie verschiedene Farben ausgestrahlt — rot, blau und grün —, wie ein in der Sonne blitzendes Prisma.

Ich wußte kaum, wohin ich zuerst schauen sollte. So bewunderte ich immer wieder die unfaßbare Art, wie sie Teile zusammensetzen konnten, so daß die Nähte unsichtbar waren. Genau so, wie ich keine Spur einer Eingangstür in die Untertasse meiner ersten Begegnung hatte finden können, so war auch jetzt die Tür, die sich hinter uns geschlossen hatte, nicht mehr zu sehen. Wie eine solide Wand sah es da aus.

Alles schien sich gleichzeitig abzuspielen, das Schließen der Tür, das leise Summen wie von einem Bienenschwarm, das Glühen der oberen Rolle und das Hellerwerden des Lichtes innerhalb des Fahrzeuges.

Alles war so aufregend. Ich mußte mich ganz fest zusammennehmen, damit ich mich auf alle Einzelheiten konzentrieren konnte. Wollte ich doch beim Wiederverlassen des Schiffes ein klares Bild von allem haben, um einen ebenso klaren Bericht von allem, was ich sah, geben zu können.

Ich schätzte den inneren Durchmesser der Kabine auf 5,5 Meter. Eine etwa 60 cm dicke Säule reichte von der höchsten Stelle der Kuppel bis zur Mitte des Fußbodens. Das war, wie man mir später erklärte, der magnetische Pol des Schiffes, durch welchen sie Naturkräfte anzogen zum Antrieb. Sie erklärten mir aber nicht, wie das geschah.

„Das obere Ende des Pfahles ist normalerweise positiv," sagte Firkon, „während das untere Ende, das, wie du siehst, durch den Fußboden geht, negativ ist. Aber, wenn nötig, können diese Pole durch den Druck auf einen Knopf umgekehrt geschaltet werden."

In der Mitte des Fußbodens saß eine etwa 1,8 Meter große klare, runde Linse, durch die der Magnetpfahl mitten hindurchging. Am Rande dieser mächtigen Linse standen an entgegengesetzten Seiten zwei kleine, doch bequeme Bänke, gerundet dem Linsenrand entsprechend. Man bat mich, auf der einen Platz zu nehmen. Firkon setzte sich neben mich und erklärte mir, was vor sich ging. Ramu nahm auf der Bank gegenüber Platz, während Orthon sich zu den Instrumentenbrettern begab. Diese waren zwischen den beiden Bänken an der Außenwand angebracht, direkt gegenüber der jetzt unsichtbaren Tür, durch die wir das Scout betreten hatten.

Als wir uns gesetzt hatten, fiel eine kleine, biegsame Stange quer über unsere Körpermitte und schnappte ein. Diese Stange bestand entweder aus weichem, aufgerauhtem Material oder war damit überzogen. Der Zweck war offensichtlich — eine einfache Sicherheitsvorrichtung, damit wir nicht nach vorn fielen oder das Gleichgewicht verloren.

Firkon erklärte: „Manchmal, wenn das Schiff ganz fest auf dem Boden steht, gibt es beim Aufheben des Kontaktes mit der Erde einen heftigen Ruck. Aber obgleich das nicht oft vorkommt, sind wir immer darauf vorbereitet." Lächelnd fügte er hinzu: „Genau dasselbe Prinzip wie in euren Flugzeugen die Sicherheitsgurte."

Es war immer noch schwer für mich, zu glauben, daß ich jetzt so etwas Wunderbares erlebte. Seit meiner ersten Begegnung mit dem Venusmenschen, besonders als er fortgefahren war und ich so verlassen und voll Sehnsucht, mit ihm zu gehen, dastand, hatte ich gehofft und geträumt, daß mir eines Tages ein solches Glück zuteil werden würde. Nun, wo es immer gewisser wurde, daß wir auf der Reise in den Weltraum waren, wußte ich mich vor Freude kaum zu fassen. Wieder und wieder mußte ich mich ermahnen, gut aufzupassen, damit ich später alles weitererzählen konnte, wenn auch wohl nur unzulänglich.

„Dieses Schiff ist für zwei, höchstens drei Mann Besatzung gebaut," erklärte Firkon. „Aber im Notfall können viel mehr Personen sicher darin untergebracht werden. Doch das ist nicht oft nötig." Weiter erklärte er das nicht. Vielleicht meinte er mit „Notfall" ein Rettungsunternehmen, falls ein anderes Aufklärungsschiff in Schwierigkeiten geriete. Ich war aber so beeindruckt von dieser unmittelbaren Schau der bewunderungswürdigen Ergebnisse ihrer wissenschaftlichen Kenntnisse, daß ich mir irgendein Versagen gar nicht vorstellen konnte. Man darf eben nicht vergessen, daß auch sie nur Menschen sind, die, obwohl schon viel weiter fortgeschritten als wir, dennoch dem Irrtum und Wechselfällen unterworfen sind. Ich wandte nunmehr meine Aufmerksamkeit den graphischen Darstellungen und Tabellen zu, die in einer Breite von ungefähr 90 Zentimeter die Wände zu beiden Seiten der unsichtbaren Tür bedeckten und vom Fußboden bis zur Decke reichten. Sie waren faszinierend, grundverschieden von irgendwelchen Karten auf der Erde, und ich versuchte, ihren Zweck zu erraten. Da gab es weder Zeiger noch Skalen, sondern Lichtblitze verschiedener Farben und Stärken. Einige waren wie farbige Linien, die quer über die Oberfläche einer bestimmten Tabelle liefen. Einige bewegten sich auf und nieder, andere im Zickzack, noch andere nahmen die Formen verschiedener geometrischer Figuren an. Ihre Bedeutung und Funktionsweise wurde mir nicht erklärt; ich würde sie zweifellos auch nicht verstanden haben. Aber ich bemerkte, daß meine drei Gefährten scharf auf jede Veränderung aufpaßten. Ich gewann den Eindruck, daß diese Instrumente unter anderem die Fahrtrichtung, die Annäherung anderer Dinge sowie atmosphärische und sonstige Verhältnisse im Raum anzeigten.

Die Wand hinter den Bänken, auf denen wir saßen, schien in einer Breite von drei Meter massig und leer zu sein, während an den gegenüberliegenden Wänden, also dem Eingang gegenüber, wieder ähnliche Tabellen waren, jedoch in gewisser Art anders als die eben beschriebenen. Das Instrumentenbrett des Piloten war etwas Unvorstellbares. Der beste Vergleich, der mir einfällt, ist, daß es so ähnlich wie eine Orgel aussah, aber an Stelle von Tasten und Registern waren dort Reihen von Knöpfen. Kleine Lichter schienen direkt auf diese, jedes beleuchtete fünf Knöpfe gleichzeitig. Soweit ich mich erinnern kann, waren es sechs Reihen solcher Knöpfe, jede Reihe ungefähr 1,8 Meter lang. Vor diesem Instrumentenbrett befand sich ein Pilotensitz, den Bänken sehr ähnlich, auf denen wir saßen. Dicht neben diesem Sitz, bequem angebracht zum leichten Gebrauch durch den Piloten, befand sich ein eigentümliches Instrument, das direkt mit dem Magnetpfahl in der Mitte verbunden war. Firkon bestätigte meine unausgesprochene Vermutung über dessen Zweck, indem er sagte: „Ja, das ist ein Periskop, etwas Ähnliches, wie es in euren Unterseebooten benutzt wird."

Während ich die mannigfaltigen Lichtsignale beobachtete, die über die Tabellen und die Zeichnungen an den

Wänden liefen, bald wachsend, bald wieder abnehmend an Intensität, wurde mir ganz klar, warum diese durchscheinenden Schiffe so oft als die Farbe wechselnd beschrieben werden, wenn sie durch unseren Luftraum fahren. Aber es kommen auch noch andere Faktoren hinzu. Manche dieser Farbveränderungen und leuchtenden Strahlenkränze, welche die Untertassen häufig umgeben, sind die Folgen der verschiedenen Intensität der Energie, die in die Atmosphäre ausstrahlt und die direkte Umgebung des Schiffes aufleuchten läßt — ähnlich dem Jonisierungsvorgang.

Innerhalb des Fahrzeuges war keine einzige dunkle Ecke. Ich konnte nicht herausfinden, woher das Licht kam. Es schien jede Vertiefung und jeden Winkel mit einem sanften, angenehmen Schein zu erfüllen. Genau kann man das Licht nicht beschreiben. Es war weder weiß noch blau oder anders-farbig; statt dessen schien es aus einer zarten Mischung von allen Farben zu bestehen, wobei mal die eine, mal die andere Farbe dominierte.

Ich bemühte mich so sehr, hinter dieses Geheimnis zu kommen und gleichzeitig jede Einzelheit dieses erstaunlichen kleinen Fahrzeuges zu sehen und in mich aufzunehmen, daß ich überhaupt nicht merkte, daß wir abgefahren waren, obwohl ich plötzlich eine ganz leichte Bewegung verspürte. Aber ich hatte keinerlei Empfindung von enormer Beschleunigung und von Luftdruck- und Höhenunterschied, wie das in einem unserer Flugzeuge der Fall sein würde bei halb so großer Geschwindigkeit. Wir hatten auch keinen Ruck empfunden, als wir den Kontakt mit der Erde brachen. Ich hatte den Eindruck von ungeheuer sicherer und glatter Fahrt und spürte kaum mehr Bewegung, als sie zu spüren ist bei der unmerklichen

Reise unserer Erde um die Sonne mit ca. dreißig Kilometer pro Sekunde. Andere, die auch das Glück hatten, in diesen Untertassen zu fliegen, waren über dasselbe Gefühl von Bewegung oder besser durch das fast totale Fehlen dieses Gefühls höchst erstaunt. Aber bei den vielen Wundern, die sich in meinem Bewußtsein ansammelten, konnte ich erst viel später, als ich wieder auf der Erde war, Rückschau haltend, Ordnung in meine Gedanken bringen.

Meine Aufmerksamkeit wurde jetzt von der großen Linse zu meinen Füßen angezogen. Ein wunderbarer Anblick bot sich meinen Augen! Wir schienen über die Dachgiebel einer kleinen Stadt zu fliegen; ich konnte die Objekte so gut erkennen, als ob wir nur 30 Meter über der Erde wären. Man erklärte mir, in Wirklichkeit seien wir gut etwa 3200 Meter hoch darüber und noch im Steigen begriffen. Aber dieses optische Gerät hätte eine solche Vergrößerungskraft, daß einzelne Personen herausgesucht und beobachtet werden könnten, — falls gewünscht, sogar, wenn das Fahrzeug viele Meilen hoch und außer Sicht war.

„Der Mittelpfeiler oder magnetische Pol dient einem doppelten Zweck," erklärte mein Banknachbar. „Er liefert uns nicht nur die meiste Kraft zum Fliegen, sondern er dient auch als mächtiges Teleskop, das mit dem einen Ende durch die Kuppel nach oben hinausragt, um den Himmel zu beobachten, und mit dem anderen Ende durch den Fußboden hindurch, um das Land unter uns zu betrachten. Die Bilder werden durch ihn in die beiden großen Linsen am Fußboden und an der Decke projiziert, wie du sehen kannst."

Er erklärte mir nicht, ob dies elektronisch geschah oder

auf andere Weise. Die Vergrößerungen konnten beliebig eingestellt werden; und ich vermute, daß mehr dahintersteckt als nur ein einfaches optisches System, wie wir es auf der Erde kennen. Ich schaute hinauf durch die durchsichtige Kuppel. In der klaren Luft meines Bergheimes hatten die Sterne schon immer zum Greifen nahe ausgesehen, aber durch diese Deckenlinse beobachtet schienen sie direkt über uns zu sein. Während ich abwechselnd die Wunder des Himmels und die rasch fortgleitende Erde unter uns betrachtete, bemerkte ich vier Kabel, die durch die Bodenlinse zu laufen schienen (oder direkt unter der Linse her), die in Kreuzform mit dem Mittelpfeiler verbunden waren.

Der Mann vom Mars hatte bemerkt, daß mein Interesse nunmehr den Kabeln galt und erklärte: „Drei dieser Kabel leiten Kraft vom magnetischen Pol zu den drei Kugeln unterhalb des Schiffes. Sie werden manchmal — wie du gesehen hast, als Landungsgestell benutzt. Diese Kugeln sind hohl und können bei Notlandungen gesenkt und beim Flug wieder zurückgezogen werden. Der wichtigste Zweck dieser Hohlkugeln ist aber, als Kondensatoren für die statische Elektrizität zu dienen, die ihnen von dem magnetischen Pol zugeleitet wird. Diese Kraft ist überall im Universum vorhanden. Sie zeigt sich in der Natur in konzentrierter Erscheinungsform als Blitz.

Das vierte Kabel," fuhr er fort, „führt vom Magnetpol zu den beiden periskopartigen Instrumenten, dem einen neben dem Pilotensitz und dem anderen direkt hinter seinem Sitz, aber dicht neben dem Rand der Mittellinse, wie du sehen kannst. Diese Instrumente sind in Wirklichkeit Verlängerungen des optischen Hauptsystems. Sie befähigen den Piloten, alles, was vor sich geht, zu sehen, ohne den Platz zu verlassen. Sie können an- und ausgeschaltet oder nach Belieben eingestellt werden, so daß beide Mitglieder der meist aus zwei Mann bestehenden Besatzung vollen Gebrauch vom Teleskop machen können, ohne einander zu stören."

Der gesamte Mechanismus befand sich unter dem Fußboden dieses Raumes und unter der äußeren Flansche, wie klar auf der Fotografie dieses Erkundungsschiffes zu sehen ist.*) Ich selbst habe keine Maschinerie gesehen. Wohl zeigte man mir einen ganz kleinen Raum, der sowohl als Eingang zu dem Raum mit den Appaturen diente wie zugleich als Werkstatt für dringende Reparaturen. Hier befand sich eine kleine Schmiede und einige Vorratsschränke, in denen ich notwendige Werkzeuge und Materialien vermutete.

Gerade als ich durch die Tür in diesen Raum blickte, sagte unser Pilot: „Fertigmachen zur Landung! Wir sind nahe bei unserem Mutterschiff."

Ich konnte es nicht glauben. Es kam mir vor, als hätten wir das Scout erst vor einigen Minuten betreten!

Noch einen Augenblick vorher hatte die Wand hinter der Bank, auf der wir gesessen hatten, massiv ausgesehen. Jetzt aber begann eine runde Öffnung zu erscheinen! Erstaunt sah ich zu, wie sie sich immer weiter öffnete, etwa wie die Blende einer Kamera. Bald erschien ein etwa vierzig Zentimeter breites Bullauge. Das erklärte denn auch die Bullaugen auf meinen Untertassenfotos, von denen ich aber bis jetzt keine Spur gesehen hatte. Wie bei der Tür, durch die wir eingetreten waren, fügten sich auch hier die Bekleidungen so dicht in die Wand ein, daß sie,

*) Die hier erwähnte Fotografie ist mit Nr. 4 bezeichnet in der Liste der Abbildungen in diesem Buch.

wenn geschlossen, überhaupt nicht zu entdecken waren. Wenn ich an meine eigenen Aufnahmen dachte, so überlegte ich, mußten an jeder Seite vier Luken sein, also insgesamt acht Stück.

„Das ist richtig," nickte Orthon bestätigend, „und der Druck auf einen Knopf kann sie alle zusammen oder einzeln öffnen und auf dieselbe Art natürlich wieder schließen."

Als der Pilot uns auf die bevorstehende Landung aufmerksam machte, sagte der Mann vom Mars: „Du wirst das sicher gern beobachten wollen."

Die Aussicht auf eine wirkliche Landung auf einem Mutterschiff steigerte meine Erregung ganz unbeschreiblich. Ich rang nach Fassung, während ich im Geiste fragte, wo das Mutterschiff wohl wartete und auf welche Art und Weise die Landung sich vollziehen würde.

Sofort beantwortete Orthon meine beiden unausgesprochenen Fragen. „Dies ist dasselbe große Mutterschiff, das dich und deine Gesellschaft letztes Jahr bei unserer ersten Begegnung in der Wüste beunruhigte. Es hat hier auf uns gewartet und befindet sich im Augenblick ungefähr 12 000 Meter über der Erde. Paß auf! Dann siehst du, wie diese kleinen Schiffe landen und in ihre Mutterschiffe einfahren."

Fasziniert schaute ich durch die Luken hinaus. Dort unten konnte ich einen riesengroßen schwarzen Schatten bewegungslos unter uns erkennen. Als wir näher herankamen, schien seine riesige Masse sich weiter zu erstrecken, als man sehen konnte, und ich sah die Rundung seiner breiten Flanken nach außen und nach unten. Langsam, ganz langsam kamen wir näher heran, bis wir fast senkrecht über dem großen Trägerschiff standen. Ich war nicht erstaunt, als mein Gefährte sagte, es sei ungefähr 45 Meter im Durchmesser und knapp 600 Meter lang.

Den Anblick dieses riesenhaften zigarrenförmigen Mutterschiffes, das dort regungslos in der Stratosphäre hing, wird nie in meiner Erinnerung verblassen.

III.

Das Mutterschiff von der Venus

Unser kleines Fahrzeug glitt herunter bis auf die Oberfläche des Mutterschiffes, ganz ähnlich wie unsere Flugzeuge auf dem Deck unserer Flugzeugträger landen. Während ich zusah, erschien eine halbkreisförmige Öffnung, die mich an ein großes offenes Walfischmaul erinnerte. Wer die Fotos von diesem Schiff gesehen hat, wird sich erinnern, daß es eine stumpfe Nase hat, die leicht nach unten abfällt.*) Diese halbrunde Luke lag am äußersten Ende des zylindrischen Hauptrumpfes kurz vor der Stelle, an der sich die Neigung der Nase bemerkbar macht. Als wir auf dem Trägerschiff aufgesetzt hatten, bewegte sich die Untertasse in die Öffnung hinein; indem sie etwas nach vorn kippte, trat sie ihre Reise in das Innere des mächtigen Schiffes an. Hier hatte ich zum ersten Male ein Gefühl des Fallens in der Magengrube. Das kam wohl daher, daß die Untertasse ihre eigene Kraft nun nicht mehr gebrauchte, sondern jetzt der Schwerkraft des Mutterschiffes unterworfen war.

Wir fuhren in einem nicht allzu steilen Winkel hinunter, indem die Flansche des Scout langsam und glatt auf zwei

*) Vergl. die Abbildungen 9 und 10 sowie die Fotos 5-8 in diesem Buche!

Schienen lief; die Geschwindigkeit des Abwärtsgleitens wurde geregelt durch Reibung und den Magnetismus in der Flansche. Orthon hatte volle Gewalt darüber, wie ich fand; denn einmal verlor ich beinahe das Gleichgewicht, und er hielt das Fahrzeug sofort an, bis ich es wiedergefunden hatte. Dann ging das langsame glatte Gleiten weiter, bis wir nach meiner Schätzung mitten zwischen der Oberfläche und dem Boden des Mutterschiffes waren. Hier stoppte das Scout und sofort öffnete sich die Tür.

Ich sah draußen auf einer Plattform, die ungefähr fünf Meter lang und 1,8 Meter breit war, einen Mann stehen. In der Hand hatte er eine Art Metallklammer, an die ein Kabel befestigt war. Er war nicht sehr groß, ich schätzte ihn auf 1,65 Meter, und ich bemerkte, daß er eine dunklere Gesichtsfarbe hatte als ich sie bisher bei Raummenschen gesehen hatte. Er trug einen braunen Fliegeranzug, in Farbe und Machart demjenigen ähnlich, den Orthon bei unserer ersten Begegnung getragen hatte. Schwarzes Haar quoll unter einer dunklen barettartigen Kappe hervor.

Ich stieg hinter Firkon aus dem Scout, Ramu nach mir und Orthon folgte als letzter. Der Mann im Barett lächelte und nickte jedem von uns zu, während wir die Plattform betraten. Aber Worte wurden nicht gewechselt.

Von dieser Plattform führten etwa zwölf Stufen hinunter zu einem der Decks des mächtigen Schiffes. Während ich dort hinuntergeleitet wurde, hatte ich Zeit zu bemerken, daß unsere Untertasse gerade vor einer Weiche stehen geblieben war. Das eine Paar Schienen lief weiter schräg hinunter bis außer Sichtweite. Der Raum zwischen ihnen war so dunkel, daß man nicht sehen konnte, was unten war. Das andere Paar Schienen lief hinter der Weiche, vor der wir gehalten hatten, geradeaus weiter bis zu einem großen Hangar oder Lagerdeck. Dort sah ich mehrere gleiche Scoutschiffe auf den Schienen aufgereiht.

„Dies ist das Lagerdeck, in welchem die kleinen Fahrzeuge während des interplanetarischen Fluges mitgeführt werden," erklärte Firkon, einen Augenblick auf der Treppe neben mir anhaltend. „Wenn wir jetzt zu einem anderen Planeten fliegen würden, hätte unser Scout auf der Plattform nur so lange gehalten, daß wir aussteigen konnten. Darauf hätte es die Kreuzung passiert und wäre an seinen Platz in diesem großen Hangar gebracht worden. Weil wir aber nachher zur Erde zurückkehren werden, muß das Scout auf dieser Plattform neu aufgeladen werden."

Ich blickte zurück und sah, daß der Mann auf der Plattform die Klammer mit dem Kabel daran schon über die Flansche des kleinen Schiffes gesteckt hatte, so daß sie sowohl die Flansche wie auch die Schiene darunter berührte. Wie der Vorgang des Aufladens dabei vonstatten ging, konnte ich mir nicht vorstellen. Die Klammer kam mir vor wie die große Zwinge eines Maschinisten auf der Erde. Ich konnte nicht erkennen, womit das andere Ende des Kabels verbunden war. Vielleicht war der Kontakt zwischen Klammer und Schiene nötig, um den Stromkreis zu schließen; oder es mag auch in einen nicht sichtbaren Anschluß direkt unter dem Rand der Untertasse eingesteckt gewesen sein. Ich wollte keine Verzögerung herbeiführen und fragte deshalb nicht weiter.

Ohne meine gedankliche Frage zu beantworten, sagte Firkon von sich aus: „Diese kleineren Fahrzeuge können ihre eigene Kraft in großem Umfang nicht selber erzeugen und machen nur relativ kurze Fahrten von ihren Trägerschiffen aus und kehren dann zum Aufladen zurück. Man gebraucht sie für eine Art Pendelverkehr zwischen den großen Schiffen und irgendeinem Kontakt — oder Beobachtungspunkt. Sie sind zur vollen Aufladung immer abhängig von der Kraftanlage des Mutterschiffes."

Am Ende der Treppe betraten wir einen großen Kontrollraum; er war rechteckig, aber mit abgerundeten Ecken. Der Raum war nach meiner Schätzung etwa zehn mal zwölf Meter groß und etwa zwölf Meter hoch. Mit Ausnahme von zwei Türöffnungen waren die Wände vollständig bedeckt mit farbigen graphischen Zeichnungen und Tabellen wie in der Untertasse, nur in größerem Maße und zahlreicher.

An allen vier Wänden waren je drei Reihen von Plattformen übereinander, von welchen aus die vielen Instrumente beobachtet und geprüft werden konnten. Ein großes Teleskop stand auf der obersten und ein anderes auf der untersten Plattform. Von beiden gingen elektronische Verlängerungsleitungen zu vielen Instrumenten in anderen Teilen des Schiffes. So sei es möglich, sagte man mir, daß diese beiden Teleskope von vielen Stellen des Schiffes aus benutzt werden könnten.

Auch ein Roboter-Instrument war in diesem Raum; ich darf es aber nicht beschreiben. Eine Miniaturausgabe dieses Roboters hatte ich in der Untertasse gesehen. Vielerlei Apparaturen gab es auch in diesem Kontrollraum, von denen keine irgendwelche beweglichen Teile hatten, soweit ich sehen konnte.

Gern hätte ich mich länger hier aufgehalten, um alle diese Zeichnungen, Tabellen, Farben, Maschinen und Instrumente noch genauer zu betrachten und Fragen zu stellen, die ihre Handhabung und Arbeitsweise betrafen; aber dieser Vorzug wurde mir nicht gewährt. Statt dessen gingen wir gleich durch diesen Raum hindurch und durch eine zweite Tür wieder hinaus, die in den herrlichsten Wohnraum oder Lounge führte, den ich jemals gesehen habe. Seine Einfachheit und zugleich Pracht verschlugen mir den Atem und ich rang nach Luft, als ich einen Augenblick auf der Schwelle anhielt, um nicht nur den Reichtum seiner Ausstattung zu bestaunen, sondern auch die wunderbar harmonische Strahlung, die von dem Raum ausging, zu genießen.

Ich weiß nicht, wie lange ich brauchte, um mich von diesem unerwarteten Erlebnis zu erholen; aber schließlich war ich wieder fähig, mit mehr Interesse für Einzelheiten um mich zu schauen.

Die Decke war nach meiner Schätzung ungefähr fünf Meter hoch, und der Raum war mindestens zwölf Meter im Quadrat. Ein weiches geheimnisvolles blauweißes Licht erfüllte ihn mit gleichmäßiger Helligkeit; und doch sah ich keinerlei Beleuchtungsvorrichtungen. Als ich dann über die Schwelle diese luxuriöse Lounge betrat, wurde meine Aufmerksamkeit alsbald vollständig in Anspruch genommen von zwei unglaublich liebreizenden jungen Frauen, die sich von einem der Diwane erhoben und uns entgegenkamen, als wir eintraten. War das eine Überraschung! Aus irgendwelchen Gründen hatte ich mir niemals Frauen als Raumfahrerinnen vorgestellt. Allein ihre Gegenwart und außerordentliche Schönheit, ihre Liebenswürdigkeit, die so augenscheinlich war, als sie sich uns zur Begrüßung näherten, zusammen mit diesem prunkvollen Hintergrunde in dem außerirdischen Fahrzeug, waren überwältigend.

Die kleinere der Frauen berührte meine Hand in der bekannten Grußweise, wandte sich dann sofort um und ging in einen anderen Teil des Raumes. Dann kam das größere, jünger aussehende Mädchen herbei, beugte sich vor und berührte meine Wange leicht mit den Lippen. Inzwischen hatte die erste reizende Dame ein Glas mit einer farblosen Flüssigkeit geholt und reichte es mir. Tief bewegt von der warmen freundschaftlichen Gesinnung dieser Menschen dankte ich ihr und nahm das Glas. Das Wasser, denn als solches erwies es sich, schmeckte wie unser irdisches klares Quellwasser. Es schien jedoch ein wenig dichter zu sein, von der Konsistenz etwa wie sehr dünnes Öl. Als ich es trank, bemühte ich mich, meine Fassung wiederzugewinnen und mir die Bilder dieser liebenswürdigen schönen jungen Frauen unauslöslich in meine Seele einzuprägen.

Die junge Dame, die mir das Wasser gebracht hatte, war ungefähr 1,58 Meter groß. Ihre Haut war sehr hell und ihr goldfarbenes Haar hing in Wellen in wunderbarer Symetrie bis gerade unterhalb der Schultern herab. Ihre Augen waren auch eher golden als andersfarbig und hatten einen Ausdruck, der sanft und fröhlich zugleich war. Ich hatte das Gefühl, daß sie jeden meiner Gedanken las. Ihre fast durchscheinende Haut war ohne jeden Makel, ungemein zart und dennoch fest und besaß einen warmen Glanz. Ihre Gesichtszüge waren fein gemeißelt, die Ohren klein, die weißen Zähne wundervoll ebenmäßig. Sie sah sehr jung aus; ich vermutete, daß sie nicht viel über zwanzig Jahre alt war. Ihre Hände waren schlank mit langen, spitz zulaufenden Fingern. Ich bemerkte, daß weder sie noch ihre Gefährtin irgendwelches Make-up trugen, weder im Gesicht noch an den Fingernägeln.

Beider Lippen waren von natürlichem dunklen Rot. Sie trugen keinerlei Juwelen. Solcher Schmuck würde auch wirklich nur von ihrer eigenen, natürlichen Schönheit abgelenkt haben.

Beide Frauen trugen in Falten gelegte Gewänder aus einem schleierartigen Stoff, die bis zu den Knöcheln herabfielen, und beider Kleider waren in der Taille zusammengehalten mit einem andersfarbigen auffallenden Gürtel, in den tatsächlich Edelsteine eingewebt zu sein schienen. Das Gewand der kleinen Blonden war von einem reinen lichten Blau, und ihre zierlichen Sandalen waren goldfarben. Später erfuhr ich, daß sie eine Bewohnerin des Planeten Venus war. Ich will ihr den Namen Kalna geben.

Ilmuth, das ist mein Name für die andere Frau, war größer mit tiefbrünetter Hautfarbe. Auch sie trug ihr Haar in Wellen bis unterhalb der Schultern herabfallend, schöne schwarze Wellen mit rötlich-braunem Schimmer. Ihre großen Augen waren schwarz und leuchtend, mit braunen Lichtern. Sie hatten denselben fröhlichen Ausdruck wie die Augen ihrer Gefährtin, und ich fühlte, daß auch sie meine innersten Gedanken lesen konnte. Tatsächlich ist das ein Eindruck, den ich von jeder Person empfangen habe, der ich von anderen Welten begegnet bin. Die Farbe des Gewandes dieser lieblichen Brünetten war ein mattes sattes Grün, und ihre Sandalen waren kupferfarbig. Ilmuth wie Firkon waren Bewohner des Planeten Mars.

Ich weiß, daß ich etwas ganz Unmögliches versuche, wenn ich mich bemühe, diese Frauen von anderen Welten zu beschreiben. Der Leser möge seine eigene Vorstellungskraft anstrengen und sich ein Bild machen von vollendeter Schönheit, in dem ihm vielleicht meine unzulängliche Beschreibung als Brücke dient — und dann doch wissen, daß es nicht an die Wirklichkeit heranreicht.

Als ich den kleinen Becher mit Wasser geleert hatte, forderte man mich auf, Platz zu nehmen, eine Einladung, der ich gern nachkam.

An der Wand gegenüber der Tür, durch die wir eingetreten waren, hing ein Porträt, welches ganz sicher eine Gottheit darstellte. Die Gemütsbewegung, die die Schönheit der beiden jungen Frauen in mir hervorgerufen hatte, war augenblicklich vergessen, als die wundervolle Strahlung, die von dem Porträt ausging, mich einhüllte. Es zeigte Kopf und Schultern eines Wesens, das achtzehn bis fünfundzwanzig Jahre alt sein mochte. In seinem Antlitz war der vollkommene ineinander übergehende harmonische Ausgleich von Männlichkeit und Weiblichkeit verkörpert, und seine Augen zeigten eine Weisheit und ein Erbarmen jenseits jeder Beschreibung.

Ich weiß nicht, wie lange ich von dieser Schönheit hingerissen war. Niemand störte mich, bis ich mir meiner Umgebung endlich wieder bewußt wurde.

Ich brauchte nicht zu fragen, wer dieses Wesen war. Kalna brach das Schweigen und sagte: „Das ist unser Sinnbild des Ewigen und Zeitlosen Lebens. Du wirst es in jedem unserer Schiffe finden wie auch in unseren Heimen. Weil wir dieses Symbol stets vor Augen haben, wirst du keine Greise unter uns finden."

An einer Seite des Raumes befand sich ein langer Tisch mit vielen Stühlen. Wahrscheinlich wurde er von der Schiffsbesatzung bei den Mahlzeiten benutzt und vielleicht auch bei Beratungen. Ich hatte die Idee, daß die Zahl der Mannschaftsmitglieder dreistellig war, obgleich ich bis jetzt nur wenige gesehen hatte. Einen Beweis für die

Bild 1: Das Erkundungschiff des Venusmenschen, das George Adamski am 13. Dez. 1952, 9.10 Uhr in Palomar Gardens/Kalifornien fotografiert hat. Man beachte die kugelförmigen Landevorrichtungen, die Linse auf der Spitze der Kuppel sowie die untere, große Linse. Die helle Linie rund um den unteren Rand der Kuppel ist die Kraftspule

Bild 2

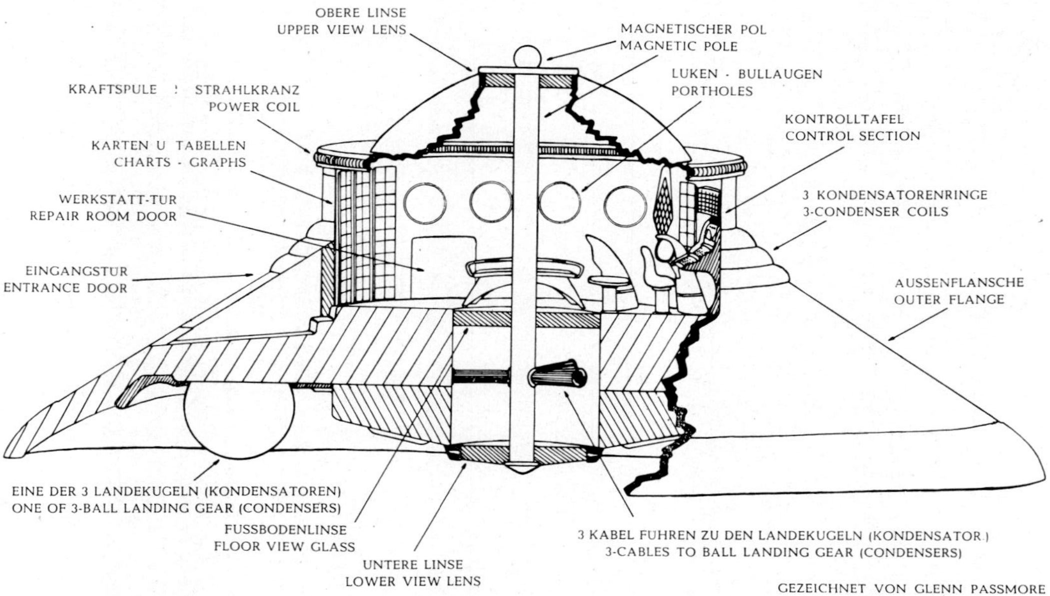

GEZEICHNET VON GLENN PASSMORE
ILLUSTRATED BY GLENN PASSMORE

Beobachtungsschiff von der Venus VENUSIAN SCOUT SHIP

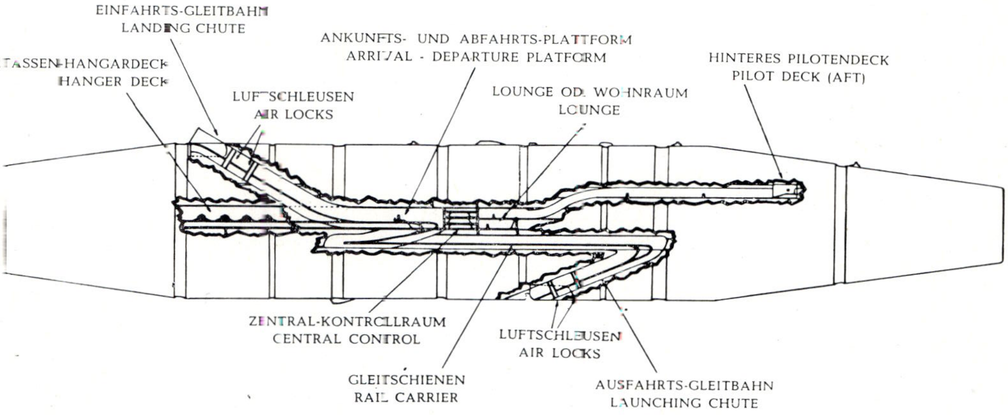

GEZEICHNET VON GLENN PASSMORE
ILLUSTRATED BY GLENN PASSMORE

Weltraumschiff der Venus

Schematischer Längsschnitt durch ein Mutterschiff

VENUSIAN SPACECRAFT (MOTHER-SHIP)

Bild: 3

Bild 4: Ein herabschwebendes venusisches Scout. Eine fliegende Untertasse - genauer bezeichnet als Spähschiff - von George Adamski am 13. Dezember 1952, 9.00 Uhr in Palomar Gardens/Kalifornien fotografiert, durch sein ca. 15 cm Teleskop. Man sieht unter dem Schiff die untere Vergrößerungslinse und die drei Kugeln des Fahrwerks sowie das Gehäuse, welches die Hauptmaschinerie des Fahrzeugs umschließt.

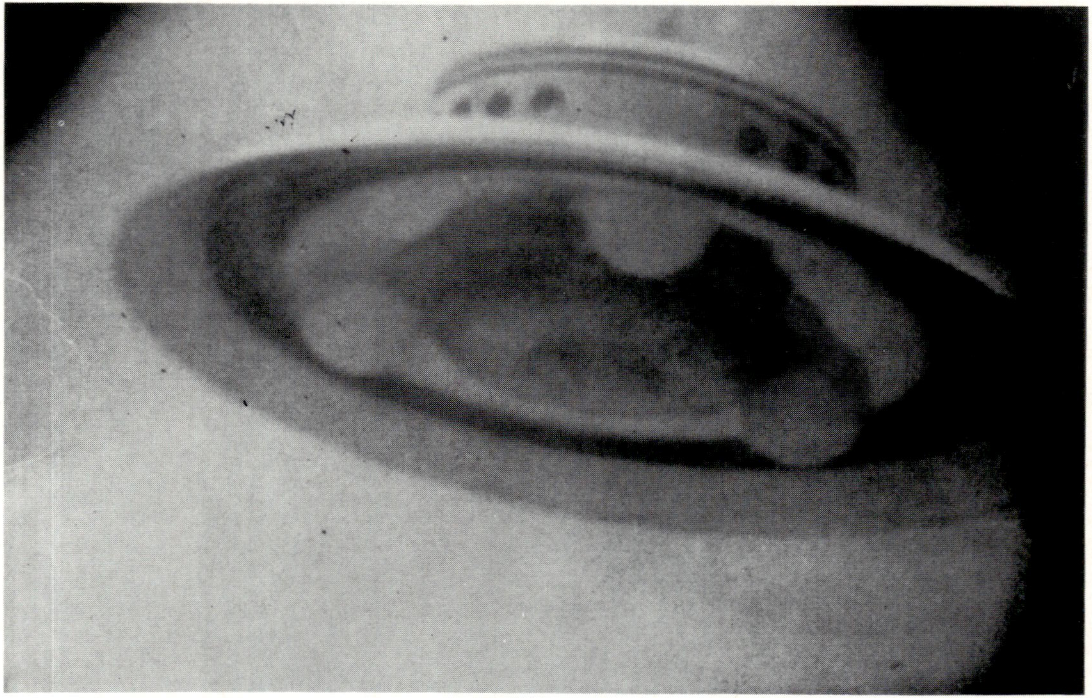

Richtigkeit meines eben genannten Eindrucks bekam ich nicht; aber meine Gedanken bezüglich des Tisches wurden von Firkon bestätigt. Auch erfuhr ich, daß der größere Teil des Raumes von der Besatzung und ihren Gästen als Aufenthaltsraum benutzt wurde, falls die Mannschaftsmitglieder während der Fahrt nicht gerade auf ihren verschiedenen Posten waren. Im übrigen Teil des Salons standen zwanglos Sofas, Sessel und Stühle von verschiedenem Aussehen und unterschiedlicher Größe, ungefähr wie bei uns auf Erden. Jedenfalls waren sie aber niedriger und bequemer als unsere und zierlicher in der Form und im Aussehen. Überzogen waren sie mit einem mollig-weichen Stoff mit Brokatwirkung. Die Farben waren verschieden und sehr anziehend für die Augen, warm, satt und gedämpft.

Neben den Stühlen standen niedrige Tische, die Glas- oder Kristallplatten hatten mit dekorativen Mittelstücken. Aber ich sah nichts, was wie ein Aschenbecher aussah. Instinktiv wußte ich, daß diese Leute der Nikotingewohnheit nicht fröhnten und ließ meine Zigaretten in der Tasche. Einmal jedoch faßte ich rein aus Gewohnheit nach ihnen. Die kleine Venusdame merkte es und sagte: „Du kannst ruhig rauchen, wenn du Lust hast! Ich will dir einen Behälter für die Asche geben. Sieh, nur Erdenmenschen huldigen dieser sonderbaren Gewohnheit." Ich dankte ihr und steckte mein Päckchen wieder ein ohne eine Zigarette herauszunehmen.

Nun wieder zurück zu meiner Beschreibung — der ganze Fußboden war mit einem einzigen kostbaren Teppich bedeckt, der bis zu den Wänden reichte, mittelbraun und vollkommen einfarbig, aus einem dicken, weichen Material, es war eine Wonne darauf zu gehen.

Als wir aufgefordert wurden, Platz zu nehmen, setzte ich mich zwischen Firkon und Ramu auf einen der längeren Diwane. Uns gegenüber, in einer für die Unterhaltung angenehmen Entfernung, war noch ein Diwan derselben Art und Größe. Hier hatten sich die beiden Damen mit Orthon in der Mitte niedergelassen. Ich hielt immer noch das leere Wasserglas in der Hand; nun stellte ich es auf den kleinen Tisch vor uns. Das Material dieses Glases interessierte mich. Es war kristallklar, ohne jeden Schliff und fühlte sich nicht wie unser Glas an, auch nicht wie Plastik. Ich habe keine Ahnung, woraus es gemacht war, hatte aber den entschiedenen Eindruck, daß es unzerbrechlich war.

Nachdem ich die meisten hervorstechenden Merkmale der Möbelstücke betrachtet hatte, ließ ich meine Augen die Wände entlang schweifen. Zu meiner Rechten bemerkte ich eine schöne große Tür; sie war leicht angelehnt, ohne Griff und Schloß, soweit ich sehen konnte. Kalna sagte mir, daß sie in einen Vorratsraum führe und fügte hinzu: „Unser Schiff ist oft lange Zeit unterwegs, wenn wir Reisen machen, um den Raum zu erforschen. Auch halten wir während solcher Reisen nicht immer auf anderen Planeten. Folglich werden große Lagerräume für Proviant und Ausrüstung benötigt. Die Tür, die du drüben an der entgegengesetzten Wand siehst, eine gleiche, wie die, die zum Vorratsraum führt, geht in eine Küche."

Diese Tür führte in den Teil des Raumes, von dem ich annahm, daß dort gegessen wurde. Die Räume hinter den beiden Türen zeigte man mir nicht.

Mit Interesse betrachtete ich ein großes Bild neben der Tür an der Wand zu meiner Rechten. Es zeigte eine Stadt. Beim ersten flüchtigen Hinschauen schien sie mir kaum anders zu sein als unsere Städte auf der Erde, nur, daß sie kreisförmig angelegt war, während unsere meistens in scharf rechtwinkligen Reihen gebaut sind. Aber die Architektur war ganz andersartig. Ich wüßte kaum, wie ich sie beschreiben sollte; denn keiner unserer vielen Baustile kommt dem ihrigen in irgendeiner Weise nahe. Hier war Vollendung graziöser Leichtigkeit und Zartheit, wonach viele unserer besseren Architekten streben, welche sie aber nie ganz erreicht haben. Es war die Art der Städte, von welcher die Menschen träumen, die sie aber auf Erden nie sehen. Wie ich vermutet hatte, lag die abgebildete Stadt auf der Venus, dem Heimatplaneten dieses Schiffes.

Auf der anderen Seite der Tür war ein zweites Bild, eine ländliche Szene mit Hügeln, Bergen und einem Fluß, der sich durch das Ackerland zog. Dies hätte noch viel eher eine irdische Landschaft sein können, nur daß die Bauernhöfe nicht verstreut, sondern auch in Kreisform lagen. Man sagte mir, daß sich diese Anordnung als besonders praktisch herausgestellt habe. Auf diese Weise könnte jede Bauernhofgruppe eine kleine selbständige Gemeinde werden, die alles besitzt, was für die Belieferung des Landvolkes mit wichtigen Gebrauchsartikeln nötig ist. Auf der Venus herrscht wahre Gleichheit in jeder Beziehung, auch in bezug auf Verteilung von Gebrauchsgegenständen. Fahrten in die Stadt braucht man dort nur zum Vergnügen oder aus persönlichen Gründen zu unternehmen.

An der gegenüberliegenden Wand hinter dem langen Tisch bemerkte ich das Bild eines großen Mutterschiffes. Ob es wohl dasjenige darstellte, in dem wir jetzt waren? Aber als mir dieser Gedanke durch den Kopf ging, berichtigte die kleine Venusfrau ihn. „Nein," sagte sie, „unser Schiff ist wirklich sehr klein im Vergleich zu dem abgebildeten Schiff. Das dort ist mehr eine reisende Stadt als ein Schiff; denn es ist mehrere Meilen lang, während unseres nur 600 Meter lang ist."

Ich weiß, daß meine Leser wahrscheinlich solche Ausmaße für unglaublich halten und gestehe gern, daß ich selbst auf so etwas Phantastisches nicht vorbereitet war. Aber das ist ja sicher: Wenn wir erst einmal gelernt haben, die großen Naturenergien nutzbar zu machen, anstatt von mechanischer Kraft abhängig zu sein, dann wird es für uns nicht schwerer sein, Städte zwischen die Wände gigantischer Schiffe zu bauen als auf den Erdboden. Die Städte London und Los Angeles erstrecken sich über fast 64 Kilometer. Sie wurden hauptsächlich gebaut durch grobe Maschinen und durch Menschenkraft, an sich eine ungeheure Leistung. Wenn erst einmal die Schwerkraft gemeistert ist, können auch für uns Städte in der Luft Wirklichkeit werden.

„Nicht nur auf der Venus, sondern auch auf dem Mars und dem Saturn und vielen anderen Planeten sind viele solcher Schiffe gebaut worden," erklärte Kalna. Jedoch sind sie nicht für den ausschließlichen Gebrauch des jeweiligen Planeten bestimmt, sondern zu dem Zweck, zur Erziehung und zum Vergnügen aller Bürger der ganzen Bruderschaft des Universums beizutragen. Die Menschen sind von Natur große Entdecker. Darum ist in unseren Welten das Reisen nicht das Privileg einiger weniger, sondern alle dürfen reisen. Alle drei Monate besteigt ein Viertel der Bewohner unserer Planeten diese gigantischen Schiffe und begibt sich auf eine Fahrt durch den Weltenraum. Auf anderen Planeten wird angehalten, genau so wie eure Vergnügungsdampfer in fremden Häfen anlegen. Auf diese Weise lernt unser Volk das ungeheure Universum kennen und kann aus erster Hand ein wenig mehr von den ‚vielen Wohnungen in unseres Vaters Haus' sehen, von denen eure Bibel spricht.

In den Tempeln der Weisheit auf unseren Planeten haben wir viele Beobachtungsgeräte, mit deren Hilfe unsere Bürger auch die Verhältnisse auf anderen Welten und Systemen studieren können, sogar den Weltraum selber. Aber bei uns wie bei euch geht nichts über die eigene Erfahrung. Deshalb haben wir Flotten von gigantischen Schiffen gebaut, wie dasjenige, das du dort abgebildet siehst, die man buchstäblich kleine künstliche Planeten nennen könnte. Sie enthalten alles Erforderliche für das Wohlergehen und das Vergnügen von Tausenden von Menschen für eine Zeit von drei Monaten. Der Hauptunterschied zwischen den Planeten und unseren Schiffen liegt, abgesehen von der Größe, darin, daß Planeten Kugelform haben, von Gott geschaffen sind und sich auf elliptischen Bahnen um eine Zentralsonne bewegen, während diese kleinen, von Menschen gemachten Planeten Zylinderform haben und sich beliebig durch den Raum bewegen können."

Ein immer größer werdendes Bild unseres sternenbesäten Himmels breitete sich vor meinem geistigen Auge aus, während ich über die Informationen nachdachte, die ich soeben erhalten hatte. Ich überlegte, welche anderen Planeten Kalna wohl gemeint hatte? Orthon beantwortete meine Gedankenfrage: „Unsere Schiffe haben nicht nur sämtliche Planeten unseres Sonnensystems besucht, sondern auch Planeten von Nachbarsystemen. Jedoch gibt es zahllose Planeten in den unendlich vielen Sonnensystemen im Weltall, die wir noch nicht erreicht haben."

Hier schlüpfte wieder ein neugieriger Gedanke in

meinen Sinn und ich fragte in Gedanken: Was mögen sie wohl auf anderen Planeten gefunden haben, die sie besucht hatten?

Die Augen des Venusmannes strahlten, und ein kleines Lächeln huschte um seinen Mund, als er meinen Gedanken auffing. Ohne Unterbrechen fuhr er fort: „Mit der einzigen Ausnahme der Erdenmenschen haben wir die Bewohner anderer Welten als sehr freundlich kennengelernt. Auch sie haben riesige Luftkreuzer zum Vergnügen und zur Erziehung ihrer Mitmenschen. So wie wir ihre Planeten besuchen und dort willkommen sind, so besuchen sie auch uns als Freunde. Nur allein der Erde nähern sich diese Reiseschiffe niemals. Das wird ihnen auch nicht eher erlaubt werden, als bis eure Völker größeres Verständnis für Brüderlichkeit und für das Universum jenseits der engen Grenzen eures eigenen Planeten besitzen.

Während solcher Fahrten haben die Leute auf den Schiffen viel freie Zeit, aber auch bestimmte Stunden, die dem Studium gewidmet sind. Wenn sie auf anderen Planeten landen, werden Versammlungen abgehalten und gemeinsame Interessen verhandelt. Kurz gesagt," und das betonte er sehr, „die Menschen anderer Sterne sind sich untereinander nicht fremd, sondern alle sind Freunde und sind willkommen, wohin immer sie gehen.

Wir betrachten die Planeten überall im Universum als in einem großen Meer des Lebens schwimmend. Die ganz weit entfernten Billionen Planeten, die wir noch nicht besucht haben, werden wir erforschen, wenn wir unsere Raumschiffe weiter verbessert haben. Es gibt Planeten, die so weit entfernt sind von unserem Sonnensystem, daß wir zwei bis drei Jahre nötig hätten, um sie zu erreichen, während die Entfernung der Planeten in unserem Sonnensystem in zwei Stunden bis zu einigen Tagen zurückgelegt werden kann." Ich dachte an unsere Begriffe von Entfernungen und rief aus: „Das ist verblüffend für mich! Wie schnell fahrt ihr denn, daß ihr so große Entfernungen in so kurzer Zeit zurücklegen könnt?" „Geschwindigkeit bedeutet bei uns nicht dasselbe wie bei euch," war die Erwiderung. „Wenn ein Schiff erst einmal in den Außenraum gelangt ist, so ist seine Geschwindigkeit gleich der Aktivität des Raumes. Anstatt künstlich vorwärts getrieben zu werden wie eure Flugzeuge, reisen wir auf den Strömungen des Weltraumes."

Da diese Menschen hier so offen eingestanden, daß die Bewohner der Venus und anderer Welten bei ihren ersten Versuchen, den Weltraum zu befahren, vor denselben Problemen gestanden hatten, die uns an der Raumfahrt jetzt noch hindern, begann ich ein bißchen zu hoffen, daß auf der Erde vielleicht auch ein Fortschritt möglich sei. Noch einmal betonten sie, daß als erstes die Schwerkraft überwunden werden müsse, um den Weltraum bereisen zu können.

IV.

Mein erster Blick in den Weltraum

In diesem Augenblick erschien ein freundlich lächelnder Mann, ungefähr in meinem Alter, durch eine Tür in der linken Ecke des Raumes, in der ich bis jetzt nur eine Leiter, die wohl zu einem höheren Deck des Schiffes führte, bemerkt hatte. Ich hatte keine Tür gesehen, bis er durch sie eintrat. Bei seinem Erscheinen entschuldigten sich die beiden Mädchen und entfernten sich durch die Tür, die zum Kontrollraum führte. Ilmuth, die Marsfrau, kam kurz darauf zurück. Sie hatte ihr schönes Gewand vertauscht mit einer Pilotenuniform desselben Stils, wie die Männer sie trugen. Der Anzug war hellbraun mit dunklen braunen Streifen oben und unten am Gürtel. Ich war hocherfreut, als sie mich fragte, ob ich sie in den Pilotenraum begleiten möchte.

Firkon ging mit uns, und als wir drei die Leiter zum nächsten Deck hinaufstiegen, bemerkte ich, daß Orthon durch den Kontrollraum ging, wo wir nach der Landung auf dem Mutterschiff zuerst eingetreten waren. Der ältere Mann und Ramu, der Saturnmann, blieben in der Lounge zurück. Als wir durch den Korridor des oberen Decks gingen, sagte Firkon: „Auf jedem dieser großen Schiffe befinden sich viele Piloten. Sie arbeiten im Schichtwechsel zu vieren, jeweils zwei Männer und zwei Frauen. Kalna und Ilmuth sind Pilotinnen auf diesem Venusschiff."

Der Korridor war wie alle Teile des Schiffes, die ich gesehen hatte, von einer unsichtbaren Lichtquelle angenehm erleuchtet und führte nach oben und dann geradeaus in einen kleinen Raum am Ende des großen Schiffes.

Als wir diesen Raum betraten, schaute ein junger Mann, der über eine Karte gebeugt war, auf und nickte uns lächelnd zu. Vorgestellt wurde er mir aber nicht. Vermutlich war er Ilmuths Mitpilot.

„Jetzt scheint eine gute Gelegenheit zu sein, dir das Schiff etwas näher zu erklären," sagte Firkon. „Es ist ein Träger für zwölf Beobachtungsschiffe wie das, mit dem wir angekommen sind. In Wirklichkeit ist der Innenraum nicht annähernd so groß, wie er von außen den Eindruck macht. Das kommt daher, weil zwischen den Wänden so viele unserer mechanischen Geräte untergebracht sind."

„Dieses Schiff hier," fügte Ilmuth hinzu, „hat vier Wände oder Häute. Einige Schiffe haben mehr, andere haben weniger. Das hängt von ihrer Größe ab und von dem Zweck, für den sie gebaut sind."

Ich schaute auf die vielen seltsamen Instrumente in diesem Raum und war neugierig, zu erfahren, was für „mechanische Geräte" wohl zwischen den Wänden waren. Firkon sagte: „Ich will es dir so gut wie möglich erklären in diesen paar Minuten, die uns dafür zur Verfügung stehen. Der ganze Teil des Schiffes, den wir vorhin durchschritten haben, ist als Lagerraum für die Scouts eingerichtet außer einer großen mechanischen Werkstatt, in welcher notwendige Reparaturen gemacht werden können. Trotz der großen Geschicklichkeit und Sorgfalt, die auf die ursprüngliche Herstellung verwendet werden, brechen doch manchmal Teile und das Material nutzt sich ab. Es werden große Anforderungen an alle Fahrzeuge gestellt, die den Weltraum durchreisen.

Die Einrichtung zur Regelung des Luftdrucks, die eine angenehme Temperatur im ganzen Schiff aufrecht erhält, ist zwischen den Wänden untergebracht und noch manches andere, was zu erklären viel Zeit erfordern würde, mehr, als wir jetzt gerade haben. Eingangstüren, die in die verschiedenen Wandräume in allen Teilen des Schiffes führen, machen den Zugang leicht. Jedes Fahrzeug hat mehrere Mechaniker, die im Schichtwechsel ständig Dienst tun und alle Teile beaufsichtigen und überprüfen. Darum kommt es selten vor, daß irgendein Defekt unentdeckt bleibt und schließlich zu ernstlichen Störungen führen kann."

Als Firkon zu Ende gesprochen hatte, drückte der junge Mann auf einen Knopf. Sofort begannen in den Wänden Öffnungen wie Bullaugen zu erscheinen. Vorher hatte die Wand ganz massiv ausgesehen. Nun konnte ich in jeder Richtung hinaussehen, in welche ich meinen Kopf auch drehte. Die beiden Pilotinnen nahmen auf den kleinen Sitzen an entgegengesetzten Seiten des Raumes Platz. Ich fühlte eine leichte Bewegung und das Schiff schien aufzusteigen.

Mein Herz schlug heftig bei dem Gedanken, daß sie vielleicht geplant hätten, mich zu ihrem Planeten mitzunehmen. Diese Hoffnung war leider kurzlebig. Es schien nur ein Augenblick vergangen zu sein bis das Schiff schon anhielt und wieder schwebte. Ilmuth lächelte zu mir herüber und sagte: „Jetzt sind wir ungefähr 80 000 Kilometer von eurer Erde entfernt."

Firkon winkte mir, an eine Luke zu treten und meinte: „Vielleicht möchtest du gern einmal sehen, wie der Weltraum in Wirklichkeit aussieht."

Als ich hinausschaute, hatte ich meine Enttäuschung schnell vergessen. Höchst erstaunt sah ich, daß der Hintergrund des Weltraumes total dunkel ist. Es zeigten sich jedoch um uns herum Erscheinungen, als ob Billionen und abermal Billionen Leuchtkäfer da draußen herumflögen nach allen Richtungen, wie Glühwürmchen das so tun. Diese jedoch hatten viele Farben. Es war ein gigantisches himmlisches Feuerwerk, großartig, ja, Ehrfurcht erregend.

Als ich meine Verwunderung über diese ungeheure Pracht laut äußerte, meinte Firkon, ich sollte doch mal zur Erde hinunter schauen und sehen, wie unser kleiner Globus aus dieser Entfernung wohl aussähe. Ich tat es. Und zu meiner Überraschung gab unser Planet ein weißes Licht ab, sehr ähnlich dem des Mondes, nur nicht so rein wie das Mondlicht in einer klaren Nacht auf Erden. Der weiße Schein, der den Erdkörper umgab, war dunstig und etwa so groß wie die Sonne, wenn wir sie am frühen Morgen am Horizont aufgehen sehen. Es waren keine Einzelheiten auf unserem Planeten zu erkennen. Er sah nur wie ein großer Lichtball unter uns aus. Von hier aus hätte man niemals vermuten können, daß es dort ein Gewimmel von Myriaden von Lebensformen gibt.

Bei dieser Höhe von 80 000 Kilometer hatten die Piloten ihre automatischen Kontrollgeräte angestellt und Ilmuth kam zu uns. Sie erklärte mir: „Jeder Pilotenraum hat ein automatisches Kontrollinstrument. Diese arbeiten einzeln oder auch zusammen. Sie können sowohl den Kurs des Schiffes vollkommen lenken als uns auch vor jeder herannahenden Gefahr warnen."

Der männliche Pilot blieb auf seinem Posten, und Ilmuth erklärte: „In jedem Kontrollraum muß immer ein Pilot Dienst tun."

Dann fragte sie, ob ich mir die Instrumente des Piloten gerne etwas näher ansehen möchte.

Neben dem Sitz war ein kleines Instrument, das so ähnlich aussah wie ein in den Boden eingelassenes Rohr und hoch genug, daß der Pilot leicht hineinschauen konnte. Ilmuth sagte: „Dies ist mit dem Teleskop verbunden, das du wahrscheinlich in dem großen Kontroll- oder Kartenraum bemerkt hast, durch den du vorhin das Schiff betreten hast."

Zur Zeit war das Teleskop jedoch nicht in Tätigkeit. Wahrscheinlich wurde es nur gebraucht, wenn sich das Schiff wirklich auf dem interplanetarischen Flug befand, oder vielleicht auch, wenn es zu Beobachtungen und Studienzwecken im Raum schwebte.

Der ganze Fußboden in diesem Teil des Raumes bestand aus einem Vergrößerungsglas wie das im Fußboden der Untertasse. Aber das Schiff stand im Augenblick so schräg, daß ich, um hindurchsehen zu können, hätte knien müssen.

Der Weltraum und seine Aktivität hielten mich im Bann, und ich bemühte mich sehr, alles zu sehen, was da draußen vor sich ging. Außer den Leuchtkäfer-Effekten sah ich eine Menge leuchtender Gegenstände durch den Raum gleiten. Soweit ich erkennen konnte, brannten die größeren Körper nicht, sie glühten nur. Einer besonders schien deutlich drei Farben auszustrahlen, rot, purpur und blau. Ich fragte, ob das ein anderes Raumschiff sein könnte.

„Nein," sagte Ilmuth lächelnd, erklärte es aber nicht weiter.

Auch bemerkte ich ab und zu *dunkle* Objekte verschiedener Größe vorübergleiten, dunkler aussehend als der Raum selbst. Aber keines dieser sich bewegenden Objekte schien das Schiff zu berühren. Zeitweise wurden sogar die dunklen Objekte an einigen Stellen leuchtend. Wie man mir sagte, waren das Meteoriten, wie wir sie nennen, welche auf Erden nur dadurch für uns sichtbar werden, daß sie Reibung erzeugen beim Passieren unserer Atmosphäre.

Ich fragte, was sie daran hindere, das Schiff zu treffen, wo sie doch direkt darauf loszukommen schienen.

Firkon erklärte: „Das Schiff selbst benutzt die Naturkräfte, ihr nennt sie wohl Elektro-Magnetismus — und hat jederzeit einen Überfluß von dieser Kraft. Etwas von diesem Überfluß wird durch die Hülle hinaus in den Raum gestreut bis zu einer gewissen Entfernung, manchmal nicht weit, obgleich seine Wirkung zu Zeiten mehrere Meilen weit ausgedehnt werden kann. Das wirkt wie eine Abschirmung gegen jegliche Partikel oder Weltraumtrümmer, wie ihr das bezeichnet, indem solche Dinge durch die beständig ausstrahlende Kraft abgestoßen werden."

Er erklärte dann weiter, daß im Weltall alle Körper negativ zum Raum sind und sich tatsächlich in einem Meer von elektro-magnetischer Kraft bewegen. Deshalb stößt eine negative Strahlung alle negativen Körper ab, während sie gleichzeitig verhindert, daß das Schiff durch Reibung erhitzt wird.

Noch stundenlang hätte ich mich am liebsten an diesem herrlichen Anblick erfreut, aber mir war nur eine kurze Zeit vergönnt bis die Pilotinnen ihre Sitze wieder einnahmen und wir auf die 12000 Meter Höhe zurückgingen, in der das Schiff geschwebt hatte, als wir vorhin ankamen. Man spürte weder ein Sinken noch eine Wendung des Schiffes. Die Bewegung des Fahrzeuges war so sanft, daß sie kaum wahrgenommen werden konnte, und das einzige hörbare Geräusch war so gering, wie das Summen eines in Gang befindlichen elektrischen Ventilators.

Wir waren weder mit Kopfschutz noch mit Atmungsgeräten oder Gleichgewichtsschutz versehen worden, aber mein Verstand war während der ganzen Zeit vollkommen wach und klar.

Es machte großen Eindruck auf mich, daß alle Instrumente, soweit ich sie überall in diesem Schiff gesehen hatte, durch Druck auf Knöpfe betätigt zu werden schienen. Und nirgendwo habe ich etwas gesehen, das auch nur im geringsten wie eine Zerstörungswaffe ausgesehen hätte. Aber nachdem ich die abstoßende Naturkraft im Raum, die durch Strahlung aus dem Fahrzeug reguliert werden konnte, beobachtet hatte, gewann ich die feste Überzeugung, daß diese Kraft sehr wirksam zum Selbstschutz eingesetzt werden könnte, falls ein solcher jemals nötig sein sollte.

Firkon beantwortete meinen Gedanken, indem er sagte: „Jawohl, so ist es. Bis jetzt war das aber noch nicht nötig. Überdies, falls es sich ausschließlich um die Erhaltung unseres eigenen Lebens handelt dem Leben unserer Brüder gegenüber — sogar jener kriegerischen auf eurer Erde —, so würden wir uns lieber selbst zerstören lassen, als daß wir einen Mitmenschen töten würden."

Die Folgerungen aus dieser schlichten Feststellung berührten mich tief. Nur mit Kummer konnte ich an den so entgegengesetzten Standpunkt meiner Mitmenschen auf Erden denken; an die entzweiten Völker, an die Nationen, die eben jetzt im Wettrennen damit beschäftigt sind, immer schrecklichere Zerstörungswaffen herzustellen, die wiederum immer größeren Volksmengen in der ganzen Welt Tod, Leiden und Krankheit bringen würden. Ich dachte an den „Feindeshaß", der in die Seelen der jungen Menschen gegossen wird, den man für nötig hält, um sie zum Töten anderer vorzubereiten. Denn für einen Menschen, der etwas über seinen Platz in der Schöpfung weiß, ist der Wunsch zu töten durchaus nicht natürlich. Ich dachte an die unbeschreibliche Gotteslästerung, die in den Gebeten liegt, die an den liebevollen „Himmlischen Vater" aller gerichtet werden, daß Er zum Töten seinen Segen geben möge, wodurch die Menschheit ihres Erbes verlustig geht.

Während mir diese Gedanken durch den Sinn gingen, schwiegen Ilmuth und Firkon still. Früher hatte ich gerade über diese Dinge auch schon nachgedacht, aber niemals vorher waren sie mir mit solcher Eindringlichkeit zum Bewußtsein gekommen, und ich wußte, das würde immer in mir wach bleiben.

Jetzt machte mich Firkon auf einen Apparat aufmerksam, der etwa so groß war wie ein gewöhnliches Schrankradio, mit einem Schirm wie bei einem Fernsehgerät. „Damit können wir alles abbilden und aufzeichnen, was auf der Erde oder einem anderen Planeten, den wir passieren oder über dem wir gerade schweben, geschieht. Wir hören nicht nur die gesprochenen Worte, sondern es werden auch Bilder aufgenommen und auf dem Schirm gezeigt. Ein Mechanismus im Innern verwandelt diese in Tonschwingungen, die gleichzeitig in die betreffenden Worte unserer eigenen Sprache übersetzt und alle aufgezeichnet werden, ähnlich wie bei euren Tonbandaufnahmen."

Um es mir noch verständlicher zu machen, erklärte er, daß alle Worte aus Schwingungen oder Tonstufen bestehen, ähnlich einer Musikoktave, genau wie alle Melodien aus bestimmten Tönen zusammengesetzt sind. Wenn man dieses Gesetz kennt, so kann man hiernach in kurzer Zeit eine bisher unbekannte Sprache erlernen. Wenn fremde Schwingungen erscheinen, werden diese in Bilder umgeformt und zeigen genau, was die fremden Worte oder ihre Vibrationen bedeuten. Selbstverständlich war das Tonband, das er mir zeigte, ganz anders als irgendeines, das ich jemals auf Erden gesehen hatte.

Alles klang mir wie ein Rätsel, und meine Verblüffung mußte wohl deutlich in meinem Gesicht gestanden haben, denn Ilmuth lachte herzlich und fragte: „Würde es dich überraschen, zu hören, daß es vor vielen Jahrhunderten Menschenrassen auf Erden gegeben hat, die die universellen Gesetze des Tones und der Schwingungen durchaus beherrschten und anwandten?"

Ich bestätigte, daß ich das schon lange vermutet hätte.

„Dieses Wissen ist eurer jetzigen Zivilisation gänzlich verlorengegangen," fuhr Ilmuth fort, „jedoch erwacht hier und da in einigen Individuen eine leise Vorstellung von deren Möglichkeiten wieder. Auf anderen Planeten sind diese Gesetze die Fundamentallehre in den Erziehungssystemen. Mit diesen Gesetzen als Grundlage können die Schüler sehr schnell auf allen Gebieten des Wissens und des Ausdrucks lernen."

Hier sprach Firkon: „Wir müssen jetzt aber in die Lounge zurückkehren." Während ich beiseite trat, um Ilmuth vorangehen zu lassen, fragte ich, warum man wohl keine Bewegung gespürt hatte, als sich das Schiff von 12000 Meter Höhe auf 80000 Kilometer erhoben hatte.

„Ganz einfach darum, weil das Schiff zweckentsprechend so gebaut ist, wie bei euren Unterseebooten," antwortete Firkon.

Wieder staunte ich darüber, wie viel diese Leute über uns und über unsere Entwicklung auf der Erde wußten. „Eure Unterseeboote," fuhr er fort, „bewegen sich unter der Wasseroberfläche in großen Tiefen und doch verspürt die Besatzung verhältnismäßig wenig von der Fortbewegung, die von ihren Instrumenten angezeigt wird. Und die Männer fühlen sich ebenfalls ganz wohl, denn eure Schiffe sind sorgfältig geplant. In Wirklichkeit besteht gar kein so großer Unterschied zwischen einem Schiff, das unter Wasser fährt, und einem, das durch den Weltraum reist, abgesehen davon, daß unsere Schiffe mit Naturkraft angetrieben werden, während eure von künstlich erzeugten Antriebskräften abhängig sind." Mir schien der von ihm erwähnte Unterschied aber doch ganz ungeheuer zu sein; ich sagte es nur nicht, und Firkon fuhr fort: „Wenn ihr erst die natürliche Kraftquelle, die überall im Universum vorhanden ist, zu benutzen versteht, werdet auch ihr imstande sein, Unterseeboote zu bauen, die, wie einige unserer Fahrzeuge, an die Meeresoberfläche steigen und weiter durch die Atmosphäre in den Weltraum fahren können."

Das erinnerte mich an zwei Vorkommnisse, die anfangs 1951 berichtet wurden. Im ersten Falle fielen zwei „Geschosse" aus dem vollkommen klaren Himmel in die Gewässer der Inchon Bay vor der Westküste von Korea. Die Geschosse fielen dicht neben einem vor Anker liegenden Begleitschiff für Wasserfahrzeuge, die „Gardiners Bay".

Dabei stiegen Wassersäulen zu einer Höhe von etwa 30 Meter auf. Der Bericht sagte, später seien diese „Geschosse" wieder aus dem Wasser aufgestiegen und hätten sich hinaufgeschwungen bis außer Sichtweite. Der zweite Fall ereignete sich vor der Küste Schottlands und war dem ersten fast gleich.

Firkon, der meine Gedanken mal wieder aufgefangen hatte, sagte: „Diesen Schiffstyp hast du fotografieren können, und du hast ihn sehr richtig Unterseeboot-Typ genannt." *)

Bei diesen Worten betraten wir den großen Salon, in welchem wir Ramu bei dem älteren Mann zurückgelassen hatten. Sie saßen noch dort und unterhielten sich in ihrer eigenen Sprache. Als wir uns näherten, erhoben sie sich, gingen zu einem kleinen Tisch, um den einige Stühle standen, und forderten uns auf, uns zu ihnen zu setzen. Die Stühle glichen unseren Eßzimmer- oder Bürostühlen, erwiesen sich aber als viel bequemer. Kalna und Firkon schlossen sich dann unserer Gruppe an.

Auf dem Tisch standen Kristallkelche mit einer klaren Flüssigkeit gefüllt, die ich sehr erfrischend fand. Man wurde fast benommen von ihrem köstlich süßen Duft. Ihre Konsistenz war ein klein wenig schwer, eine Sorte, an der man nur nippen konnte. Man nannte mir auch den Namen der Frucht, aus der der Saft gepreßt war; ich besann mich aber vergeblich auf eine irdische Frucht, die ähnlich geschmeckt hätte.

Vom Verlassen der Erde an bis zu diesem Augenblick war wahrscheinlich nicht viel mehr als eine Stunde vergangen. Aber in dieser kurzen Spanne Zeit wurde mein

*) Nr. 14 der Fotos in diesem Buch.

ganzes Wesen und mein Verständnis aufgeschlossen für eine weit größere Vorstellung vom Universum, als ich sie in den einundsechzig Jahren meines bisherigen Lebens gewonnen hatte.

Als wir nun um den Tisch herumsaßen, wandten sich aller Augen dem älteren Manne zu, als er zu sprechen anhub. Wenn mir auch erst später erklärt wurde, welchen Rang dieser Mann auf allen Planeten einnahm, so war es unmöglich, nicht zu bemerken, daß ich in Gegenwart eines hochentwickelten Wesens war, und die Haltung aller Anwesenden zeigte deutlich, daß sie sich, wie ich, alle sehr demütig vor ihm fühlten. Ich erfuhr, daß er schon fast eintausend Jahre in diesem Körper lebte.

Die folgende Stunde, in der er zu uns sprach, erschien mir wie eine Minute. Alle lauschten mit voller Aufmerksamkeit und ohne Unterbrechung auf die Worte dieses weisen Mannes.

V.

Begegnung mit einem Meister

„Mein Sohn," sagte der große Lehrer, „man hat dich hierhergebracht und dir gezeigt, wie es in unseren kleineren Fahrzeugen und in diesem großen Trägerschiff aussieht. Du bist in jedem nur eine kurze Zeit gefahren, jedoch lange genug, um dir viele Kenntnisse zu vermitteln, die du an deine Mitbrüder auf Erden weitergeben sollst. Du hast gesehen, wie es im Weltenraum aussieht und daß er tatsächlich ständig in Bewegung ist, voll von sich bewegenden Partikeln, aus denen schließlich alle Formen ins Dasein gebracht werden. Es gibt weder einen Anfang noch ein Ende.

In der Weite des Raumes schweben zahllose Körper, die ihr Planeten nennt. Wohl sind sie verschieden groß; doch sind sie eurer und unserer Welt ziemlich gleich. Und die meisten von ihnen sind bevölkert und werden von menschlichen Lebewesen, wie ihr und wir, beherrscht. Während einige Planeten gerade den Zustand erreicht haben, wo sie fähig sind, solche Lebensformen wie die unsrigen zu tragen, haben andere dieses Entwicklungsstadium in ihrem Wachstum noch nicht erreicht. Denn du mußt denken, Welten sind ja nur Formen und auch sie gehen durch die lange Wachstumsperiode, die alle Formen durchmachen, von der kleinsten bis zur größten.

Jeder Planet bewegt sich mit einer Anzahl zugeordneter Planeten um eine Zentralsonne in vollkommenem Gleichmaß, wodurch eine Einheit oder ein System, wie ihr es nennt, gebildet wird. In jedem System sind, soweit wir auf unseren Reisen beobachten konnten, immer zwölf Planeten. Darüber hinaus kreisen zwölf solcher Systeme vereint um ein Zentralgestirn, unserer Sonne vergleichbar. Diese bilden zusammen eine ‚Weltinsel', wie einige eurer Wissenschaftler das nennen. Wir haben Grund anzunehmen, daß zwölf solcher Weltinseln wieder eine unermeßliche Einheit bilden in des Vaters Haus mit den vielen Wohnungen . . . und so weiter, ohne Ende.

Auf unserem Planeten und auch auf anderen Planeten unseres Systems ist die Lebensform, die ihr ‚Mensch' nennt, gewachsen und ist geistig und sozial über verschiedene Entwicklungsstufen fortgeschritten bis zu einem Punkt, der für euch Erdenmenschen unfaßbar ist. Diese Entwicklung wurde nur möglich durch die Beachtung der Naturgesetze, wie ihr sagt. In unseren Welten drücken wir das so aus: Dieses Wachsen ist geschehen durch Befolgen der Gesetze des ALLERHÖCHSTEN GEISTES, Der Zeit und Raum regiert.

Wie du selbst gesehen hast, reisen wir so leicht im Weltraum, wie ihr ein Zimmer durchschreitet. Die Durchquerung des Weltraumes bietet denen, die seine Gesetze kennen, keine Schwierigkeiten, nach denen alle Körper, Planeten und Menschen gleicherweise leben und sich bewegen. Man versteht dann, daß Entfernungen zwischen zwei solchen Körpern im Raum oder auch zwischen zwei

Welten keine Entfernung bedeuten, wie ihr den Begriff Entfernung in eurer Welt auffaßt.

Denke doch an die Zeit, als die Entfernungen zwischen den Landmassen auf eurer Erde, die ihr Kontinente nennt, als sehr groß angesehen wurden und man viel Zeit brauchte, um von einem zum andern zu reisen. Heute haben eure Flugzeuge diese Entfernungen auf einen Bruchteil der Zeit verkürzt, die in vergangenen Tagen benötigt wurde. Die Entfernungen selbst aber sind die gleichen geblieben. Und genau so wird es mit den Entfernungen im Weltraum für euch sein, wenn ihr euer Wissen erweitert und die Gesetze erkennt, die im Weltall wirksam sind.

Ein anderer Gesichtspunkt, von dem ihr noch keinen Begriff habt, ist der, daß der Körper eines jeglichen menschlichen Wesens sich auf jedem Planeten behaglich fühlen kann. Wohl gibt es einige Unterschiede in den atmosphärischen Verhältnissen. Sie hängen von der Größe und dem Alter des Planeten ab. Jedoch sind sie kaum größer als die, die ihr auf der Erde zwischen dem Meeresspiegel und einem mehrere tausend Meter hohen Berge verspürt. Auf manche Menschen wirkt ein solcher Wechsel stärker als auf andere, aber alle können sich mit der Zeit akklimatisieren."

Als ich an die volkstümliche Vorstellung von gewaltigen Kopfbedeckungen samt Schlauch und Atmungsgerät dachte, wie es überall geschildert wird in den Witzblättern, aber auch in ernsthaften Theorien von angeblichen Experten, fragte ich mich, ob wohl unsere Welt die am niedrigsten entwickelte im ganzen Universum sei.

Der große Lehrer las meine Gedanken und fuhr ohne Unterbrechung fort: „Nein, mein Sohn, eure Welt ist nicht die am niedrigsten entwickelte im Universum; sie ist wohl die am niedrigsten entwickelte in unserem eigenen Sonnensystem. Aber außerhalb desselben gibt es Welten, deren Völker euren Entwicklungsstand noch nicht erreicht haben, weder in sozialer noch in wissenschaftlicher Hinsicht. Auch gibt es Welten, deren Entwicklung auf dem Gebiete der Wissenschaften sehr weit gediehen, aber auf dem des persönlichen und sozialen Verstehens niedrig geblieben ist, wenn auch von ihnen der Weltraum bereits bezwungen wurde. In unserem Sonnensystem reisen die Völker aller Planeten, mit Ausnahme der Erdenvölker, frei durch den Weltraum, einige nur auf kurze Entfernungen, während andere bedeutende Entfernungen meistern, bis weit über unser eigenes Sonnensystem hinaus. Eure Kenntnisse vom Leben und vom Universum sind äußerst beschränkt. Infolgedessen habt ihr viele falsche Ansichten über andere Welten und die Zusammensetzung des Alls und so wenig Selbsterkenntnis! Andererseits ist es aber auch Tatsache, daß das ehrliche Verlangen nach größerem Verständnis immer mehr wächst bei vielen von euch Erdenmenschen. Wir, die wir denselben Weg gegangen sind, den ihr jetzt geht, sind gewillt, euch zu helfen und von unserem Wissen all denen zu geben, die es annehmen wollen.

Als erstes müssen eure Völker die Tatsache begreifen, daß die Bewohner anderer Welten im Grunde nicht verschieden von den Erdenmenschen sind. Der Lebenszweck ist auf anderen Welten grundsätzlich der gleiche wie der eure. Dem gesamten Menschengeschlecht ist die Sehnsucht angeboren, wenn auch noch so tief verborgen, sich zu etwas Höherem zu entwickeln. Das universale Leben spiegelt sich in gewissem Sinne in eurem irdischen Schulsystem wider. Denn in euren Schulen schreitet ihr von Stufe zu Stufe und von einer Schule zur anderen auf eine höhere und vollständigere Ausbildung zu. In gleicher Weise schreitet der Mensch fort von Planet zu Planet und von einem Sonnensystem zum anderen zu immer höherem Verständnis und Höherentwicklung in allumfassendem Wachstum und Dienen."

Diese Erklärung verstand ich so: Die Erdenmenschen rücken, wenn sie dazu reif geworden sind, zu einem anderen Planeten auf, der eine höhere Entwicklungsstufe aufweist. Ich fragte mich, ob wir, solange wir noch auf der Erde leben, die im Weltraum herrschenden Gesetze erkennen und damit instande sein würden, diese anderen Welten zu besuchen, wie sie es ihrerseits jetzt schon tun.

Der Meister gab keine direkte Antwort auf meine mentale Frage, sondern fuhr fort: „Ihr seid durch das gebunden, was ihr ‚Zeit' nennt. Aber sogar bei eurem Zeitbegriff werdet ihr, wenn ihr die Weltraumfahrt meistert, über die Schnelligkeit, mit der ihr andere Planeten erreichen könnt, erstaunt sein. Für dieses Abenteuer werdet ihr neue Wörter finden müssen. Ihr nennt unsere Fahrzeuge ‚Untertassen' und sagt, daß sie fliegen. Dieser Ausdruck paßt auf eure eigenen Flugzeuge, aber nicht auf unsere Fahrzeuge. Wir ‚fliegen' aber nicht wie ihr meint, wir heben die Wirkung der Atmosphäre auf durch ein mechanisches Verfahren. Ihr nennt dies ‚Aufhebung der Schwerkraft'. Auf diese Weise werden wir von atmosphärischen Einflüssen und Widerständen nicht behindert. Aus diesem Grunde sind unsere Fahrzeuge auch in der Lage, solche scharfen Richtungswechsel während der Fahrt auszuführen und sich mit Geschwindigkeiten fortzubewegen, die eure Flieger und Wissenschaftler so sehr verblüffen.

Wir könnten euch viel erzählen über das Beherrschen der Schwerkraft, das sowohl zum Verlassen eines Planeten wie zur Annäherung an einen jeden Planeten nötig ist. Gern würden wir euch dieses Wissen vermitteln, das uns so sehr von Nutzen ist. Aber ihr habt noch nicht gelernt, miteinander in Frieden und Brüderlichkeit zu leben, zum Wohle der gesamten menschlichen Familie, wie das auf anderen Welten geschieht. Wenn wir diese Kraft dir oder einem anderen Erdenbürger enthüllen würden und sie allgemein bekannt werden würde, so würden sich dann sogleich einige von euch daran machen, Raumschiffe zu bauen. Man würde sie mit Kanonen versehen, um damit einen ‚Jagdausflug' zur Eroberung und Besitzergreifung anderer Welten zu machen.

Du weißt, daß es bei euch Gruppen gibt, die bereits Eigentumsrechte auf den Besitz des Mondes angemeldet haben, um ihn als militärische Basis zu benutzen. Viele irdische Wissenschaftler hoffen, in nicht allzu ferner Zukunft Raumschiffe gleich den unsrigen für interplanetarische Reisen bauen zu können. Es ist durchaus möglich, daß dies geschieht. Aber den Erdenmenschen wird nicht erlaubt werden, in größerer Anzahl zu kommen oder zu bleiben, bevor sie nicht das alles umschließende Lebensgesetz zu beachten gelernt haben, wie es von den Menschen auf anderen Welten bereits gelebt wird anstatt des heutigen selbstsüchtigen Eigenlebens auf der Erde. Und viel müßt ihr noch lernen über den Weltraum; denn gerade in diesem werdet ihr euch ja bewegen."

Ich erinnerte mich eines Bildes, das ich oft gebraucht hatte, indem ich den Weltraum mit einem weiten, in steter Bewegung begriffenen Meer verglich. Und nun dachte ich: So wie unsere Ozeandampfer auf den Wellen des Meeres und durch dieselben hindurch fahren, so fahren diese interplanetarischen Schiffe auf den im Weltenraum wirkenden Wellen dahin.

„Jawohl," sagte der Meister, „so ähnlich ist es, und wenn eure Wissenschaftler nach diesem Prinzip arbeiten, werden ihnen neue Erkenntnisse kommen. Denn die Natur wird ihre Geheimnisse all denen enthüllen, die offenen Geistes suchen.

Wie du schon vernommen hast, bereisen wir den Raum, um zu lernen. In unseren Schiffen sind viele Instrumente; einige davon hast du gesehen, viele andere noch nicht. Ihr habt unsere Fahrzeuge alle in e i n e Kategorie eingereiht, in die der Untertassen; doch besitzen wir viele Arten, verschiedene Größen für vielerlei Zwecke. Die größten sind nie bis in den Luftraum eurer Erde gekommen; ja, sie blieben immer in Entfernungen von Millionen Meilen.*) Wir können die Tausende von Insassen dieser gigantischen Schiffe doch nicht der Gefahr aussetzen, falls etwas passieren sollte, auf der Erde landen zu müssen, bevor nicht eure Völker zu größerem Verstehen herangewachsen sind. Mein Sohn, der Hauptgrund dafür, daß wir in dieser Zeit zu euch kommen, ist folgender: Wir möchten euch vor der großen Gefahr warnen, die die Erdenmenschen jetzt bedroht. Da wir mehr wissen, als irgendeiner von euch sich vorstellen kann, fühlen wir uns verpflichtet, euch aufzuklären, soweit das möglich ist. Vielleicht nehmen eure Völker das Wissen an, das wir ihnen d u r c h d i c h u n d a n d e r e zu geben hoffen. Sie können aber auch taube Ohren haben. Dann werden

*) Eine Meile = 1,6 km

sie sich selbst zerstören. Die Wahl liegt bei den Erdenbewohnern; befehlen können wir nicht.

Bei deiner ersten Begegnung mit unserem Bruder hier deutete er dir an, daß die Atomexplosionen auf der Erde unser Interesse erregt hätten, und zwar aus folgendem Grunde: Wenn auch die Kraft und Ausstrahlungen dieser Versuchsexplosionen noch nicht über die irdischen Wirkungssphären hinausgelangt sind, so gefährden diese Ausstrahlungen doch schon das Leben der Erdenmenschen. (Verschlimmerte sich seit 1956 sehr! — Übers.) Es wird eine Zersetzung eintreten, wodurch die Atmosphäre allmählich mit den tödlichen Elementen angefüllt wird, die eure Wissenschaftler und Militärs in eure sogenannten Bomben eingesperrt haben. Die aus jenen Bomben frei gewordenen Strahlungen reichen bis jetzt nur bis dorthin, weil sie leichter sind als eure Luft und schwerer als der eigentliche Weltraumäther. Wenn jedoch in einem Weltkrieg die Menschheit solche Kräfte gegeneinander loslassen würde, so könnte ein großer Teil der Erdbevölkerung vernichtet, euer Ackerboden steril gemacht ,eure Gewässer vergiftet und jegliches Leben für eine lange Zeit unmöglich gemacht werden. Es könnte sogar geschehen, daß euer Planetenkörper selbst bis zu einem Grade verstümmelt würde, daß dadurch sein Gleichgewicht in unserer Milchstraße gestört würde.

Dieses wären die unmittelbaren Auswirkungen, die eure Erde betreffen würden. Für uns aber könnte das Reisen im Weltraum für lange Zeit schwierig und gefährlich gemacht werden, da die durch solche Massenexplosionen freigemachten Energien dann durch eure Atmosphäre hindurch in den Weltraum dringen würden."
Ich fragte mich, ob und inwieweit sie sich — falls wirklich

ein Krieg ausbrechen sollte — berechtigt fühlen würden, uns daran zu hindern.

Der Meister antwortete auf meine mentale Frage: „Wie dir bekannt ist, könnten wir dank unserer Kenntnisse über die Anwendung und Beherrschung von Energien, die weit mächtiger sind als alle Energien, die unsere Erdenbrüder bisher zu benutzen gelernt haben, wenn wir wollten, eure Kraft unwirksam machen mit unserer größeren Kraft. Doch haben wir dir ja früher schon gesagt, daß wir unsere Mitmenschen nicht töten, nicht einmal in Selbstverteidigung. Wir werden also weiterhin versuchen, dadurch einen Krieg zu verhindern, daß wir den Erdenmenschen klar machen, was sie damit anrichten würden. Denn nur Unwissende unternehmen solch einen Krieg!"

Ein Leuchten ging über sein Gesicht, seine Augen schienen auf ein sehr schönes inneres Bild gerichtet zu sein, als er in sanftem Tone weitersprach: „Und alle Menschen haben einmal in ihrem Leben von Utopien geträumt, wie ihr sagt, von einer nahezu vollkommenen Welt. Nun ist aber alles, was sich der Mensch irgendwann einmal ausgedacht hat, irgendwo wirklich schon vorhanden. Und deshalb ist nichts unerreichbar. Das gilt auch für euch Erdenmenschen. Bei uns auf den anderen Planeten unseres Milchstraßen-Systems ist es bereits so. Manche Erdenmenschen haben ausgerufen: ‚Wie langweilig muß doch Vollkommenheit sein!' Aber so ist das nicht, mein Sohn; denn es gibt verschiedene Stufen der Vollkommenheit, wie es bei allen Dingen Stufen gibt. In unseren Welten sind wir glücklich, aber wir bleiben nicht stehen. Genau so, als wenn man den Gipfel eines Berges erreicht, den man von unten aus gesehen hat und nun ein weiterer Berg in Sicht kommt, ist es stets mit dem Fortschritt. Das dazwischenliegende Tal muß durchquert werden, bevor man die nächste Höhe erklimmen kann. Das Begreifen der Weltgesetze bedeutet sowohl Aufschwung wie auch Begrenzung. So wie es bei uns jetzt schon ist, könnte es bei euch auch werden. Durch eure Erkenntnisse geistig emporgehoben würde eben dieses Wissen es euch unmöglich machen, die Waffen gegen euren Bruder zu erheben. Dann wüßtet ihr nämlich, daß jedes Individuum das von Gott gegebene Recht und den Wunsch hat, sein Leben selbst zu lenken und sein Schicksal selbst zu gestalten, auch wenn der Weg durch Prüfungen und Irrtümer führt. Das gilt für alle Gruppen, Nationen und Rassen der Menschheit.

Wie es viele Wege gibt, die abwärts führen, weg vom Fortschritt, so führen wieder viele andere aufwärts. Der eine Mensch mag den einen Weg wählen, der andere Mensch den anderen. Das braucht sie als Brüder nicht zu entzweien. Im Gegenteil, jeder kann vom andern viel lernen, wenn er nur will. Denn in der Weite der unendlichen Schöpfung gibt es keinen Weg, der der einzige wäre.

Oftmals haben wir auf eurer Erde den Ausspruch ‚der Weg zur Glückseligkeit' gehört. Das ist ein gutes Wort; denn Fortschritt i s t Glückseligkeit und liegt von Anfang an längs des aufsteigenden Pfades. Und Glück macht die Menschen zu Brüdern in der Duldsamkeit den Anstrengungen eines anderen Menschen gegenüber, selbst wenn diese auch anders geartet sind als ihre eigenen.

Es ist also nichts verkehrt mit eurer Erde noch mit ihren Bewohnern, außer, daß sie durch ihr mangelndes gegenseitiges Verständnis eben noch kleine Kinder im allumfassenden Leben des Einen Allerhöchsten Wesens sind. Es wurde dir gesagt, daß wir auf unseren Welten die Gesetze des Schöpfers *leben*, während ihr Irdischen nur von ihnen *redet*. Würdet ihr nur schon nach den Vorschriften leben, die ihr bereits kennt, so gäbe es kein Gemetzel mehr unter euch. Ihr würdet an euch selbst arbeiten innerhalb eurer Gruppen und Nationen, um das Gute, das Glück zu erreichen in dem Teil eurer Welt, in die ihr hineingeboren wurdet, und die ihr deshalb ‚Heimat' nennt.

Ich glaube, die Erdenmenschen würden höchst erstaunt sein, zu sehen, wie rasch sich auf ihrem ganzen Planeten ein Wechsel vollziehen würde. Jetzt, da ihr das Mittel des Rundfunks für weltweite Verbreitung habt, würden Sendungen, die die Liebe und die Toleranz nachdrücklich betonen anstatt Verdächtigungen und Mißtrauen, aufnahmebereite Herzen finden. Denn der größte Teil der Erdenmenschen ist des Streites und seiner schmerzlichen Folgen müde. Wir wissen, daß sie sich wie nie zuvor nach einem Wege sehnen, der sie befreien könnte. Wir wissen, daß Furcht und Verwirrung in ihnen leben, weil sie die Folgen zweier großer Kriege am eigenen Leibe gespürt haben, die doch nur dazu gedient haben, die Saat zu einem weiteren zu legen.

So ist es bei offenen Herzen und Sinnen überall auf eurem Planeten noch nicht zu spät. Aber es eilt, mein Sohn! Darum begib dich mit dem Segen des Ewigen Vaters an deine Aufgabe! *Erhebe deine Stimme zusammen mit denen, die wie du Träger dieser Hoffnungsbotschaft sind!*"

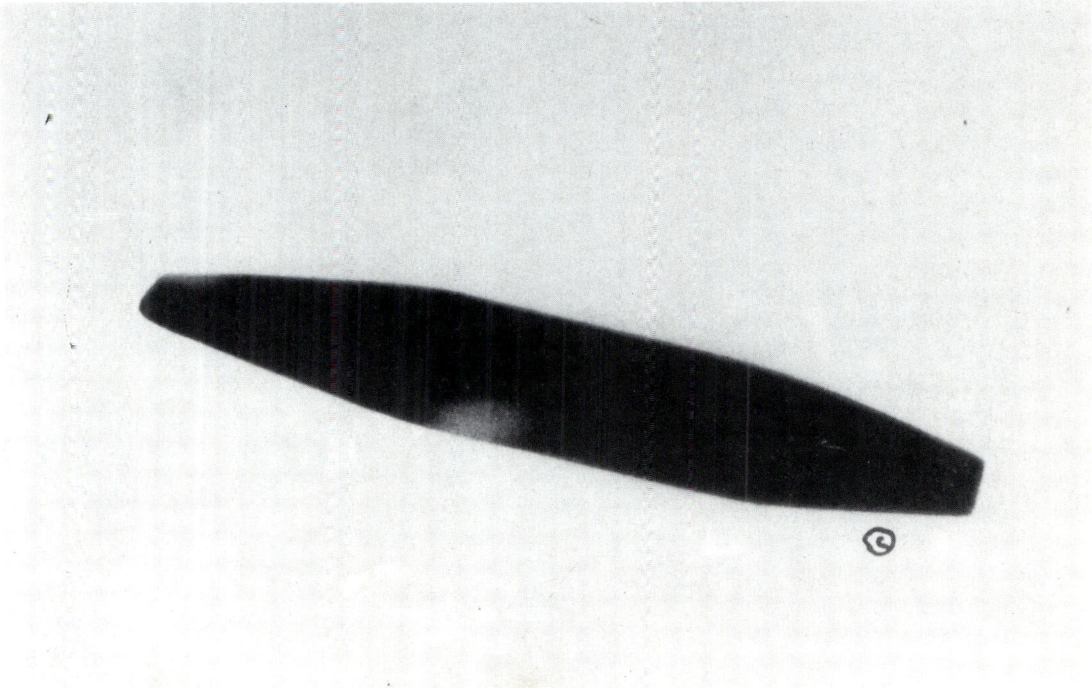

Bild 5: Das Weltraumschiff entläßt Scouts. (Aufnahme 1). Die folgenden drei Fotos wurden gleich nach dieser Aufnahme am 5. März 1951 um 10.30 Uhr von George Adamski gemacht. Hier verläßt soeben ein Scout das Mutterschiff

Bild 6: Mutterschiff entläßt Scouts. (Aufnahme 2) Zwei Scouts starten.

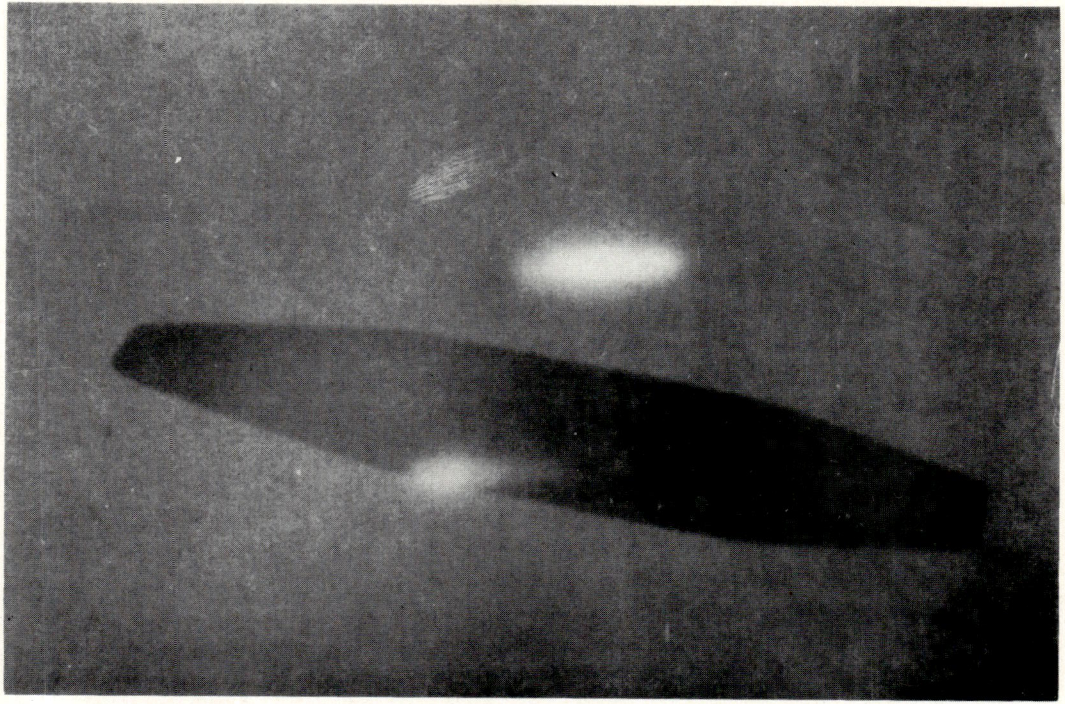

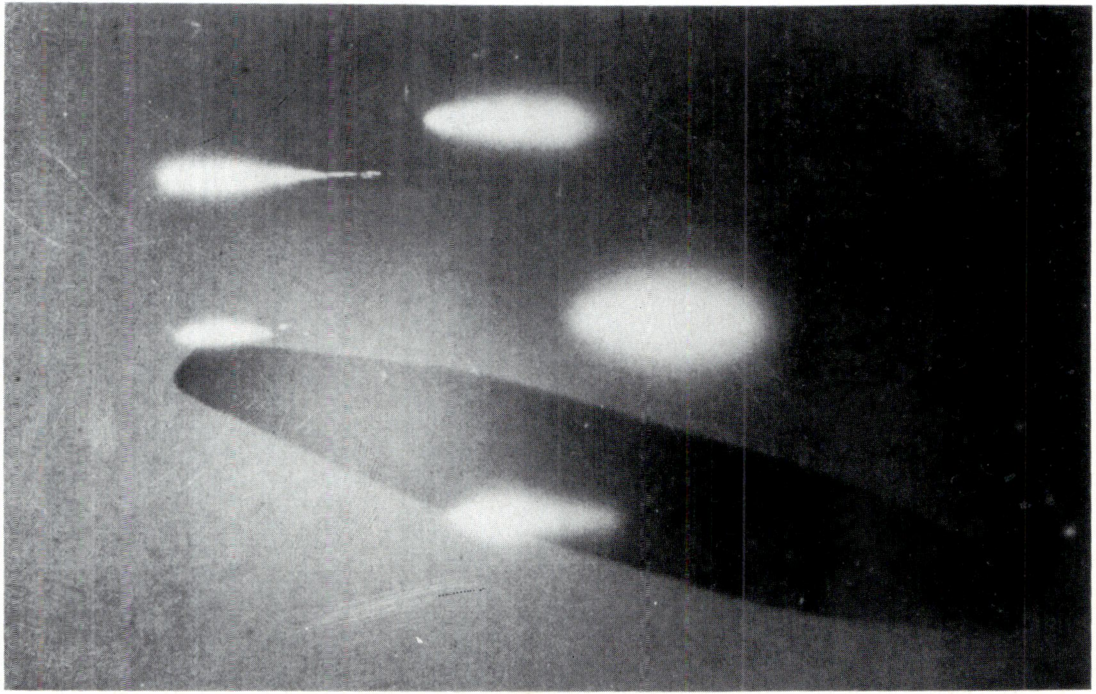

Bild 7: Mutterschiff entläßt Scouts. (Aufnahme 3). Jetzt sind fünf Scouts auf der Gleitschiene durch zwei Luftschleusen im Boden des Schiffes in den Weltraum herausgeglitten. (Siehe auch Ende des Kapitels VI).

Bild 8: Mutterschiff entläßt Scouts. (Aufnahme 4). Es sind jetzt sechs Scouts auf diesem letzten der schnell hintereinander aufgenommenen Reihe von teleskopischen Bildern zu sehen, die George Adamski aufgenommen hat.

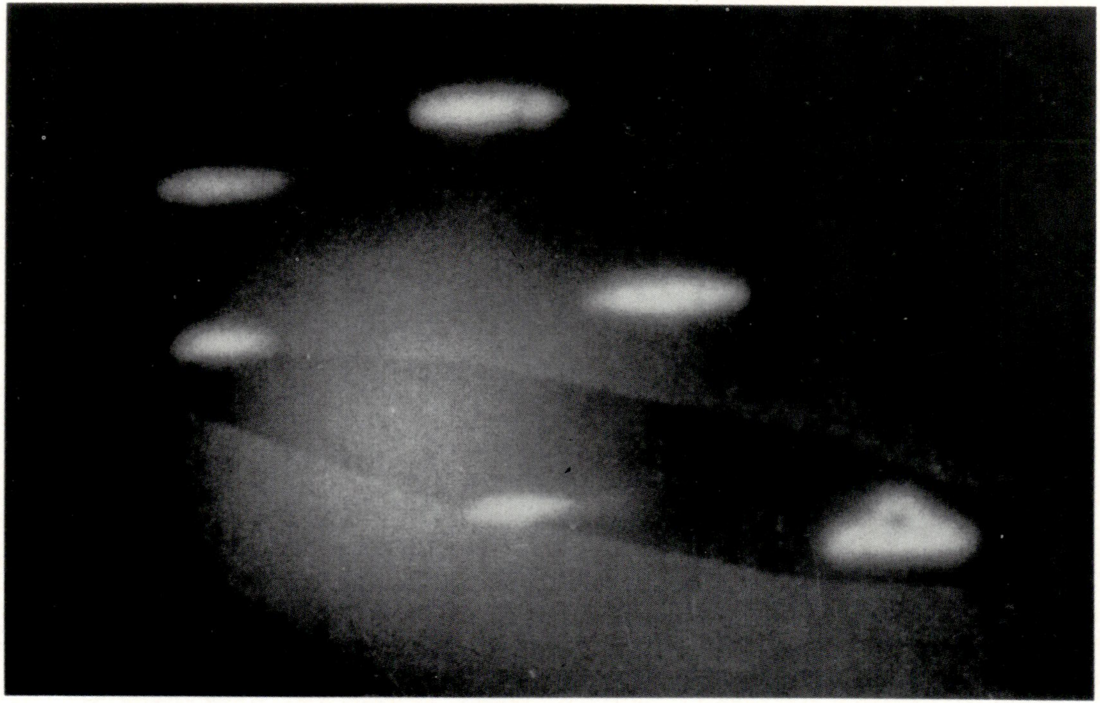

VI.

Fragen und Antworten im Innern des Mutterschiffes

Nach kurzem Schweigen, das niemand störte, erhob sich der Meister und mit ihm alle Anwesenden. Einen Augenblick stand er still, seine Hände ruhten auf der Lehne seines Stuhles, und er schaute mir tief in die Augen. Niemals werde ich den Ausdruck großer Güte und tiefen Mitgefühls in seinem Blick vergessen! Wie eine Segnung war das, und zu gleicher Zeit erfüllte mich neue Kraft.

Mit einer Abschiedsgebärde an alle Anwesenden wandte er sich um und verließ den Raum. Wir verharrten noch eine Zeitlang in Stillschweigen nach seinem Fortgang. Ich konnte noch keine Worte finden, bis Kalna das Schweigen brach und leise sagte: „Auch für uns ist es jedesmal ein Geschenk, diesem großen Mann zu lauschen."

Dann löste Ramu absichtlich, wie ich glaube, die Spannung und sprach: „Bevor wir dich zur Erde zurückbringen, darfst du jetzt noch eine kleine Weile Fragen an uns stellen, die dir im Sinne liegen mögen. Sie brauchen sich nicht unbedingt nur auf das ernste Thema zu beziehen, über das der Meister eben gesprochen hat." Und lächelnd fügte er hinzu, „Nichts, was dich interessiert, ist uns unwichtig."

Ich schaute ihn dankbar an, während wir alle unsere Sitze wieder einnahmen. Wenn ich ihn richtig verstand, hatte Ramu gemeint, es sollte eine allgemeine Unterhaltung geben, nicht nur eine telepathische Übertragung, ich könnte meine Fragen also laut äußern. So brachte ich denn gleich die mich am meisten bewegende vor.

„Können die drastischen Veränderungen, die seit den Atombombenversuchen vielerorts in unserer Atmosphäre stattgefunden haben, etwas zu tun haben mit der Freilassung jener Energie aus den Atombomben?"

„Ja, allerdings!" erwiderte Ramu. „Das ist nicht nur eine Vermutung, das ist Tatsache! Unsere Instrumente haben diese Ergebnisse registriert. Deshalb wissen wir es genau!"

„Würdet ihr wohl die Freundlichkeit haben, mir ein wenig genauer zu erklären, warum ihr, trotzdem ein Krieg auf der Erde das Reisen im Raum von einem Planeten zum anderen für Millionen Menschen gefährden würde, doch nicht eingreifen wollt, sondern es für unrecht haltet, wenigen Menschen zu schaden, wenn ihr vielen damit Segen bringen könntet?"

„Gern wollen wir versuchen, dir das verständlich zu machen," antwortete Orthon. „Wir alle sind von Geburt an mit der Idee der Ganzheit, der Einheit des Lebens genährt worden. Für uns wäre es undenkbar, den erkannten Weltgesetzen nicht zu gehorchen. Sie sind ja nicht von Menschen gemacht, sondern bestehen von Anfang an und werden dauern bis in Ewigkeit. Diesen Gesetzen zufolge muß jedes Individuum, jede Menschengruppe, jedes intelligente Leben auf allen Welten sein Schicksal selbst entscheiden, ohne die Einmischung anderer! Rat, ja! Belehrung, ja! Aber Einmischung bis zur eventuellen Vernichtung — niemals!"

Sein Blick schien zu fragen, ob mir dieses Prinzip nun klarer geworden sei.

Firkon, der Marsmann, der unserer Unterhaltung schweigend gefolgt war, sprach jetzt zum ersten Male: „Du kennst doch die Macht der Gedankenformen. Neben unserer physischen Aufgabe auf Erden ist es für uns unbedingt nötig, an dem Glauben festzuhalten, daß die Erdenvölker eines Tages erwachen und erkennen werden, daß sie sich auf eine Katastrophe zubewegen."

„Ich verstehe," antwortete ich langsam, als mir die Kernfrage klar wurde.

Ramu bestätigte: „Wir wissen, daß die Macht dieses Gedankens, den wir ununterbrochen zu allen unseren Erdenbrüdern hinaussenden, schon manche Herzen geändert hat."

„Wir sind uns auch klar darüber," betonte Ilmuth, „und du sowie andere Leute auf eurer Erde sind es auch, daß eure Luftstreitkräfte und eure Regierungen *wissen*, daß unsere Schiffe an eurem Himmel aus dem Weltraum kommen und nur von intelligenten Wesen anderer Planeten gebaut und gelenkt sein können. *Hohe Regierungsbeamte eurer Welt haben mit uns Kontakt gehabt. Einige sind gute Menschen und wollen keinen Krieg.* Aber sogar die guten Menschen auf eurer Erde können sich nicht ganz frei machen von der Angst, die Jahrhunderte hindurch von der Menschheit selbst genährt worden ist."

„So ist es auch mit euren Fliegern überall auf der Erde," sagte Kalna gelassen, „viele von ihnen haben unsere

Schiffe wiederholt gesehen. Aber sie sind mundtot gemacht und gewarnt worden. Darum wagen nur wenige, darüber etwas zu erzählen."

„Und mit euren Wissenschaftlern ist es genau dasselbe," fügte Firkon hinzu.

Wieder staunte ich darüber, daß sie unsere Welt und unsere Menschen so gut kannten. „Dann scheint die Entscheidung ja größtenteils bei dem gewöhnlichen Mann auf der Straße zu liegen," meinte ich, „multipliziert mit den Millionen solcher Leute in der ganzen Welt."

„Sie würden wirklich eine Macht bei euch sein," bejahte Firkon schnell. „Und wenn sie überall in genügender Zahl gegen den Krieg sprächen, würden manche Führer in den verschiedenen Ländern eurer Welt gern darauf hören."

Nun verstand ich die Verhältnisse auf Erden viel besser, und ich wurde von Hoffnung erfüllt. Ohne es selbst zu merken, wechselte ich das Thema und sagte: „Würdet ihr mir jetzt wohl den Mechanismus etwas näher erklären, den ich im Pilotenraum sah, und zwar den, der Töne registriert, die dann auf dem Schirm in Bilder umgewandelt werden?"

„Gern," sagte Orthon, „er befähigt uns, und das ist einer seiner wichtigsten Zwecke, schnell eine fremde Sprache zu erlernen. Natürlich sprechen diejenigen von uns, die eine Weile richtig auf eurer Erde gelebt und gearbeitet haben, mit besserem Akzent. Aber es gibt bei uns wie bei euch Menschen mit einer größeren Sprachenbegabung als andere, die auch ohne direkten Kontakt mit den Leuten fehlerfrei zu sprechen lernen." Hier lächelte er und erinnerte mich an unsere Gebärdensprache bei unserer ersten Begegnung. Und er fügte hinzu: „Es war von äußerster Wichtigkeit, daß ich deine Fähigkeit, telepathische Botschaften zu senden und zu empfangen, prüfte. Als Ergebnis dieser Prüfung bist du jetzt hier! Wir wissen wohl, wie skeptisch das Erdenvolk in allen Angelegenheiten ist, die außerhalb der engen ausgefahrenen Gleise seiner persönlichen Erfahrung liegen. Eben aus diesem Grunde waren die Botschaften, die ich dir gab, von universellem Charakter. Das Verständnis für solche Schriftzeichen ging mit den Zivilisationen, die vor langen Zeiten untergegangen sind, verloren, aber wir wissen genau, daß in eurer Welt verstreut Leute leben, die sie übersetzen könnten. Wenn dann solche Übersetzungen vorhanden sind, können nur noch Menschen, die absichtlich ungläubig sind, sich weigern zu glauben."

Kalna mit ihrem fröhlichen Lächeln meinte: „Es ist ein Glück, daß wenigstens Gedankenübertragung von den Wissenschaftlern eurer Welt als erwiesene Tatsache anerkannt wird!"

„Weißt du," sagte Orthon, „wir hielten dich zunächst einige Jahre unter Beobachtung, bevor ich endlich den Kontakt mit dir aufnahm und wir sicher waren, daß deine telepathischen Fähigkeiten ausreichen würden. Das wurde dann durch den letzten Test bei unserer ersten Begegnung bewiesen."

„Habt ihr mich denn auch noch auf andere Weise geprüft?" fragte ich.

„Allerdings taten wir das! Siehst du, dadurch, daß du unsere Fahrzeuge jahrelang fotografiert hast, wandten sich deine Gedanken unvermeidlich uns zu. Wir fühlten die Aufrichtigkeit deines Interesses. Wir brauchten nur noch zu prüfen, ob und wie du dieses Interesse in die Tat umsetzen würdest, wie du dich verhalten würdest, wenn man dir mit Spott und Skepsis begegnete, und ob du auch nicht den Kontakt mit uns ausnutzen würdest zur Selbstverherrlichung und zu geldlichen Vorteilen."

„Alle Prüfungen hast du glänzend bestanden," sagte Ilmuth herzlich. „Angesichts aller Verspottung und allen Unglaubens, ja sogar, als die Echtheit deiner Fotos bestritten wurde, sahen wir, wie fest du bei dem bliebst, was dein Inneres als wahr erkannt hatte."

Diese Ermutigung erfüllte mich mit Glück, und ich wußte, daß mit solchen Freunden jegliches Schwanken unmöglich sein würde.

„Etwas anderes mußten wir auch noch wissen," sagte Ramu, „ob du zur rechten Zeit schweigen könntest, und ob du eine gute Urteilskraft hättest. Heute Nacht zum Beispiel offenbarte dir der Meister Dinge, die, wie er betonte, deine Leute noch nicht wissen sollen. In einer Welt, wie die deine, kommen die meisten Menschen in große Versuchung, sich wichtig zu machen und die Aufmerksamkeit anderer auf sich zu lenken. Überdies ist es nicht weise, alles, was du erzählen darfst, auch gleich jedwedem Menschen zu übermitteln. Hier hat deine Urteilskraft einzusetzen. Schließlich hast du ja den größten Teil deines Lebens der Aufgabe gewidmet, die Weltgesetze, soweit du sie kennst, zu lehren. Dabei hast du recht gut gelernt, daß es nicht nur nutzlos, sondern sogar oft gefährlich ist, mehr Kenntnisse weiterzugeben, als aufgenommen und verstanden werden können. Wir wissen, daß du nach diesem Prinzip verfahren wirst bei den Informationen, die du von uns erhältst."

„Was die Telepathie betrifft," sagte ich, eine Frage äußernd, die mir schon länger im Sinn lag, „so kann ich sie wohl richtig anwenden, aber nicht verstehen, wie sie zustandekommt. Könnt ihr mir diesen Vorgang erklären?"

Sie schauten einander an und lachten dann. Ich merkte, daß alle Anwesenden mir diese Frage beantworten konnten, und daß sie lachten über die Höflichkeit, mit der jeder dem anderen Gelegenheit zum Sprechen geben wollte. Wenn ich so an die ganze Unterhaltung zurückdenke, kommt mir so recht zum Bewußtsein, wie anders es hier zuging als in unserer Welt, wenn da zwei oder mehr Leute versammelt sind. Wo wir im Gespräch dazwischenfahren, entgegnen und den Sprechenden beständig unterbrechen, (man sollte ihn wenigstens seinen Satz zu Ende sprechen lassen), da hatten diese Männer und Frauen in allen Fällen ruhig geredet, ohne von anderen unterbrochen zu werden. Niemand brachte sie mit einem Wortschwall zum Schweigen.

Als wenn sich alle auf Orthon geeinigt hätten, antwortete dieser: „Ihr habt doch in eurer Welt das Radio, und bei euch gibt es viele Amateur-Radiobastler, die ihr ‚Hams' nennt. Sie dürfen auf bestimmten Wellenlängen senden. Diese Wellen, ihr nennt sie Ätherwellen, befähigen eine Person an irgendeinem Ort, an eine andere Person, die sich weit entfernt von der ersten an einem Empfangsgerät befindet, eine Botschaft zu senden. Die beiden Personen können einander dann so klar hören, als wenn sie sich in demselben Raum befänden. Es gab aber eine Zeit, da würden derartige Verbindungen von solchen Leuten noch für phantastisch gehalten worden sein, die heute über den interplanetarischen Ursprung unserer Schiffe spotten. Diese Art Mentalität kann nur begreifen, was bis ins letzte bewiesen ist.

In derselben Weise wie durch das Radio werden auch Gedanken empfangen und gesendet auf gewissen Wellenlängen, nur ohne jegliches Instrument. Wir arbeiten direkt von Gehirn zu Gehirn, und auch hier ist Entfernung kein Hindernis. Jedoch ist ein offener und aufnahmefähiger Geist zum Erfolg nötig. All die Jahre hindurch, in denen du uns Gedanken gesandt hast, haben wir geantwortet. Dadurch ist eine feste, kabelähnliche Verbindung zwischen uns entstanden, indem die Gedanken auf einer bestimmten Welle liefen. Immer, wenn dein Geist geöffnet ist, können wir dir die gewünschte Information geben, und zwar genau so wie durch ein Telefon.

Du wurdest auserwählt, mich in Gegenwart von Zeugen zu treffen, die dein Erlebnis bestätigen sollten. Wir wollten, daß die Wahrheit über diese Begegnung so weit wie möglich verbreitet würde, und wir loben den Stab einer eurer Zeitungen, der den Mut hatte, den ersten Bericht zu veröffentlichen.

Etwas mußt du aber allen besonders klar machen: Die Gedankenverbindungen, von denen wir eben gesprochen haben, sind absolut n i c h t das, was eure Leute mit ‚psychisch' oder ‚spiritualistisch' bezeichnen, sondern direkte Botschaften von einer Stelle zur anderen. Erklärungen über das, was ihr ‚psychisch' nennt, werden wir dir ein andermal geben.

Wir nennen die Gedankenübertragung ‚einen vereinigten Bewußtseinszustand' zwischen zwei Punkten, dem Sender und dem Empfänger. Diese Methode der Verständigung ist auf unseren Planeten, besonders auf der Venus, die übliche. So werden zwischen Individuen Botschaften vermittelt auf unserem Planeten, vom Planeten zum Raumschiff, wo auch immer es sich befindet, und von Planet zu Planet. Wie ich schon sagte — und laß es mich dir fest in dein Gedächtnis einprägen —, Raum oder

,Entfernung', wie ihr es nennt, ist überhaupt kein Hindernis!"

Während Orthon sprach, war Ilmuth unauffällig hinausgegangen. Jetzt kehrte sie mit einem Tablett zurück. Darauf standen Kelchgläser mit demselben köstlichen Erfrischungstrank, den ich vorhin schon beschrieben habe. Nachdem sie die Gläser verteilt hatte, sagte ich: „Diese Leute von anderen Planeten, die unter uns leben . . . gibt es das schon lange?"

Kalna antwortete: „Seit undenklichen Zeiten! Ganz bestimmt aber," so verbesserte sie sich, „seit den letzten zweitausend Jahren! Nach der Kreuzigung von Jesus, der auf eure Erde gesandt und eingekörpert wurde, um euch Menschen zu helfen, wie es andere vor ihm getan hatten, beschlossen wir, unsere Mission in einer Art durchzuführen, die für die Betreffenden weniger gefährlich war als die tatsächliche Geburt auf eurem Planeten. Das wurde möglich gemacht durch unsere großen Fortschritte auf dem Gebiet unserer Weltraumschiffe. So konnten wir Freiwillige in ihren physischen Körpern herüberbringen. Diese Männer sind sorgfältig geschult für ihre Mission und erhalten Verhaltungsmaßregeln für ihre eigene Sicherheit. Wer sie wirklich sind, wird niemals verraten, außer, sehr selten, dem einen oder anderen Menschen zu einem bestimmten Zweck, so wie bei dir.

Sie mischen sich unter ihre Erdenbrüder, um ihre Sprachen und ihre Lebensweisen zu erlernen. Dann kehren sie auf ihre Heimatplaneten zurück und berichten uns, welche Kenntnisse sie auf eurer Erde gesammelt haben. Wir besitzen eine Geschichte der Erde, die achtundsiebzig Millionen Jahre zurückreicht. Ähnliche Geschichtswerke wurden auch von Menschen gemacht;

jedoch gingen sie bei der von den Menschen selbst verursachten Vernichtung ihrer Zivilisationen verloren durch dieselben Zerstörungsmethoden, wie sie euch heute wieder bedrohen.

Das was ihr ‚Krieg' nennt, gibt es in unserem Sonnensystem seit Millionen von Jahren nicht mehr. Natürlich müssen alle Planeten und ihre Bewohner die Evolutionsstufen ordnungsgemäß durchlaufen, von der niedrigsten zu den höheren. Aber euer Fortschritt ist weder in der Ordnung noch natürlich gewesen; er war vielmehr eine endlose Wiederholung von Wachstum und Zerstörung, Wachstum und Zerstörung.

Es hat Erdenmenschen gegeben, die euren Planeten mit unserer Hilfe verlassen haben, um bei uns zu lernen und zur gegebenen Zeit zu ihrer irdischen Heimat zurückzukehren und euch ihr Wissen weiterzugeben. Unter den Verhältnissen, die bei euch heute herrschen, ist das nicht mehr möglich. Wenn sie zurückkämen, dürften sie nämlich nicht erklären, wo sie gewesen wären. Sie würden sonst als Verrückte gebrandmarkt und in eine Irrenanstalt gesperrt werden. Außerdem würde die plötzliche Rückkehr eines Menschen, der einige Zeit auf geheimnisvolle Weise verschwunden war, bei eurem vielen Papierkram, Ausweisen und Personalakten von den Behörden nicht unbemerkt bleiben. Wir können keine Mitmenschen der Gefahr einer unerträglichen Verfolgung aussetzen. Jetzt wirst du noch besser verstehen, wie wir auf mancherlei Weise so oft behindert werden gerade von jenen Menschen, denen wir so gerne helfen möchten."

Alle natürliche Fröhlichkeit in Kalnas Gesicht war ausgelöscht von einer großen Traurigkeit, während sie mir diese Dinge erzählte. Aber als sie nun ihren Becher von dem niedrigen Tischchen nahm und trank, lächelte sie wieder. Sie setzte das Glas zurück und sagte: „Es ist jammerschade, daß wir solche traurigen Dinge besprechen müssen — und noch trauriger ist es, daß es irgendwo im Universum solches Elend überhaupt gibt. Wir Menschen auf anderen Planeten sind von Natur gar keine traurigen Leute; wir sind gern fröhlich und lachen viel." Ihre entschuldigenden Worte bewegten mich tief. Sie waren fröhliche Leute auf ihren Planeten! Trotzdem wollten sie das Leid unserer Erde mit uns teilen und haben unaufhörlich durch die Jahrhunderte hindurch versucht, uns Licht zu bringen.

„Eine Hoffnung haben wir noch," sagte Ilmuth, als ob sie mich trösten wollte. „Wir können immer noch zu euch kommen und hin und wieder Kontakt mit euch aufnehmen, wie mit dir. Zwar erschweren eure Piloten im Augenblick unsere Landung. Aber wir hoffen, daß, wenn allmählich mehr eurer Leute unsere Schiffe sehen, sich an sie gewöhnen und die Wahrheit erkennen, daß es auf anderen Planeten auch Lebewesen gibt, dann in verstärktem Maße persönliche Begegnungen mit Erdenmenschen stattfinden können."

„Ja, wie könnte es anders gehen," stimmte ich zu. Wir tranken alle aus unseren Gläsern. Als ich meine Freunde anschaute, da sah ich, daß alle Zeichen von Kummer und Sorge um unsere Erdenverhältnisse nun aus ihren Gesichtern wieder verschwunden waren. Ich erkannte das als weise und richtig und versuchte, ihrem Beispiel zu folgen. So fragte ich: „Tanzt und singt ihr auch auf euren Planeten und gebt Gesellschaften wie wir?"

„Wir alle tanzen gern und oft," antwortete Kalna. „Bei uns bildet das rhythmische Training einen wesentlichen

Teil unserer Erziehung. Außerdem gehört der rhythmische Tanz zu unserem religiösen Ritual. Wie eine dichterische Sprachform tiefes Gefühl zu erwecken vermag, das durch die Prosaform nie erreicht wird, so vermag es auch der vollkommene Rhythmus, ausgedrückt in den Bewegungen eines Körpers bei einem kultischen Tanz.

Wir tanzen aber auch gern zum Vergnügen wie ihr es tut, obgleich nicht gerade in der Art eurer modernen Tänze," fügte sie lächelnd hinzu. „Uns könnte das Knicken, Wackeln und Hopsen keine Freude machen, das wir auf eurer Erde beobachtet haben, wobei Mann und Frau sich einen Augenblick heftig umarmen, um sich im nächsten Augenblick gegenseitig heftig wieder wegzuschleudern. Wenn wir gemeinsam tanzen, geschieht es meistens in Gruppen. Manchmal tanzen nur eine oder mehrere Personen vor den anderen, wenn sie durch die Musik inspiriert werden. Du hast bei euch ja schon feine Darstellungstänzer gesehen und kennst daher die Freude an schönen Körperbewegungen, die durch den inneren Geist inspiriert werden."

„Wir geben auch Gesellschaften," sagte Ilmuth, „aber wir fassen sie etwas anders auf als ihr. Bei uns handelt es sich ganz einfach um eine Einladung an unsere Freunde in unser Heim zwecks gemeinsamer Unterhaltung und Entspannung. Oftmals treffen wir uns draußen am Strande oder auch in unseren Gärten. Wie bei euch haben viele unserer Heime Gärten mit großen Terrassen und Schwimmbecken."

Ich wünschte, ich hätte diese wundervollen Menschen nie mehr zu verlassen brauchen. Aber gerade in diesem Augenblick erhob sich Ramu und sagte: „Es tut mir leid, aber ich muß dich jetzt auf die Erde zurückbringen."

Sofort stand ich auf und versuchte, mich mit dem Gedanken an ein „nächstes Mal" zu trösten.

In fröhlicher Stimmung sagten wir uns Lebewohl und wünschten uns, daß wir uns alle recht bald wiedersehen würden.

Niemand ermahnte mich, alles schön zu behalten, was ich erlebt hatte und es in geeigneter Weise bei meiner Tätigkeit auf Erden zu verwerten. Ein letztes Mal genoß ich die Schönheit, Wärme und Freundlichkeit und ging fort mit der Überzeugung, daß unser Erdenvolk, sobald es die Unwissenheit abgelegt habe, an dem natürlichen Erbe aller Menschheit teilhaben könnte.

Als wir die Tür zum Kontrollraum erreichten, hielt ich einen Augenblick an und schaute zurück, um mir alle Einzelheiten dieses herrlichen Raumes noch einmal einzuprägen, meine Freunde und vor allem das strahlende Bild des Ewigen Lebens.

*

Das kleine Aufklärungsschiff war während unseres Besuches aufgeladen worden und stand schon bereit zu unserer Rückkehr auf die Erde. Die Tür war geöffnet, und wir traten ein, Ramu, Firkon und ich. Ramu ging an die Kontrollbretter. Klammer und Kabel waren schon entfernt worden, als wir die Treppe hinaufstiegen; und wie vorhin schloß die Tür sich lautlos, sobald der letzte Mann eingestiegen war.

Langsam glitten wir die schrägen Schienen hinunter, durch zwei Luftschleusen hindurch und durch den Boden des Schiffes wieder hinaus in den Raum. Als wir auf den Schienen hinabglitten, hatte ich wieder das Gefühl des Fallens in meiner Magengrube; aber es war nicht so stark und dauerte auch nicht so lange wie beim Einfahren.

Eine unglaublich kurze Zeit schien erst vergangen zu sein, als sich die Tür schon wieder öffnete und Firkon sagte: „Da sind wir zurück auf der Erde!" Diesmal wurde das Fahrzeug nicht ganz fest auf den Boden gesetzt, sondern blieb 15 cm darüber schweben. Ramu kam zu mir, reichte mir zum Abschied seine Hand und sagte: „Ich fahre nicht mit dir in die Stadt zurück, da ich bei dem Scout bleiben muß. Dieser Abend mit dir zusammen war eine Freude für mich, und ich hoffe auf ein baldiges neues Treffen."

Ich schloß mich seinem Wunsche an.

Die Rückfahrt zum Hotel verlief in Schweigen; ich war erfüllt von Gefühlen und tiefen Gedanken. Firkon wußte das zweifellos. Vor dem Hotel hielt er den Wagen an, stieg aber nicht aus. Als wir uns die Hand gaben, sagte er: „Wir werden uns bald wiedersehen." Ich überlegte mir, wann und wo das wohl sein würde, und er beantwortete meine unausgesprochene Frage, indem er sagte: „Du wirst ohne Zweifel zur rechten Zeit benachrichtigt werden und dich am richtigen Platze einfinden."

Dann stieg ich aus dem Wagen. Noch mit der Hand winkend fuhr Firkon fort und ließ mich allein auf dem Bürgersteig stehen. Ich betrat das Hotel und ging in mein Zimmer. Seitdem ich meine Freunde verlassen hatte, schaute ich zum ersten Male wieder auf meine Uhr. Es war 5.10 Uhr morgens.

Ich war durchaus nicht schläfrig, noch fühlte ich die geringste Müdigkeit. Ich setzte mich auf die Bettkante und dachte eine ganze Stunde lang nur über die Erlebnisse dieser Nacht nach. Als mir alles so durch den Sinn ging, wurde mir immer klarer, daß die ganze Sache meinen Mitmenschen recht phantastisch vorkommen würde. Trotzdem — ich muß sie erzählen!

Tatsächlich konnte ich selbst kaum an die Wirklichkeit alles dessen glauben, was sich in den vergangenen paar Stunden ereignet hatte. Aber ich wußte ja, was meine Augen gesehen und meine Ohren gehört hatten, und daß es ohne jeden Zweifel ein vollkommen physisches Erlebnis gewesen war.

Schließlich zog ich mich denn doch aus, legte mich zu Bett und muß wohl in einen leichten Schlaf gefallen sein. Erst kurz vor acht Uhr erwachte ich wieder. Schnell zog ich mich an; denn jetzt hatte ich nur noch knapp Zeit, etwas zu frühstücken, wenn ich den Bus nach Hause erreichen wollte.

Während der Fahrt sahen meine physischen Augen die irdische Landschaft, durch die wir fuhren, und die Leute, die in meiner Nähe saßen. Mein Geist aber war abwesend; er lebte noch in den Ereignissen der letzten Nacht, reiste im Raum oder war bei meinen Gefährten in dem riesigen Trägerschiff.

Das Gefühl, an zwei Orten gleichzeitig zu sein, hielt mehrere Wochen an .Nur schwer konnte ich mich in die Fesseln der irdischen Gepflogenheiten zurückfinden. Obgleich die Zeit nur kurz gewesen war, in der ich das große Glück genossen hatte, die Weite des Raumes und die Schönheit seiner ständigen Aktivität zu betrachten, behielt ich dieses wunderbare Erlebnis tief und fest in meinem Herzen. Und ich wußte: Alles, was ich von diesen Freunden anderer Welten gelernt hatte, war nicht mir allein gegeben. Ich hatte es zu teilen mit allen Menschen auf Erden, die es annehmen wollen.

VII.

Das Aufklärungsschiff vom Saturn

Die Zeit verging ohne weitere Begegnungen mit meinen Freunden von anderen Welten. Jedoch fühlte ich oft, daß sie mir nahe waren.

Zwei Monate später, am 21. April, bekam ich plötzlich wieder jenen starken Drang, in die Stadt zu fahren. Am nächsten Tage ließ ich mich deshalb nach Oceanside fahren, nahm dort den ersten Nachmittagsbus nach Los Angeles und war reichlich zwei Stunden später bereits in der Stadt.

Ich stieg wieder in demselben Hotel wie früher ab, machte mich nach der Reise in meinem Zimmer ein wenig frisch und ging hinunter in die Cocktail-Bar zu einem kleinen Schwatz mit meinem Freund, dem Barkellner. Wenig später ging ich in die Halle zurück, kaufte mir eine Wochenzeitschrift und setzte mich in Erwartung der kommenden Ereignisse zum Lesen nieder.

Diesmal fehlte das Gefühl der Ungewißheit und inneren Ruhelosigkeit, das mich bei der ersten Gelegenheit so geplagt hatte, vollständig. Ich kannte jetzt die Bedeutung des Dranges, der mich von den Bergen herunter hierher gebracht hatte. So las ich denn mit Interesse die Nachrichten aus der Heimat und aus der Fremde und noch ein bißchen „zwischen den Zeilen". Das geschah ohne Störung. Nur einmal kamen zwei Männer, die ich flüchtig kannte, herein und wechselten kurz ein paar Worte mit mir.

Plötzlich schaute ich auf, und da stand vor mir . . . mein Freund vom Mars, Firkon!

Ich sprang auf mit einem, man kann nur sagen breiten Grinsen. Firkon lachte mich auch an, und wir begrüßten uns in der bekannten Weise. Dann sprach Firkon ein bestimmtes Wort und betonte es in einer Art, die mich klar erkennen ließ, daß es eine besondere Bedeutung habe.

Als wir zusammen das Hotel verließen, gab er mir die Erklärung dazu und sagte: „Der Händedruck ist bis zu einem gewissen Grade beschrieben worden, so daß wir es für angebracht hielten, das vorhin von mir gebrauchte Wort noch hinzuzufügen als weiteres Erkennungszeichen zwischen dir und Menschen unserer Welten, die hier mit dir in Verbindung treten wollen. Das wird besonders angebracht sein, im Falle sich dir ein Fremder nähert, wie das noch hin und wieder vorkommen wird."

„Eine ausgezeichnete Vorsichtsmaßnahme!" stimmte ich zu. Dann schaute ich auf meine Armbanduhr; es war bereits sieben Uhr fünfzehn Minuten. „Wenn es deine Pläne erlauben," sagte ich deshalb, „und wenn du vielleicht etwas essen möchtest, so weiß ich hier in der Nähe ein kleines Kaffee. Dort können wir in einer Nische sitzen und ungestört plaudern."

„Das paßt mir recht gut," meinte er und fügte mit einem Lächeln hinzu: „Schließlich muß der Körper ja auch sein Recht haben."

Unterwegs fragte ich nach Ramu. Der würde heute nacht nicht mit dabei sein, teilte Firkon mir mit.

Das Kaffee war voll, aber wir hatten Glück. Als wir hereinkamen, standen in einer Nische gerade Leute auf und gingen fort. Schnell schlüpften wir auf die freigewordenen Plätze und begrüßten die Kellnerin, die den Tisch abräumte und uns die Speisekarte brachte. Firkon warf einen kurzen Blick darauf, legte sie dann beiseite und bestellte eine Scheibe Vollkorn-Weizenbrot mit Erdnußbutter, schwarzen Kaffee und ein Stück Apfeltorte.

„Ich nehme dasselbe," sagte ich.

Als wir allein waren, begann Firkon in aller Ruhe zu sprechen. „Ich sehe, daß du beim Lesen der Zeitschrift bestürzt gewesen bist über das Ausmaß an Mißtrauen, Feindschaft und Haß, die die einen Gruppen eurer Erdenmenschen fortgesetzt gegen andere Gruppen hegen."

Da ich nach Firkons Ankunft gar nicht mehr an die Zeitschrift gedacht hatte, war ich einigermaßen erstaunt, daß ihm meine Reaktion darauf bekannt war.

„Ganz einfach," erklärte er. „In deinem Unterbewußtsein, wie man es nennen könnte, befindet sich nämlich noch ein ganz kräftiges Gedankenbild davon," und fuhr fort: „Nur wenige Menschen erkennen diese, ach so zerstörerischen Erregungen in sich als das, was sie wirklich sind — nicht einmal die Menschen, die sich brüsten, eine sanfte Veranlagung zu besitzen. Beobachte doch mal, was für ein kleiner Zwischenfall genügt, daß ein Mensch heftig wird. Bei ein bißchen mehr Verärgerung gerät er schon in Kampfstimmung und wird aggressiv, was er dann „Selbstschutz" nennt. In Wirklichkeit ist es aber nur der Mangel an seelischem Gleichgewicht, der diese Wut auslöst und damit alle Vernunft ausschaltet. Einmal erkannt, kann man solche Angewohnheiten im Zaume halten, ja, sie sogar ganz ablegen."

In diesem Augenblick wurde unser Essen gebracht. Als wir wieder allein waren, fuhr Firkon fort: „Es ist durchaus nicht so, daß nur einige wenige Menschen aus jeder Nation für die Zustände, die heutzutage auf Erden herrschen, verantwortlich zu machen sind. Bei meiner Aufgabe und bei meinen persönlichen Begegnungen mit meinen Erdenbrüdern habe ich viele getroffen, die von diesen zerstörerischen Gefühlen erfüllt und in Egoismus eingekapselt waren. Die tiefsten Ursachen dafür sind natürlich Verworrenheit und Lebensangst. Nur wenigen ist es gelungen, ihren Mitmenschen gegenüber eine größere Rücksichtnahme zu entwickeln, indem sie versuchen, die Weltgesetze besser zu erkennen. Einige Menschen haben dazu die Mittel und Wege gewählt, die ihr ‚Metaphysik', ‚Okkultismus' und ähnlich nennt. Aber viele unter diesen haben oft recht selbstsüchtige Beweggründe der Selbstförderung und des persönlichen Gewinns an Stelle der universalen Motive des Dienens und des gegenseitigen Wohlergehens.

Als Folge einer solchen allgemeinen Selbstsucht ist es ziemlich unwichtig, wen die Völker sich als Führer erwählen, selbst wenn man sie aus den eigenen Reihen wählt. Die Führer müssen sich den Gepflogenheiten der Mehrheit da anpassen, wo diese die Macht hat.

Wir Menschen anderer Welten, die wir unerkannt unter euch gelebt haben, sehen deutlich, wie eure Wesenseinheit mit dem göttlichen Ursprung verlorengegangen ist. Die Erdenmenschen sind abgetrennte Wesenheiten geworden. Sie betragen sich gar nicht mehr wahrhaft menschlich, wie sie es im Anfang taten. Sie sind jetzt nur noch Sklaven ihrer Gewohnheiten. Trotz allem ist in diesen Neigungen die ursprüngliche Seele eingeschlossen, die sich danach sehnt, sich ihrem göttlichen Erbgut entsprechend zu entfalten. Dieser unterdrückte Drang sorgt dafür, daß der Mensch immer wieder tief beunruhigt wird, dieser Mensch, der durch die Macht seiner Gewohnheiten an die ausgefahrenen Gleise seiner Weltanschauung gekettet ist. Das Göttliche möchte sich feiner und edler entwickeln. Mehr als dem Menschen bewußt wird, wühlt es darum die Tiefe seines Wesens auf und macht ihn in seiner Triebhaftigkeit unbehaglich und ruhelos. Jedoch ist die Macht der Gewohnheit so groß, daß der Mensch, der jener freundlichen weisen Stimme in seinem Innern wohl nachgeben möchte, dies dann doch nicht zu tun wagt, weil er nicht weiß, wohin ihn das führen würde. Aber solange der Mensch die Fesseln seines Eigendünkels nicht abzuschütteln vermag und dieser Stimme nicht erlaubt, ihn zu führen, wird er weiterhin als Kämpfer *gegen* die Gesetze seines eigenen Seins leben.

Weißt du, solange der Mensch nicht selbst wünscht, seine Lebensweise zu ändern, kann ihm niemand helfen. Jene wenigen auf Erden, die aufrichtig gewillt sind, die Gesetze des Ewigen Schöpfers zu erkennen, müssen versuchen, die anderen Menschen zu führen. Und wir von anderen Welten werden ihnen dabei helfen."

Inzwischen hatten wir unsere Mahlzeit verzehrt. Firkon erhob sich, und wir verließen das Lokal. Draußen gingen wir um zwei Häuserblocks herum; dort wartete derselbe Pontiac neben dem Bürgersteig.

Es war eine stürmische Nacht, aber ich beachtete den Sturm kaum. Während des ersten Teils unserer Fahrt kreisten meine Gedanken um das, was Firkon gesagt hatte; aber gegen Ende der Fahrt konnte ich nur noch daran denken, welche neuen Abenteuer ich heute nacht wohl erleben würde. Die Fahrt aus der Stadt heraus bis zu der Stelle, wo wir, wie neulich, plötzlich von der Hauptstraße abbogen, kam mir diesmal viel kürzer vor. Wir fuhren nur eine kurze Strecke, dann hielt der Wagen an.

Zuerst konnte ich nichts weiter erkennen als die Umrisse einiger niedriger Hügel zu meiner Rechten. Soweit man in der Dunkelheit sehen konnte, befand sich in allen Richtungen nur ebenes Land. Obwohl ich ziemlich sicher war, daß wir wieder das Scout treffen würden, konnte ich kein Anzeichen dafür sehen, noch irgendein Licht erkennen, das mir seine Anwesenheit verraten hätte. Mein Gefährte schien jedoch ganz sicher zu sein, was die Richtung anbetraf; und so gingen wir eine ganze Weile geradeaus. Plötzlich waren die niedrigen Hügel zu Ende, und da konnte ich in einiger Entfernung ein sanftes Glühen erkennen. Meine Erwartung stieg, als wir auf dieses Licht zuschritten, und nach ungefähr 400 Meter wurden die vertrauten Umrisse der Untertasse sichtbar.

Aber etwas war anders. Dieses Aufklärungsschiff war viel größer als das kleine Fahrzeug, das ich in Erinnerung hatte. Es mußte mehr als 30,50 Meter im Durchmesser sein, mit größeren Luken und einer viel flacheren Kuppel. (Vergl. Bild Nr. 2 mit Bild Nr. 9.)

Vor dem leuchtenden Schiff stand silhouettenhaft eine Gestalt. Zuerst dachte ich, es sei mein Freund von der Venus, da er dieselbe mir vertraute skianzugähnliche Pilotenuniform trug. Es stellte sich jedoch heraus, daß dieser Pilot ein Fremder war, ein gut aussehender Mann, ungefähr 1,83 Meter groß. Er kam uns ein paar Schritte entgegen und begrüßte uns warm und herzlich, während er uns den üblichen Händedruck gab. Diesen Mann werde ich Zuhl nennen.

Kam diese riesige Untertasse wohl vom Mars? fragte ich mich. Der Pilot antwortete, meine Gedankenfrage korrigierend: „Dieses Scout ist vom Saturn und wird auch in einem großen Träger- oder Mutterschiff befördert wie das, in dem du schon gewesen bist.“

Er wandte sich um und führte uns zu der wartenden Untertasse, deren Tür schon offen stand, und trat ein. Ich folgte, und als letzter kam Firkon.

Dieses Schiff hatte einen mindestens viermal so großen Durchmesser als das von der Venus und war ungefähr doppelt so hoch, vielleicht noch ein wenig höher. Hinter Firkon schloß sich die Tür in der bekannten lautlosen Weise. Sofort verstärkte sich das Licht im Innern und das leise Summen wurde hörbar, als der Mechanismus in Gang gesetzt wurde. Ich spürte ein leichtes Ziehen oder einen Ruck, aber nicht so stark, um mich aus dem Gleichgewicht zu bringen. Wir hatten also wohl die Erde verlassen. Als ich mich umblickte, um meine Umgebung in Augenschein zu nehmen, erklärte der Saturn-Pilot, das Schiff sei nicht nur größer als die kleine Untertasse, sondern auch anders in mancher Hinsicht. Es hatte nicht über dem Boden geschwebt, sondern fest auf seinem großen aus drei Kugeln bestehenden Untergestell gestanden. Was ich gefühlt hatte, war der Ruck gewesen, der nötig war, um die Berührung mit der Erde abzubrechen. Als Analogie bezeichnete Zuhl ein Stück Eisen, das an einem Magneten haftet. In dem Moment der Trennung entsteht dann ein Ruck.

Umherschauend sah ich das vertraute blauweiße, überall gleichmäßige Licht und dieselben glasig durchschimmernden Metallwände. Auf beiden Seiten war ein gebogener Gang, ungefähr 1,22 Meter breit, der ringsum im Innern des Schiffes zu laufen schien. An der Außenwand dieser Passage bemerkte ich eine Gruppe Luken, bedeutend größer als jene in dem kleinen Schiff. Soweit ich es von hier aus beurteilen konnte, mußten vier solche Lukengruppen da sein, in jedem Quadranten eine.

Ein Gang von anscheinend derselben Breite mit hohen Wänden, die hinauf bis zur Kuppel reichten, lief geradeaus bis zu etwa einem Drittel des Schiffsdurchmessers. Dahinter schien ein Mittelraum zu sein, in dem ich eine große Magnetsäule sehen konnte, die mitten durch das Schiff ging.

Der Pilot fragte mich, ob ich Lust hätte, mir während der Fahrt das Schiff anzusehen. Selbstverständlich willigte ich ein. Zuhl führte mich zuerst in den Mittelraum, ein verblüffender Anblick! Es ist schwer, etwas so Ungewöhnliches und Kompliziertes zu beschreiben, besonders wenn man es zum ersten Male sieht. Aber ich werde mein Bestes tun.

Das Schiff glich im Plan einem Rad. Die vier Korridore führten wie vier Speichen zu der Nabe oder dem Mittelraum, in dem wir jetzt standen. Hier waren die Wände bis zur Decke 6,10 bis 9,15 Meter hoch und fast ganz mit beleuchteten Zeichnungen und Tabellen bedeckt. Linien und geometrische Figuren woben verwickelte Muster darüber in ständig wechselnden Farben, was mich in dem Venus-Schiff schon fasziniert hatte. Es war so schön anzuschauen, daß ich mich gar nicht davon lösen konnte, wenn ich auch nichts verstand.

In halber Höhe lief an den Wänden ein zierlicher, durch

eine Leiter erreichbarer Metallbalkon entlang. Oberhalb der Wände befand sich die durchscheinende Kuppel, überdeckt von einer enormen teleskopischen Linse. Fast der ganze Fußboden wurde von einer ebenso gigantischen Linse eingenommen. Sie hatte wohl den doppelten Durchmesser der Linse im Venus-Schiff. Um sie herum waren vier gerundete Bänke, auf welchen die Beobachter sitzen und durch den Weltraum abwärts auf den Planeten darunter schauen konnten. Aber der vom Fußboden bis in die Kuppel reichende magnetische Mittelpfahl beherrschte den ganzen Raum. Diese riesige stumme Säule, die durch die beiden großen Linsen unten und oben geht, sie enthält die Geheimnisse, nach denen wir uns sehnen — die Geheimnisse des interplanetarischen Fluges.

Wie ich bereits sagte, war das Schiff in vier Quadranten eingeteilt durch die vier strahlenförmigen Korridore, die durch vier Öffnungen in den Mittelraum mündeten. Wir wandten uns nun nach links und gingen einen der Korridore entlang. Als wir den Gang etwa bis zur Hälfte passiert hatten, kamen wir an zwei große Türbogen, die einander gegenüber in den Gangwänden lagen. Der Pilot führte mich durch den rechten Bogen in einen Teil des Schiffes, den er als Mannschafts Schlafraum bezeichnete. Dieser ganze Quadrant war in einer interessanten Weise aufgeteilt. Vor uns waren etwa ein Dutzend kleine Einzelzimmer oder Kabinen. Hier hatte jedes Mannschaftsmitglied seinen eigenen Schlafplatz. Ich bin nicht hineingegangen, aber da alle Türen offen standen, konnte ich sehen, wie vollkommen und geschickt sie ausgestattet und eingerichtet waren, in einer Weise, die unsere Pullmann-Ingenieure neidisch gemacht hätte.

Eine Art Schiffsleiter mit Geländerstangen führte hinauf

zu einem Raum direkt über den Schlafquartieren. Dies war, glaube ich, der einzige Teil des Schiffes, der zwei vollständige Decks innerhalb eines Quadranten enthielt. Hier oben war eine Art Schlaf- und Erholungsraum mit Liegesofas und tiefen bequemen Sesseln, wo die Mannschaft sich ausruhen oder unterhalten konnte. Die ganze Decke dieses Wohnraumes bildete die schräg abfallende durchscheinende Kuppel und erinnerte mich an ein traumhaftes Solarium. Gewiß mußte es wunderschön sein, sich hier zu erholen, unter der großen runden Glaskuppel mit den Sternen und dem Weltraum dahinter.

Während ich dies alles in mich aufnahm, überlegte ich, wieviel Besatzungsmitglieder das Schiff wohl hätte. „Normalerweise besteht die Mannschaft aus 12 Personen," sagte Zuhl, „aber im Augenblick sind außer mir nur noch zwei Mann an Bord. Das genügt für eine so kurze Reise."

Dann überlegte ich, ob wohl alle Mitglieder gerade dieser Schiffsmannschaft Saturnmenschen seien, da es sich ja um ein Saturnschiff handelte. Mein Gedanke wurde korrigiert, indem Zuhl sagte: „Dieses Schiff wurde zwar auf dem Saturn gebaut, gehört aber keinem Planeten allein. Es gehört uns allen. Folglich besteht seine Besatzung aus Mitgliedern von allen Planeten.

Wie du siehst, ist es ein großes Beobachtungsschiff und für weite Reisen bestimmt. Es kann eine Woche und länger von seinem Mutterschiff fortbleiben, ohne zum Aufladen zurückkehren zu müssen. Es hat nämlich Geräte zum Nachladen an Bord, die diesen Zweck voll erfüllen. Im Notfall kann zusätzliche Triebkraft zum Aufladen auch direkt vom Mutterschiff jeder Untertasse zugestrahlt werden."

Als wir im Gang neben den Schlafquartieren standen,

meinte ich, ein schwaches Vibrieren unter meinen Füßen zu spüren. Ich konnte mir das erklären, als Zuhl sagte: „Die Hauptmaschinerie ist in diesem Teil des Schiffes unter dem Fußboden eingebaut. Da ist auch eine Werkstatt, die man direkt vom Schlafraum aus erreichen kann." Ich suchte eine Tür, fand aber keine, was mich keineswegs mehr überraschte.

Als wir wieder in den Korridor hinaustraten, blickte ich durch den gegenüberliegenden Türbogen in den nächsten Quadranten. Dort sah ich den sanften Schein farbiger Lichter und seltsame Instrumente — es war der Kontrollraum. Zwei junge Männer saßen an Schaltbrettern. Wir gingen weiter bis zu dem äußeren ringförmigen Korridor.

Dann wandten wir uns nach rechts, und Zuhl sagte: „In diesem Raum ist ein Fach, worin wir zwei kleine ferngesteuerte ‚Registrierscheiben' aufbewahren. Die senden wir aus, wenn wir etwas aus nächster Nähe beobachten wollen. Es sind höchst empfindliche Instrumente, die ihre Entdeckungsergebnisse nicht nur der Unterlasse, sondern auch direkt dem Mutterschiff übermitteln, so daß doppelte Aufzeichnungen gemacht werden können. Ein Satz geht zur Dauerregistrierung auf einen der Planeten. Jeder, der diese besondere Information benötigt, kann sich dann ihrer bedienen. Gerade diese kleinen Scheiben haben viel zu unserem Wissen über die Verhältnisse auf der Erde, über das ganze Sonnensystem und sogar über die Nachbarsysteme beigetragen."

Als wir den Außenkorridor weiter entlang gingen, kamen wir an einer Gruppe von vier Bullaugen vorbei. Aber wir blieben nicht stehen, um hinauszuschauen.

Am nächsten Radialkorridor wandten wir uns wieder

nach rechts und gingen auf die Mitte des Schiffes zu zwischen zwei massiv aussehenden Wänden aus demselben durchschimmernden Material. Diese Wände waren sehr dick und stark und bildeten wichtige Bestandteile des Schiffes, wie es beim Rad die Speichen tun. Die Wand zu meiner Rechten war die Rückwand des Schlafraumes. Die andere Wand, erklärte Zuhl, enthalte den Eingang zu einem ziemlich großen Vorratsraum, der angefüllt wäre mit Lebensmitteln und anderen notwendigen Versorgungsgütern für eine ausgedehnte Reise.

Als der Pilot die „ausgedehnte Reise" erwähnte, fragte ich mich, ob dieses Schiff wohl zwischen zwei Planeten reisen könne ohne Hilfe eines Mutterschiffes. Das verneinte er und sagte, für Reisen im Weltraum seien die Scouts nicht gebaut.

Wieder betraten wir das Mittelzimmer mit seinen blitzenden beweglichen Wandzeichnungen. Wir gingen am Rande der Mittellinse entlang und in den dritten Radialkorridor, der mir als letzter noch vorgeführt werden sollte. Wie sein Gegenüber hatte auch er zwei große Türbogen, die in der Mitte abgingen. Zuerst betraten wir durch den linken Bogen einen Raum, der, wie man mir sagte, die Küche war. Das hätte ich aber niemals vermutet. Einer Küche, wie wir sie kennen, sah er kaum ähnlich. Er wirkte fast vollständig leer mit glatten Wänden. Aber dieses Aussehen täuschte. Zuhl sagte, diese Wände enthielten von oben bis unten Schränke und Fächer, deren Türen wie alle Türen in diesen wunderbar gebauten Schiffen unsichtbar waren, bis sie geöffnet wurden. In diesen Schränken wurden die Lebensmittel und das für die Zubereitung der Mahlzeiten notwendige Geschirr aufbewahrt.

Eine kleine glasartige Tür befand sich in einer der Wände und führte, wie Zuhl sagte, zum Küchenherd. Als ich hineinschaute und nichts einer Feuerstelle Ähnliches entdecken konnte, erklärte Zuhl: „Wir kochen unser Essen nicht so wie ihr. Bei uns geht das schnell vermittels Strahlen oder Hochfrequenzen, eine Methode, mit der ihr auf der Erde zur Zeit experimentiert. Meistens ziehen wir jedoch vor, die Nahrung in dem Zustande zu essen, in dem sie gewachsen ist. Hauptsächlich leben wir von den köstlichen Obst- und Gemüsesorten, deren es auf unseren Planeten im Überfluß gibt. Wir sind also durchaus ‚Vegetarier', wie ihr sagen würdet. Nur im äußersten Notfall, wenn gar keine andere Nahrung zu haben ist, essen wir auch Fleisch."

Erst später fiel mir ein, daß ich weder Ausguß noch Mülleimer, auch keine Rohrleitungen gesehen hatte; aber da ich keine Hausfrau bin, habe ich ihr Fehlen damals nicht bemerkt. Zweifellos mußten solche Einrichtungen aber existieren. Wahrscheinlich waren sie den unseren so geheimnisvoll überlegen, wie alle Dinge hier. Ich sah auch keine Stühle, Tische und Bänke. Aber ohne Zweifel war alles, was in einer Küche benötigt wird, zwischen den Wänden verstaut.

Wir verließen die Küche und betraten eine Lounge, die ebenso reich ausgestattet war wie der schöne Raum im Venus-Trägerschiff. Auch hier standen Liegesofas und einzelne Sessel verschiedenster Art umher. In bequemer Nähe standen die gleichen Tische mit durchscheinenden Platten und wunderhübschen kleinen Ornamenten. Zuhl sagte, die Besatzungsmitglieder verbrächten manche Stunde in diesem Raum während der Beobachtungsfahrten durch die Atmosphäre des jeweiligen Planeten, den man gerade studiere. Er erklärte auch, daß sie hier allerlei Spiele machten, genau wie die Erdenmenschen, und große Freude daran hätten; auch Gäste würden hier bewirtet.

Ich sah keine Bücher, Zeitungen oder Lesestoff irgendwelcher Art, auch keine Regale oder Schränke zum Aufbewahren solcher Dinge. Ich bezweifle aber nicht, daß sie vorhanden waren.

Der Fußbodenbelag war in diesem Raum wie im ganzen Schiff gelbgrau. Es war kein besonderes Muster darin, und obgleich die Oberfläche sehr fest zu sein schien, fühlte es sich aber, als ich darauf ging, ähnlich wie dicker Gummischwamm an.

Nur einen Augenblick verweilten wir in diesem einladenden Erholungsraum. Dann kehrten wir zum Mittelkorridor zurück und gingen weiter bis dahin, wo wir das Scout betreten hatten.

Man hatte mir in diesem faszinierenden Fahrzeug nun so viel gezeigt und erklärt, aber in den Kontrollraum hatte ich nur einen kurzen Blick tun dürfen. Auch wurden mir keine Erklärungen gegeben betreffs der Kraft, die alle diese mechanischen Apparate trieb. Wohl wußte ich, daß sie zum Reisen die Naturkräfte im Weltraum benutzten, indem diese in Antriebskraft umgewandelt wurden. Aber ich verstand nicht, w i e das geschah und ich gestehe, ich hoffte, daß man es mir noch erklären würde.

Aber mit einem fast entschuldigenden Lächeln sagte Zuhl zu mir, daß sie noch keinem Erdenmenschen genug trauen könnten, um ihm gewisse Dinge zu enthüllen. „Denn ihr auf Erden habt noch nicht gelernt, eure Gefühle zu beherrschen; daher redet ihr oft, ehe ihr denkt, wodurch ihr verleitet werden könnt, Informationen weiterzugeben an einen unwürdigen Menschen, der sie mißbrauchen könnte."

Das konnte ich leider nicht abstreiten.

Die Besichtigung der Untertasse war recht rasch vor sich gegangen, und die Erklärungen waren unterwegs gegeben worden. Trotzdem hatten wir kaum unseren Rundgang beendet, als Zuhl ankündigte: „Wir haben unser Trägerschiff erreicht und sind im Begriff einzufahren."

Man sagte mir nicht, wie weit draußen wir waren; aber ich hatte das sichere Gefühl, daß dieses Mutterschiff viel weiter von der Erde entfernt war, als das Venusschiff neulich. Da wir fast in der Mitte des Scout und daher ohne Sicht nach außen waren, konnte ich die Einfahrt unseres Fahrzeuges in das größere nicht beobachten. Es ging so ähnlich zu wie bei dem ersten Erlebnis; aber gleichzeitig war auch ein Unterschied da, den ich mir nicht erklären konnte.

Als wir in das Innere des wartenden Schiffes hinunterfuhren, hatte ich wieder das Gefühl des Fallens wie in einem Fahrstuhl, aber nicht das Gefühl, das Gleichgewicht zu verlieren. Dann kam das Fahrzeug zum Stillstand auf den Schienen, und die Tür öffnete sich zu einer Plattform wie in dem anderen Trägerschiff. Aber niemand war da, uns zu begrüßen und um Klammern über die Flansche und die Schienen zu befestigen, wie es in dem Venusschiff bei dem kleinen Scout gemacht worden war. Als ich aus dem Scout stieg und die Plattform des Trägerschiffes vom Saturn betrat, spürte ich sofort, daß dieses Schiff in jeder Hinsicht anders war als das Venusschiff. Was für Abenteuer würden mich hier wohl erwarten? Zu keiner Zeit hatte ich aber die geringste Furcht. (Siehe Bild Nr. 10 und vergleiche mit Bild Nr. 3.)

In der Tat, jede neue Begegnung mit diesen Menschen anderer Welten stärkte in mir die Überzeugung, daß Furcht geradezu lächerlich sei. Aber klein und bescheiden kam ich mir stets diesen Menschen gegenüber vor, die mir das Privileg gewährten, ihren weisen Worten lauschen, ihre wunderschönen Schiffe besuchen und sogar damit fahren zu dürfen. Alles, was sie von mir erwarteten, war nur, ihre Mitteilungen meinen Mitmenschen weiterzugeben, wer immer und wo immer es sei. Das will ich auch tun. Und jedem Menschen sei es überlassen, zu glauben oder nicht, aus höherem Wissen Nutzen zu ziehen oder es spöttisch und skeptisch beiseite zu werfen.

VIII.

Das Mutterschiff vom Saturn

Was ich jetzt zu beschreiben versuche, ist ziemlich schwierig. Die meisten mechanischen Einrichtungen, die ich sah, nachdem ich an Bord des Saturn-Mutterschiffes gegangen war, waren ganz neu für mich. Zuerst konnte ich ihre Funktionen gar nicht verstehen. Später half man mir, daß ich wenigstens etwas davon begriff.

Die Plattform, neben der wir gehalten hatten (ich sage „Plattform", aber in Wirklichkeit erwies sie sich als magnetischer Fahrstuhl von etwa 15 qm Größe), trug Menschen und Lasten vom Boden bis zur Decke dieses gigantischen Trägerschiffes durch einen enormen Schacht von 61 Meter und mehr Tiefe. Durch den Mittelpunkt des Fahrstuhls ging von oben bis unten ein magnetischer Pol und versorgte ihn mit der Kraft, mit der er betrieben wurde, wie ich erfuhr.

Dieser und der aufsteigende Schacht fielen mir als erstes auf, als ich die Untertasse verlassen hatte. Vor uns war eine Art Brücke mit Seitengeländern, die die Fahrstuhl-Plattform mit dem Deck verband, wo unsere Untertasse gehalten hatte; denn die 15 qm große Plattform

9

füllte die Weite des Schachtes nicht ganz aus. Das machte mich zuerst etwas stutzig.

Während Zuhl und ich weitergingen, schaute ich mich nach allen Seiten um, und der stolze und majestätische Bau dieses riesenhaften Schiffes erfüllte mich mit Ehrfurcht. Zurückblickend konnte ich hoch über und hinter der Kuppel unserer Untertasse die Decke des riesigen Raumes sehen, durch den wir hinabgefahren waren. Ein Paar breite Schienen liefen schräg aufwärts und durch diese Decke hindurch immer höher hinauf bis dahin, wo eben die Luftschleusen gewesen sein mußten. Ich konnte direkt bis zur Öffnung des Mutterschiffes sehen, durch die wir eben gekommen waren.

Als wir die Plattform betraten, meinte Firkon, ich solle mal in den Fahrstuhlschacht schauen. Das tat ich und sah drei weitere Stockwerke oder Decks oben und drei ebensolche unten, zusammen waren es also sieben. An jedem Deck ragte eine Brücke oder ein Balkonvorsprung in den Schacht, der den Spalt zwischen der Plattformkante und dem eigentlichen Deck überbrückte. Diese Verlängerungen können ähnlich wie Zugbrücken hochgezogen werden, wie ich später erfuhr. Sie sind genau so lang, wie die Decks hoch sind. Wenn sie hochgezogen sind, reichen sie vom Fußboden bis zur Decke des jeweiligen Decks und schließen den Eingang zum Schacht vollständig ab. Zum Schacht hin bilden sie dann eine glatte Wand, die ihn vom übrigen Schiff abtrennt. Wenn die Fahrstuhl-Plattform an ihrem Ziel ankommt, neigt sich dieses Stück Schachtwand herunter, bis es zum vorspringenden Balkon wird. Gleichzeitig schwingen die Geländer des Fahrstuhls nach außen und bilden das Geländer für die Brücke. Wenn der Fahrstuhl sich weiter bewegt, schwingt das Geländer wieder zurück und bildet ein Schutzgeländer auf dem Fahrstuhl.

Ich hatte das Funktionieren dieser Geländer, gerade als wir die Untertasse verließen, beobachtet. Sobald wir den Balkon überschritten und den Fahrstuhl betreten hatten, schlossen sich die Geländer hinter uns, obgleich wir nicht aufsteigen wollten. Ich schaute mich um und suchte alle Einzelheiten zu erfassen. Derweil ging Zuhl zu einem kleinen Instrumentenbrett, welches 10 cm über dem Fußboden des Fahrstuhls angebracht war; wahrscheinlich sollte dadurch verhindert werden, daß jemand aus Versehen darauf trat. Dieses Brett war ungefähr 75 cm lang und 15 bis 20 cm breit. Darauf waren sechs Knöpfe in zwei Reihen, die man leicht mit dem Fuße bedienen konnte. Auf jedem Knopf stand, zu welchem Zweck er diente. Aber ich konnte die Merkzeichen weder lesen noch verstehen.

Zuhl trat auf einen der Knöpfe und sofort schwangen die Geländer der gegenüberliegenden Plattform nach außen und wurden nun zu Schutzgittern des jenseitigen Balkons, auf den wir zuschritten. Zu gleicher Zeit öffnete sich vor uns in der Wand eine mit Ornamenten geschmückte Tür und gab mir wieder einen wundervollen Anblick frei.

Nun waren wir in einem exquisiten Salon. In der Einrichtung und Anlage ähnelte er dem Salon im Venus-Mutterschiff, war aber etwas größer. Auch dieser war wunderschön erleuchtet von demselben geheimnisvollen sanften Licht ohne sichtbare Quelle. Jedoch wurde meine Aufmerksamkeit fast sofort ganz in Anspruch genommen von sechs Frauen und sechs Männern, die augenscheinlich auf unsere Ankunft gewartet hatten. Sie hatten in einer Gruppe zusammengesessen und sich unterhalten. Als wir eintraten, erhoben sie sich lächelnd. Ein Mann und eine Frau kamen auf uns zu und begrüßten uns, auch mich, sehr herzlich, obgleich ich sie nie zuvor gesehen hatte.

Die Frauen waren in prächtige glatte Gewänder gekleidet aus einem Material, das fast lebendig zu strahlen schien. Jede trug einen breiten Gürtel, der anscheinend einen Teil des Gewandes bildete. Er war mit Edelsteinen geschmückt, die so zart und doch so lebhaft funkelten, wie ich es noch nie bei einem irdischen Edelstein gesehen habe.

Diese mit Edelsteinen besetzten Gürtel sind der einzige Schmuck, den ich jemals Frauen anderer Welten tragen sah. Während ich diese Edelsteine bewunderte, kam mir der Gedanke, daß sie vielleicht weniger den irdischen Edelsteinen überlegen waren, sondern daß ihr außerordentlicher Glanz vielmehr auf die Ausstrahlung ihrer Trägerinnen zurückzuführen sei. Firkon bestätigte mir später meine Vermutung.

Die Gewänder der Damen hatten lange, weite, an den Handgelenken zusammengefaßte Ärmel und einen runden Halsausschnitt. Sie waren von verschiedenen Farben, je nach dem Geschmack ihrer Trägerin; jedoch waren sie alle zart pastellfarben und verliehen der ganzen Gruppe einen harmonisch reizvollen Anblick.

Die Frauen waren verschieden groß: die kleinste knapp 1,52 Meter, die größte etwa 1,72 Meter. Alle waren schlank und schön gebaut. Ihre Gesichtszüge waren zart und die Gesichter entzückend in den Konturen. In bezug auf die Hautfarbe waren alle Typen anwesend, vom ganz hellen zart rosa Teint bis zum weichen warmen oliv. Die Ohren waren klein, die Augen groß und sehr ausdrucksvoll unter schön gezeichneten Augenbrauen. Alle hatten einen mittelgroßen Mund mit natürlich roten Lippen, die ihrer Hautfarbe entsprechend verschieden dunkel waren.

Alle trugen ihr Haar bis zur Schulter lose herabfallend, jedoch entzückend arrangiert. Sowohl Männer wie Frauen trugen Sandalen. Keine Frau sah älter aus als etwas über zwanzig. Firkon sagte mir aber später, sie seien zwischen dreißig und zweihundert Jahren alt! Während ihre losen, fließenden Gewänder das vollkommene Ebenmaß ihrer Körper nur andeutete, wurde die Schönheit und Grazie, mit der sie alle ausgestattet waren, später deutlich sichtbar, als sie die eng anliegenden Uniformen angelegt hatten.

Die Männer trugen strahlend weiße Blusen, am Halse weit offen, mit langen weiten Ärmeln, die an den Handgelenken fest zusammengezogen waren und an die Kleidung der Männer im achtzehnten Jahrhundert erinnerten. Die Hosen waren lose, ähnlich wie man sie auch bei uns trägt. Aber der Stoff war so weich und aus einem Material, wie ich es noch nie gesehen habe.

Die Männer waren 1,52 bis 1,83 Meter groß und alle prächtig gebaut mit entsprechendem Gewicht. Wie die Frauen hatten auch sie verschiedene Hautfarben, aber ich bemerkte, daß die Haut des einen Mannes ausgesprochen kupferfarben war. Alle hatten gut geschnittenes Haar, verschieden lang, aber doch ungefähr so wie bei uns auf der Erde. Keiner trug das Haar so lang wie Orthon, mein Venusfreund von der ersten Begegnung. Inzwischen habe ich erfahren, daß er einen besonderen Grund hatte, sein Haar so zu tragen.

Die schönen Gesichtszüge der Männer waren nicht viel anders als die von Erdenmenschen, und ich bin ganz sicher, daß jeder von ihnen ruhig unter uns weilen könnte, ohne als nicht hierher gehörig erkannt zu werden. Keiner sah älter aus als etwas über dreißig. Dieser Eindruck wurde aber später von Firkon berichtigt, der mir sagte, ihr Alter rangiere zwischen vierzig und mehreren hundert Jahren nach der irdischen Zeitrechnung.

Gleich nach der Begrüßung wurden wir eingeladen, an einem ovalen Tisch Platz zu nehmen, auf dem Kelche mit einer klaren Flüssigkeit standen. Wie alle anderen Tische, die ich gesehen hatte, hatte auch dieser eine durchschimmernde Platte, die aus einem anderen Material war als das bei uns bekannte Glas oder Plastik. Es lag keine Decke auf der Platte, sie war auch weder geätzt noch geschliffen oder in einer anderen Weise verziert. Das Material war von so unbeschreiblicher Schönheit, daß es keiner Verzierung bedurfte.

Die um den Tisch herumstehenden Stühle sahen wie unsere Eßzimmerstühle aus. Ich zählte fünfzehn, also genau so viele, wie Personen anwesend waren.

Als wir uns hinsetzten — ich zwischen Zuhl und Firkon —, forderte man uns zum Trinken auf. Die Flüssigkeit in den Kelchen sah aus wie unser reinstes Wasser, duftete und schmeckte aber wie roher Aprikosensaft, süß und etwas dicklich, ganz köstlich.

Obgleich die Methoden, mit deren Hilfe diese Raumfahrer jede irdische Sprache erlernen können, mir erklärt worden waren, überraschte mich ihre Sprachgewandtheit doch immer noch sehr.

Die Dame, die uns zuerst begrüßt hatte, als wir hereinkamen, begann die Unterhaltung. „Dieses Schiff," sagte sie, „ist ein wissenschaftliches Laboratorium. Wir bereisen den Weltraum nur zu dem Zweck, um die ständigen Veränderungen zu erforschen, die im Raum selbst stattfinden.

Wir beobachten das Leben und die Verhältnisse auf den jeweiligen Planeten, denen wir auf unserer Reise durch den Raum begegnen. Natürlich ist da das Beherrschen der verschiedenen Sprachen nötig. Durch die Forschungen, die von Schiffen wie dem unsrigen betrieben worden sind, ist das Reisen im Raum bis zum gegenwärtigen Grad von Sicherheit entwickelt worden. Darüber wurde dir schon manches auf dem Venusschiff gesagt. Aber man zeigte dir noch nicht, wie die Instrumente arbeiten. Auf diesem Schiff jedoch wirst du die Instrumente in Tätigkeit sehen, und wir werden dir etwas von ihren Funktionen erklären, damit du besser verstehst, wie wir gelernt haben, die Naturkräfte zu benutzen."

Dann erklärte sie weiter, auch dieses Schiff gehöre nicht einem einzigen Planeten, sondern sei ein Universalschiff. Es sei bemannt mit Menschen vieler Planeten und arbeite zum Wohle und zur Wissenserweiterung aller.

„Die jetzige Reise," erklärte sie, „machen drei Frauen vom Mars und drei von der Venus mit, wie ihr diese Planeten nennt. Gewöhnlich sind auch drei Saturnfrauen dabei, die aber aus bestimmten Gründen diese Fahrt nicht mitmachen konnten. Der Saturn ist also nur durch seine Männer vertreten. Gelegentlich schließen sich sogar Männer und Frauen von Sonnensystemen jenseits des unsrigen der Besatzung dieses Schiffes oder anderer Schiffe des gleichen Typs an. Stets sind unsere Besatzungsmitglieder besonders geschult durch unsere am weitesten fortgeschrittenen Wissenschaftler."

Als ob das Gespräch zwischen Firkon und mir, das wir vorher am Abend geführt hatten, gar keine Unterbrechung erfahren hätte, wurde nun das Thema über die Probleme, die die Erdbewohner betrafen, um diesen herrlichen Tisch herum wieder aufgenommen. Wie gewöhnlich fiel mir auch jetzt wieder auf, daß man uns nicht hart verurteilte und verdammte. Statt dessen trat verständnisvolle Sympathie für das leidende Erdenvolk durchweg in Erscheinung.

Eine der Marsfrauen sagte: „Ihr Erdenmenschen wollt im Grunde gar nicht so grausam zueinander sein. Das kommt nur, wie man dir schon gesagt hat, von eurem Mangel an Selbsterkenntnis, der euch blind macht gegen die Gesetze des Universums, von dem wir alle ein Teil sind.

Innerhalb eurer Familien sprecht ihr so viel von Liebe, die ihr für einander fühlt. Jedoch zeigt sich gerade diese angebliche Liebe als eine besitzergreifende Macht, die zu Hörigkeit führt. Nichts könnte der wahren Liebe in Freiheit entgegengesetzter sein. Echte Liebe schließt Rücksicht auf einander, gegenseitiges Vertrauen und Verständnis in sich. So wie die Liebe in anderen Welten bekannt ist und zum Ausdruck kommt, enthält sie nichts von der falschen Besitzergreifung, welche sie auf Erden so ins Gegenteil verkehrt.

Wir verstehen unter Liebe eine Strahlung aus dem Herzen Gottes, die die ganze Schöpfung durchdringt und besonders den Menschen allen Lebensformen gegenüber ohne jegliche Trennung. In Wirklichkeit ist es nicht möglich, in der einen Lebensform Vorzüge zu finden und in der anderen nicht.

Schau dir doch die Verzerrung der Liebe auf der Erde an, die nur dadurch entsteht, daß der Mensch dort weder sich noch seinen himmlischen Vater versteht. Infolge dieser Unkenntnis gehen die Menschen in den Krieg, wie ihr sagt, und schlachten unbarmherzig die Menschen anderer Nationen, anderer Farben, anderer Religionen hin, ohne zu verstehen, was sie tun. Für uns Menschen anderer Welten ist es schwer zu begreifen, warum die Erdenmenschen nicht einsehen können, daß die gegenseitige Vernichtung kein Problem nicht nur nicht löst, sondern obendrein noch weiteres Leid auf der Erde verursacht. So ist es immer gewesen, und so wird es wohl auch bleiben. Eure wissenschaftlichen Erkenntnisse haben eure sozialen und menschlichen Fortschritte so mächtig überholt, daß der Abstand schnellstens aufgeholt werden muß! Die Menschen eurer Erde k e n n e n die fürchterliche Kraft in den Bomben, die sie aufstapeln, um sie gegeneinander zu benutzen. Trotzdem stolpern sie immer näher heran an den Rand eines unvorstellbaren weltweiten Blutbades. Für uns ist das merkwürdig unlogisch."

„Ja," stimmte einer der Männer zu, „euer Benehmen kommt uns wirklich oft recht unlogisch vor. Laß mich dir ein Beispiel geben. Ihr habt doch physische Väter auf Erden, nicht wahr?"

„Jawohl," erwiderte ich.

„Wenn du nun zwei Söhne hättest, geboren von deinem eigenen Fleisch und Blut, wie ihr sagt, und wenn nun einer deiner Söhne vor dir kniete und um deinen Segen bäte, weil er aus irgendeinem Grunde seinen Bruder erschlagen will, der doch auch dein Sohn ist, würdest du ihm seine Bitte dann erfüllen, weil er vorgäbe, er habe recht und sein Bruder unrecht?"

„Selbstverständlich nicht," erwiderte ich natürlich.

„Und doch," fuhr er fort, „habt ihr Erdlinge genau dieses jahrhundertelang getan! Ihr anerkennt alle ein Allerhöchstes Wesen und stellt es euch eurem Verständnis entsprechend vor. Und ihr sprecht von der Brüderschaft der Menschheit. Dennoch bittet ihr euren himmlischen Vater, das zu tun, was ihr selbst euren Kindern gegenüber nie tun würdet. Denn wenn ihr Völker euch gegenseitig bekriegt, betet ihr kniend solche unheiligen Gebete. Ihr bittet euren himmlischen Vater, eure Anstrengungen zu segnen, damit ihr über euren eigenen, leibhaftigen Bruder siegt und ihn eventuell sogar tötet.

Wir, eure Brüder von anderen Welten, betrachten die miteinander entzweiten Völkergruppen auf eurem Planeten ganz unparteiisch. Wir, die wir die Gesetze unseres Vaters, die im Universum wirksam sind, besser kennen, können diese Gruppenunterscheidungen, die euch so in dauernder Unruhe halten, gar nicht machen. Wir sind recht traurig über das, was auf Erden vor sich geht. Als Brüder der ganzen Menschheit wollen wir gern allen denen helfen, die wir erreichen können und die unsere Hilfe wünschen. Aber niemals dürfen wir euch unsere Lebensart aufzwingen.

In Wirklichkeit gibt es auf Erden keine Menschen, die von Natur aus böse sind. Das gibt es nirgendwo im Weltall. Wenn, wie viele von euch sagen, euer Leben die ‚Hölle auf Erden' zu sein schiene, so seid ihr nur selbst schuld daran. Euer Planet ist, genau wie alle anderen, von unserem einen Göttlichen Schöpfer erschaffen und ist an sich ein heiliger Ort wie alle Seine Schöpfungen. Würden plötzlich alle Menschen von der Erdoberfläche fortgefegt und mit ihnen aller Streit, alles Weh und aller Kummer, die sie über die Erde gebracht haben, weil sie nicht gelernt haben, wie man miteinander lebt, dann würde die Erde wunderschön sein, aber lange nicht so schön wie eine Welt, in der die Menschen mit allen anderen im Universum wie Brüder leben.

Niemand hat das Recht, einen Mitmenschen zu ignorieren, zu beleidigen oder gar zu töten, nur weil er ihm fremd ist.

Ihr habt doch einen Tag im Jahr festgesetzt, an dem ihr der Brüderschaft aller Menschen gedenkt und von der Vaterschaft des Schöpfers sprecht. Aber in vollständigem Gegensatz zu den Handlungen, die aus solchen Erklärungen hervorgehen müßten, verschwendet ihr Zeit und Kraft, um immer schnellere und weiterreichende Mittel zu finden, um eure Mitmenschen auf Erden zu verstümmeln und zu vernichten. Erscheint es nicht absurd, Gott-Vater zu bitten, daß er eure Bemühungen zu dieser erbarmungslosen Zerstörung segnen möge?

Wir hören diese Gebete, die aus euren Kirchen kommen, von euren Regierungshäuptern, aus euren Häusern und von euren Schlachtfeldern. Könnt ihr nicht sehen, wie weit ihr in die Irre gegangen seid? Denn ihr bittet in der Tat euren himmlischen Vater das zu tun, was ihr für eure eigenen Kinder niemals tun würdet! Könnt ihr nicht sehen, welche Heuchler ihr geworden seid?! Dies ist nur ein Beispiel von vielen, wie ihr gegen euren himmlischen Vater handelt.

Solange ihr weiter so lebt, einer vom anderen getrennt, werden sich eure Sorgen und Leiden nur vermehren. Wenn ihr nämlich eurem Bruder nach dem Leben trachtet, so trachtet jemand anders nach dem euren. Das bedeuteten die Worte, die Jesus von Nazareth einst sprach. Bedenket was Er gesagt hat: ‚Stecke das Schwert in die Scheide! Denn wer das Schwert nimmt, soll durch das Schwert umkommen!' Die Wahrheit dieser Worte ist in der Menschheitsgeschichte immer wieder bewiesen worden."

Als er aufhörte zu sprechen, stieg ein Bild vor meinen Augen auf von der Erde und den Problemen ihrer Menschen, und ich wurde traurig über meine Mitmenschen und mich selbst als Erdenmenschen. Denn dieses Bild machte mir zugleich klar, wie gigantisch die Aufgabe ist, diese Verhältnisse zurechtzubringen. So viele Menschen in der Welt sind noch nicht erwacht und erkennen nicht die Ursachen derselben. Denn nur, wenn genug Leute sie erkennen und von ganzem Herzen wünschen, sie zu ändern, indem sie ihre persönlichen Begierden ablegen und den Wunsch, mehr sein zu wollen als der andere, aufgeben, können wir aus dieser Not herauskommen.

Nicht eine Einzelperson, kein einzelnes Land, kein einzelner Erdteil kann allein für die Verhältnisse, die ich vor meinen Augen auftauchen sah, verantwortlich gemacht werden; noch könnte eine einzelne Zivilisation viel daran ändern. Jeder ist mitverantwortlich. Und wer könnte gewaltsam den andern ändern? Eine Knechtschaft, die das Ergebnis jahrhundertelang angesammelter Mißverständnisse, Zwietracht und persönlicher Machtansprüche bedeutet, ist schwer zu brechen.

Als ich all dieses erkannte, überkam mich demütige Dankbarkeit zu unserem himmlischen Vater dafür, daß Er seinen Kindern von anderen Welten, die unsere Probleme verstehen, erlaubt, zu uns zu kommen und uns voll Liebe und Verständnis helfend die Hände entgegenzustrecken. Zwar können sie uns nicht zwingen, uns zu ändern, noch aktiv eingreifen. Aber sie können den Empfänglichen unter uns helfen, gemeinsam für eine bessere Welt zu kämpfen, anstatt gegeneinander Krieg zu führen und so immer weiter neue Trennungen zu verursachen.

Mir war klar, daß viel Zeit vergehen würde, bevor

solch eine Änderung kommen könnte; denn die Menschheit hat sich daran gewöhnt, Mühe und Sorge für unvermeidlich anzunehmen, und versucht selten, vom gewohnten Pfade abzuweichen.

Allmählich tauchte ich aus meinem Nachsinnen wieder auf und bemerkte, daß die Damen sich von ihren Plätzen erhoben.

„Jetzt müssen wir unseren Pilotendreß anziehen," erklärte eine hübsche Brünette, „und dann gehen wir in den Instrumentenraum. Dort wirst du viele Dinge sehen, die du gern wissen möchtest."

Als sie fort waren, hatte ich Gelegenheit, Einzelheiten dieses schönen Salons in Augenschein zu nehmen. An der Wand vor uns sah ich eine riesige Himmelskarte. Sie zeigte zwölf Planeten in unserem Sonnensystem mit ihrer Zentralsonne. Um unser System waren andere Systeme mit ihren Sonnen und Planeten. Alles war in einer Art dargestellt, die mir neu war. Überall in dem Raum zwischen den Planeten sah man Einzelheiten der verschiedenen atmosphärischen Verhältnisse, die im Weltraum herrschen, wovon wir auf Erden überhaupt nichts wissen. Mir wurde gesagt, diese Kenntnis sei höchst wichtig für sicheres Reisen im Raum. Auf dieser Karte gab es viele Bezeichnungen, die ich nicht lesen konnte, aber ich vermutete, daß sie einen ähnlichen Zweck haben wie die Zeichen auf unseren Straßenkarten, die von unseren Autofahrern unterwegs benutzt werden. Dies wurde mir von einem der Männer bestätigt.

Auf der anderen Seite dieser riesigen Karte, an derselben Wand, aber weiter hinten in dem Salon, war eine genaue Planzeichnung dieses Schiffes. Auch diese war mit Zeichen bedeckt, die mir ganz fremd waren.

Die übrigen Wände waren bedeckt mit Landschaftsbildern von einigen Planeten, die dieses Schiff besucht hatte. Es handelte sich nicht um eingerahmte Gemälde, die an den Wänden hingen, sondern sie schienen auf die Wand gemalt zu sein. Alle waren von einer solchen Lebendigkeit, daß man meinte, man wäre physisch in der dargestellten Landschaft. Diese besondere Eigenschaft hatte ich an all ihren Gemälden und Porträts bemerkt. Mir wurde folgende Erklärung dazu gegeben: Von allem, was die Menschen aus dem Weltraum tun, geht so viel in ihre Werke über, daß diese tatsächlich von ihrer Lebenskraft und der Ausstrahlung ihrer Persönlichkeit vibrieren.

Die Landschaften waren unseren Gemälden und Fotografien von irdischen Gegenden recht ähnlich. Sie zeigten Berge und Täler, kleine Wasserläufe und Meere.

Inzwischen waren die sechs Frauen zurückgekehrt und trugen jetzt ihre Pilotenanzüge. Die Männer erhoben sich bei ihrem Eintritt und einer von ihnen sagte: „Nun wollen wir zum Laboratorium gehen!"

Zusammen begaben wir uns zum Fahrstuhl, der uns vorhin hierher gebracht hatte. Bei unserer Annäherung öffnete sich lautlos die Tür, obwohl ich nicht gesehen hatte, daß jemand auf einen Knopf gedrückt hätte. Das könnte ähnlich funktionieren wie bei unserer heutigen fotoelektrischen Zelle.

Wir fünfzehn bestiegen nun den Fahrstuhl und Zuhl übernahm die Führung. Ich sah ihn an eine andere Kontrolltafel gehen, in der Ecke gegenüber derjenigen, die ich zuerst beschrieben habe. Dort trat er auf einen der Knöpfe, und langsam und lautlos fuhren wir hinunter.

Als wir unterhalb des Decks waren, auf dem die Untertasse noch stand, wo wir sie verlassen hatten, bemerkte ich dahinter einen riesigen Raum, der sich weithin ausdehnte, bis an das Ende des Schiffes. Durch die Mitte dieses Raumes und im rechten Winkel zum Fahrstuhlschacht sah ich einen Schienenstrang. Auf diesem ruhten vier andere Scouts, genau so groß und genau so in der Form wie dasjenige, das uns von der Erde hergebracht hatte. Dies war augenscheinlich das Lagerdeck (Hangar), wo sie blieben, wenn das mächtige Schiff auf interplanetarischer Reise war. Zu beiden Seiten der Schienen, etwas tiefer als diese, war ein Fußweg, ungefähr 1,80 Meter breit mit einer Wand an seiner Außenseite.

Wir fuhren an zwei Balkonen vorbei, die tiefer lagen als der, über den wir die Lounge betreten hatten, und ich stellte mir vor, daß jeder Balkon zu einem anderen Deck dieses gigantischen Trägerschiffes führen müßte. An dem dritten Balkon unter dem, der zur Lounge führte, hielt der Fahrstuhl an. Hier unten, vom Grunde des großen Schachtes aus konnte ich die sieben Decks an dieser Seite des Schiffes zählen.

Als der Fahrstuhl stoppte, öffnete sich das Geländer. Beim Abwärtsfahren hatte ich ein anderes Paar Schienen bemerkt, das durch das untere Teil des Vorderschiffes lief. Diese Schienen bildeten mit denen, auf welchen unsere Untertasse eingefahren war, einen spitzen Winkel. Das waren wahrscheinlich die Schienen, auf denen sie hinunterfahren würde, wenn wir das Trägerschiff verließen, um zur Erde zurückzukehren. Dies deutete darauf hin, daß dieser ganze Teil des Schiffes eingenommen wurde von den Tunneln für An- und Abfahrt, dem Hauptfahrstuhlschacht und dem riesigen Hangardeck für diese Scouts. Irgendwo im selben Schiffsteil, entweder anschließend an das Lagerdeck oder noch weiter hinten, waren wahrscheinlich ein Vorratsschuppen und eine Reparaturwerkstätte, während noch weiter hinten, am äußersten Ende des Schiffes, wie ich wußte, ein Kontroll- und Pilotenraum sein mußte. Ich hatte gehört, daß sich an jedem Ende dieses kolossalen Schiffes ein solcher befände. Wir blieben auf dieser Seite des Schiffes und wurden in einen großen Raum geführt, der sich als das Laboratorium erwies.

IX.

Das Laboratorium

Niemals hatte ich bisher etwas Ähnliches gesehen wie diesen Raum, der angefüllt war mit dem erstaunlichsten Aufgebot aller nur denkbaren Instrumente. Hier waren Reihen über Reihen von graphischen Darstellungen und Schaltbrettern. Es schien mir, daß jedes dieser seltsamen Instrumente, die ich zum ersten Male besah, seinen eigenen großen Kontrolltisch besaß. Sechs waren schon in Betrieb, und die sechs Männer, die uns von der Lounge her begleitet hatten, nahmen sofort ihre Plätze an sechs weiteren Instrumenten ein. Eine Menge Instrumente blieben dann noch ohne Bedienung. Ich bemerkte, daß vier der Männer auf der linken Schulter ein bestimmtes Abzeichen trugen.

Die Pilotin in meiner Nähe sagte zu mir: „Alle Männer, die diese Instrumente bedienen, sind, was ihr fortgeschrittene Wissenschaftler nennt. Das Schulterabzeichen der vier Männer bedeutet, daß sie vom Saturn sind."

Wie immer auf diesen Raumschiffen zeigten auch hier die Karten farbige Lichter mit vielen Arten von Linien und Figuren, aber ohne die Skalenscheiben und Meßinstrumente, wie wir sie auf der Erde verwenden. Trotzdem ich nun schon viele Tabellen gesehen hatte, waren mir diese doch immer noch rätselhaft.

„Hier prüfen wir die Dichte der Erdatmosphäre," fuhr die Pilotin fort, „oder die eines anderen Planeten, dem wir uns nähern. Sorgfältig studieren wir die Zusammensetzung der Elemente der Atmosphäre, die jeden Körper umgibt, ebenso die Verbindungen der Elemente des Weltraumes. Obgleich diese sich zwar dauernd verändern, erkennt man doch eine regelmäßige Wiederholung in ihrem Verhalten gemäß den Universalgesetzen. Danach dauern bestimmte Kombinationen über einen längeren Zeitraum als wieder andere. Dadurch, daß wir die Aktivität des Raumes beobachten, sind wir in der Lage, unter anderem die Entstehung irgendeines neuen Weltkörpers im Weltraum zu entdecken und das Tempo seines Wachsens festzustellen."

Das fand ich höchst erstaunlich, und ich wäre gern in diesem Raum geblieben, um Beobachtungen anzustellen und zu versuchen, die Arbeitsweise dieser Instrumente zu ergründen — von denen einige unseren größeren Fernsehapparaten sehr ähnlich sahen —, um, wie ich hoffte, dahinterzukommen, was die dauernd wechselnden Muster bedeuteten.

Aber die Pilotin sagte: „Jetzt gehen wir mal weiter zu etwas anderem, worüber du dich auch gewundert hast."

Sie führte mich quer durch den großen Laboratoriumsraum; Firkon, Zuhl und die Frauen folgten. Hier stiegen wir eine schräge Rampe hinauf, die so breit war wie das ganze Schiff bis hinauf über eine andere Rampe, die in einen großen Raum führte.

Die Wunder schienen nicht aufhören zu wollen. Jeder neue Schritt brachte neue Wunder. Schließlich begann ich zu fürchten, daß ich nicht die Hälfte in meinem Gedächtnis behalten könnte. Meine Freunde versicherten mir aber, wenn die Zeit zum Schreiben käme, würden sie mir helfen, wieder ein genaues Bild der nächtlichen Ereignisse mit allen Einzelheiten ins Bewußtsein zurückzurufen. Ich bezweifle, daß viele Menschen eine Nacht mit so vielen Überraschungen, so viel Schönheit, so ungeheuer lehrreichen Sehenswürdigkeiten, Klängen und Unterhaltungen jemals erlebt haben.

Zu meiner größten Überraschung sah ich hier jetzt zwölf kleine Scheiben, die in zwei Reihen an beiden Seiten des Schiffes aufgereiht waren. Ich vermutete sofort, daß dies die Registrierscheiben waren, kleine, ferngesteuerte Geräte, die zu näheren Beobachtungen vom Mutterschiff ausgesandt wurden. Sie waren ungefähr 92 cm im Durchmesser, aus glänzendem, glattem Material, und sahen der Form nach aus wie zwei umgedrehte flache übereinandergestülpte Teller oder Radnaben, deren Ränder zusammengefügt waren, so daß der mittlere Teil einige Zentimeter dick war. Es gibt aber, wie ich erfuhr, verschieden große Registrierscheiben, von ungefähr 0,25 bis zu 3,66 Meter im Durchmesser, je nach der Menge der Geräte, die darin untergebracht sind. Wie ich an anderer Stelle schon gesagt habe, enthielten sie höchst empfindliche Apparate, welche nicht nur jede kleine Scheibe genau auf dem gewünschten Flugwege führten, sondern auch dem Mutterschiff genauen Aufschluß übermittelten über jede Art von Schwingung, die in der beobachteten Gegend herrscht.

Schwingungen umfassen ein großes Gebiet von Wellen, zu denen Klang-, Radio-, Licht-, ja sogar Gedankenwellen gehören; sie alle können zum Mutterschiff geleitet werden, wo sie registriert und analysiert werden. Technisch gesehen waren diese kleinen Scheiben vielleicht das feinste Kunstwerk interplanetarischer Technik, das ich bisher gesehen hatte. Außer den Funktionen, die ich eben aufzählte, können sie auch, wenn sie außer Kontrolle geraten und in Gefahr wären, auf die Erde zu fallen, aufgelöst werden, entweder schnell durch eine Art Explosion oder, falls dadurch Leben oder Eigentum auf der Erde gefährdet würden, durch einen allmählichen Auflösungsprozeß. Diese kleinen Luftwunder standen auf einem breiten Tisch aufgereiht an beiden Seiten des Raumes in einer Art Rinne. Direkt hinter jeder Scheibe war in der Schiffswand eine Öffnung, wie eine Ladeluke oder Klappe, groß genug, daß die Scheibe hindurch konnte. Zu der Zeit, als wir diesen Raum betraten, waren aber alle geschlossen.

Einen Augenblick zwang ich meine Augen, wegzuschauen von den Scheiben und sah mich um. Ich bemerkte, daß ganz hinten am Ende des Raumes die Schienen und das Schienenbett des Ausfahrtstunnels für die Beobachtungsschiffe durch die Decke herunterkamen und durch den Fußboden weiter liefen. Dann wandte ich mich wieder den Scheiben zu und sah, daß vorn in die Tische, auf denen sie standen, je ein langes Kontrollbrett eingebaut war.

Als wir in den Raum kamen, waren keine Sitze zu sehen. Aber sobald die sechs Frauen ihre Plätze vor den Kontrollbrettern einnahmen, kamen aus dem Fußboden sechs schemelartige Sitze lautlos hervor, wahrscheinlich durch Druck auf einen Fußhebel.

Diese Instrumentenbretter sahen etwas anders aus als die, die ich bisher gesehen hatte. Ich weiß nicht genau, ob kleine Knöpfe in die Bretter eingelassen waren oder ob sie durch Tasten wie bei einer Orgel bedient wurden.

Sobald die Frauen saßen, arbeiteten sie sehr schnell. Ihre flinken Finger flogen nur so über die Instrumente, als sie den wartenden Scheiben Anweisungen und Flugroute gaben. Ich erinnere mich, daß ich die sechs Frauen mit solchen verglich, die ein Pantomimenspiel aufführen, ein Konzert ohne Musik. Faszinierend war es, zuzusehen, wie sich, sobald eine Scheibe alle ihre „Anweisungen" bekommen hatte, eine der Klappen öffnete, und die Scheibe glatt durch die Öffnung glitt, Luftschleusen passierend, und zu ihrer Mission davonflog in den Weltraum.

Ich fragte Zuhl, der bei Firkon und mir geblieben war, wohin die Scheiben gegangen seien. Er sagte: „Wir wollen in das Laboratorium zurückgehen, wo wir ihren Flug auf den Instrumenten verfolgen können."

Auf dem Weg dahin erwähnte er, daß das Mutterschiff jetzt unterwegs sei, also nicht mehr stillstände; aber über unser Ziel sagte er nichts. Ich hatte nicht die geringste Bewegung gespürt noch einen weiteren Ton gehört.

Als wir wieder im Laboratorium waren, arbeiteten noch alle Männer an den Instrumenten vor ihnen. Auf einem der Schirme sah ich, wie sich verschiedene Linien bildeten, verschwanden und wieder erschienen in anderen Formen. Dann wurden die Linien ersetzt durch runde Punkte und lange Striche, die sich wieder schnell in verschiedene geometrische Figuren verwandelten. Zur selben Zeit zeigten andere Schirme verschiedene Farben von wechselnden Intensitäten, einige in Lichtblitzen, die anderen in Lichtwellen. Es bildeten sich Figuren von Zeit zu Zeit, auch diese wechselten rasch Größe und Form. Alles war mir ein großes Geheimnis. „Was auf den Schirmen sichtbar wird, das registrieren die Männer mit ihren Instrumenten," erklärte der Saturnpilot. „Später wird das alles zu Belehrungszwecken zusammengefaßt."

Die Neugierde trieb mich, zu fragen, was aus den beiden Scheiben geworden sei, die wir beobachtet hatten, als sie das Schiff verließen.

Der Pilot erklärte: „Die Scheiben schweben augenblicklich über einer bestimmten bewohnten Gegend auf der Erde und registrieren die Geräusche, die von diesem Platze ausgehen. Das siehst du dort auf dem Schirm wiedergegeben als Linien, Punkte und Striche. Andere Maschinen ziehen diese einzelnen Erkundungen zusammen und geben sie wieder, indem sie Bilder von der Bedeutung der Zeichen hervorbringen, zusammen mit den ursprünglichen Geräuschen."

Man mußte wohl merken, daß ich das nicht alles recht verstand, denn Zuhl erklärte weiter: „Alles im Universum hat seine besondere Eigentümlichkeit. Wenn jemand zum Beispiel das Wort ‚Haus' ausspricht, so ist doch das Gedankenbild irgendeiner Wohnung in seinem Geist. Auf die gleiche Weise werden viele Dinge einschließlich der menschlichen Seelenregungen registriert.

Mit Hilfe dieser Maschinen wissen wir sogar, was eure Leute denken, und ob sie uns feindlich gesonnen sind oder nicht. Wenn da harte drohende Worte erklingen oder auch solche Gedanken gedacht werden, dann stellen diese sich in der oben beschriebenen Weise dar, und unsere Registrierapparate nehmen sie alle ganz genau auf. Auf dieselbe Weise wissen wir, wer unter euch sich als wohlwollend und empfänglich erweist. Alles im gesamten Universum bewegt sich in ‚Schwingungen', wie ihr das auf Erden genannt habt und neuerdings ‚Frequenzen' nennt.

Durch diese Frequenzen oder Schwingungen erlernen wir auch die Sprachen anderer Welten."

Während seiner Erklärung beobachtete ich die Schirme und die immer wechselnden Muster. Das sah alles verhältnismäßig einfach aus, und ich fragte mich, warum unsere irdischen Wissenschaftler nicht schon lange vorher auf dasselbe Verfahren verfallen wären. Als mir dieser Gedanke kam, ohne daß ich ihn ausgesprochen hätte, antwortete mein Gefährte: „Sie haben das ja schon einigermaßen getan. Dies ist nicht sehr verschieden von euren Tonband- und anderen Aufnahmearten. Das Prinzip ist dasselbe, nur haben wir es schon weitergeführt. Anstatt es bewenden zu lassen bei der Sammlung der vielen Frequenzen allein zur Tonwiedergabe, sind wir jetzt imstande, sie auch noch in Bilder umzuformen. In geringem Maße tut ihr das so mit euren Fernsehapparaten, nur seid ihr auch hier noch gebunden durch euer begrenztes Wissen."

Während er mir dies erklärte, beobachtete er zu gleicher Zeit gespannt die vielen Schirme. Nun meinte er, wir sollten wieder in den Scheibenraum gehen, um die Rückkehr dieser kleinen Boten zu beobachten.

Gerade hatten wir den anderen Raum erreicht, da öffneten sich auch schon dieselben beiden Falltüren, die aussahen wie große Bullaugen in den Schiffswänden. Durch jede Luke kehrte eine kleine Scheibe zurück und setzte sich, wie von einer unsichtbaren Hand geführt, still wieder auf ihren Platz.

Man ließ mir keine Zeit, mich mit diesen neuen Wundern weiter zu befassen; denn Zuhl sagte in seiner ruhigen Art: „Paß mal auf! Jetzt wird an jeder Seite eine andere Scheibe ausgesandt, diesmal zu einem anderen Zweck. Noch sind wir in eurer Atmosphäre. Wenn diese

Scheiben fort sind, kehren wir zum Laboratorium zurück. Da wird man dir zeigen, wie sie arbeiten."

Während ich hinschaute, schlossen sich die beiden Klappen rasch hinter den Scheiben. Weiter hinten öffneten sich zwei andere Falltüren, auf jeder Seite des Raumes eine. Während der ganzen Zeit spielten die Frauen ihr flinkes lautloses Scherzo auf den Instrumentenbrettern.

Als das zweite Scheibenpaar das Schiff verlassen hatte, kehrten wir in das große Laboratorium zurück. Zum ersten Male bemerkte ich zwei weitere Schirme in Betrieb, die in Abschnitte eingeteilt waren. Zuhl erklärte: „Diese zeigen die verschiedenen atmosphärischen Verhältnisse an."

Auf einem Abschnitt des Schirmes konnte ich die Bewegung der Luft beobachten, während ihre Geschwindigkeit und die Dichte von anderen Instrumenten registriert wurden, indem die entsprechenden Zeichen sich über die Oberfläche dieses Schirmes bewegten. Die elektrische Ladung oder die magnetische Kraft der Atmosphäre schien sich in entgegengesetzter Richtung zu bewegen, was man auf einem anderen Abschnitt des Schirmes sehen konnte. Zu gleicher Zeit wurde ihre Beschaffenheit (eine schwache oder starke Ladung, soweit ich verstand) gemessen und registriert. Auf noch einem dritten Abschnitt wurden die verschiedenen Gase, aus denen die Atmosphäre zusammengesetzt ist, getrennt gezeigt. Hier konnte ich sehen, wie fortwährend ein rascher Wechsel der Zusammensetzungen stattfand. Es war äußerst interessant, die verschiedenen Stärken des atmosphärischen Druckes und viele andere Eigenschaften der Atmosphäre, von denen unsere Wissenschaftler nicht die geringste Ahnung haben, zu beobachten. Während dies auf den Schirmen reproduziert wurde, registrierten es zu gleicher Zeit andere

Apparate als Daueraufnahmen für das spätere Studium der Bewohner anderer Welten.

Nach nur wenigen Minuten, wie mir schien, wurden die Scheiben schon in das Mutterschiff zurückgezogen, und man sagte mir, sie enthielten Proben unserer Atmosphäre. Ein daraus entnommener Auszug würde später geprüft werden.

„Mit Hilfe solcher Scheiben," sagte Zuhl zu mir, „wurden wir überhaupt zum ersten Male die abnormen Verhältnisse gewahr, die sich am Rande eurer Atmosphäre bildeten und beständig wuchsen mit jeder Atom- oder Wasserstoffbombe, die auf eurer Erde explodierte. Und da diese Instrumente dauernd in Betrieb sind, sagen sie uns, was wir zu erwarten haben, wenn wir uns durch den Raum bewegen."

Während wir im Laboratorium standen und uns unterhielten, wurde meine Aufmerksamkeit durch den Piloten auf einen besonderen Schirm gelenkt. „Hier siehst du die visuelle Darstellung des Staubes, den ihr ‚Weltraumtrümmer' nennt," sagte er. „Sie werden jetzt durch die beiden Scheiben auf den Schirm gefunkt."

Es war faszinierend, das Verhalten dieser winzigen Materieteilchen auf dem Schirm zu beobachten. Da war eine dauernd wirbelnde Tätigkeit. Manchmal sah es so aus, als ob die feinen Teilchen sich zu einem festen Körper verbinden wollten, um dann wieder auseinanderzuwirbeln und dabei praktisch unsichtbar zu werden. Manchmal wurden diese Gebilde so zart und fein, daß es fast aussah, als ob sie sich rein in Gase verwandelt hätten. Sie erinnerten mich an kleine Wolken, die sich plötzlich am klaren Himmel bilden und manchmal wachsen, um dann aber genau so schnell wieder in Nichts zu verschwinden.

Dies ist wenigstens der beste Vergleich, den ich ziehen kann, um die Aktivität zu beschreiben, die ich auf diesen Schirmen beobachtet habe. Mit jeder Zusammenformung der Materiepartikel schienen jedoch gewisse Mengen von Energie tatsächlich sichtbare, feste Form anzunehmen, dann aber sofort wieder zerstreut zu werden durch Explosionen, wie es aussah, oder plötzliche Auflösung, was man deutlich auf den Schirmen sehen konnte. Andere Instrumente registrierten die Stärke und die Beschaffenheit. Manchmal bildeten sich diese Zusammenballungen mit großer Intensität und die nachfolgende „Explosion" war dann ebenso heftig. Ein andermal dagegen war dieser Vorgang ganz sanft und kaum wahrzunehmen. Aber der Kreislauf ging ununterbrochen weiter: wirbelnde Energie, Verdichtung, Auflösung; eine unaufhörliche Bewegung von Energie und feiner Materie, die ständig sich zu verbinden suchten oder auf andere Partikel im Weltraum reagierten. Ich gebrauche das Wort „Energie", weil mir kein anderes passenderes für das, was ich beobachtet habe, einfällt. Sie schien große Kraft zu entfalten, und ich habe bemerkt, daß sie, wenn sie sich zu flächenhaften oder wolkigen Gebilden geformt hatte, alles in ihrer Nähe im Raum zu stören schien.

Ich glaube, daß ich tatsächlich gerade die Kraft gesehen habe, die den ganzen Weltraum durchdringt, die Kraft, aus der Planeten, Sonnen und Sonnensysteme gebildet werden, dieselbe Kraft, die auch der Träger und Erhalter aller Aktivität und allen Lebens im Universum ist.

Als diese Wahrheit in mir zu dämmern begann, wagte ich nur zögernd, die ungeheuren Folgerungen, die sich aus ihr ergaben, anzunehmen. Zuhl spürte meine innere Bestürzung, nickte zustimmend und sagte: „Jawohl, so ist es. Und es ist dieselbe Kraft, die unsere Schiffe im Weltraum antreibt."

Noch eine kleine Weile beobachtete ich die Schirme voll Staunen über alles, was ich sah. Dann lenkte mein Gefährte meine Aufmerksamkeit wieder auf die Scheiben. „Diese kleinen Untertassen sieht man häufig durch den Raum fliegen, und manchmal ganz niedrig über der Erde. Nachts leuchten sie. Sie überfliegen die Erde und registrieren die verschiedenen Wellen, die von den Planetenkörpern ausgehen — Wellen, die wie auch alles andere in steter Bewegung sind mit ständigem Wechsel ihrer Länge und Stärke. Wenn eben möglich, werden die komplizierten und höchst empfindlichen kleinen Maschinen zum Mutterschiff zurückgezogen. Manchmal aber wird die Verbindung aus dem einen oder anderen Grunde unterbrochen. Dann entziehen sie sich der Kontrolle oder stürzen auf die Erde. In solchen Fällen werden sofort Notmaßnahmen durchgeführt. An jeder Seite des Mutterschiffes, genau unter den Luken, durch die die Scheiben hinaus in den Raum gesandt werden, befindet sich ein magnetischer Strahlenwerfer. Wenn eine Scheibe außer Kontrolle gerät, wird ein Strahl hingeschickt, der sie auflöst. Dies erklärt manche der geheimnisvollen Explosionen, die sich an eurem Himmel ereignen und die nicht auf das Konto der Artillerie, der Düsenflugzeuge oder der elektrischen Stürme kommen. Wenn aber eine Scheibe nahe der Erdoberfläche außer Kontrolle gerät, wo eine Explosion Schaden anrichten könnte, läßt man sie auf den Boden sinken und sendet einen gelinderen Strahl hinein. Anstatt einer Explosion verursacht dieser dann eine langsame stufenweise Auflösung des Metalls. Zuerst wird es weich, dann verwandelt es sich in eine Art Gelee, danach wird es flüssig, und zuletzt verdunstet es wie Gase und hinterläßt keinerlei Trümmer. Diese letztere Art der Auflösung ist vollständig ungefährlich für jeden, der die Scheibe während des Auflösungsvorganges berührt. Schaden könnte nur entstehen, wenn zufällig einer die Scheibe fallen sähe und sie in dem Augenblick berührte, in dem der Strahl ausgesandt wird."

Als der Saturnmann den magnetischen Strahl beschrieb, kam mir der Gedanke, daß sie damit ein wundervolles Mittel hätten als Schutz gegen jedermann und alles, was versuchen würde, ihre Schiffe anzugreifen.

Zuhl erfaßte meine Gedanken und erwiderte: „Ja, es ist durchaus möglich, diese Maschinerie gegen Menschen oder jegliche andere Lebensform einschließlich der Planeten anzuwenden. Aber das haben wir niemals getan, noch werden wir sie jemals in dieser Weise benutzen; denn, wenn wir das täten, wären wir nicht besser als eure Leute auf der Erde.

Unser Schutz, wie wir es oftmals vorgeführt haben, wenn wir von euren irdischen Flugzeugen verfolgt wurden, ist unsere Fähigkeit, schneller zu entkommen, als es eure Augen bemerken können. Außerdem können wir die Frequenz der aktivierten Umgebung eines Schiffes derartig erhöhen bis zu dem Zustand, daß es unsichtbar wird. Wenn wir nicht aufpassen würden, könnten eure Flugzeuge blindlings in unsere Schiffe hineinfliegen, weil sie sie nicht sehen. Wenn wir euch erlaubten, so dicht heranzukommen, so würdet ihr beim Aufprall unser Schiff genau so fest finden, als wenn es sich in einem niedrigereren Schwingungszustand befindet. Der Zusammenstoß würde euch zerstören, uns jedoch keinerlei Schaden zufügen."

„Aus dem, was ich hier vernommen habe, schließe ich, daß sogar bei euren wunderbaren Fahrzeugen mal etwas verkehrt gehen kann," sagte ich.

„Jawohl," erwiderte er. „Falls etwas derartiges im Weltraum geschieht und das Schiff nicht mehr zu retten ist, können wir es verlassen. Wenn das nötig wird, so wird das Schiff aufgelöst und kehrt zu seinem ursprünglichen Zustand als Element des Weltraumes zurück. Jedes große Trägerschiff ist mit kleinen ‚Rettungsbooten' ausgerüstet, die genügend Vorräte und alle notwendigen Instrumente an Bord haben, die es uns ermöglichen, die Verbindung mit anderen Raumschiffen oder sogar mit einem Planeten aufzunehmen. Wenn sich ein solcher Unfall allerdings in der Nähe eines Planeten ereignen sollte, dann würden wir genau so abstürzen, wie eure Flugzeuge es tun."

Sofort fragte ich: „Werden dabei alle Insassen getötet?"

„Ja," erwiderte er, „aber auf Grund unseres Wissens erschreckt uns der Tod in eurem Sinne nicht. Jeder von uns betrachtet sich als geistiges Wesen und nicht als Körper. Durch Wiedergeburt bekommen wir einen neuen Körper.

Ebenfalls auf Grund unserer Erkenntnisse können wir niemals mit Absicht einen anderen Körper zerstören, dem Intelligenz innewohnt. Wenn wir jedoch den Tod unabsichtlich verursachen würden, durch einen Unglücksfall, so werden wir nicht dafür verantwortlich gemacht; denn es geschah ja nicht auf unseren Wunsch."

Die Instrumente arbeiteten weiter, während wir uns unterhielten. Ich beobachtete die Lichtblitze auf den Schirmen und fragte mich, ob es wohl noch mehr und andersartige Maschinen oder Instrumente gäbe, die ich noch nicht gesehen hatte.

Auf meinen unausgesprochenen Gedanken antwortete Zuhl: „Jawohl, es sind noch viel mehr da in einem anderen Raum, zwischen dem Scheibenraum und dem Pilotenabteil, die aber nur in Betrieb sind, wenn wir im Weltraum fliegen."

Während unserer Besichtigung des Laboratoriums und des Scheibenraumes hatte ich überhaupt nicht gemerkt, wie die Zeit vergangen war. Ich wußte nicht, ob wir in der Erdatmosphäre stillstanden, oder ob wir uns schnell durch den Weltraum bewegten. Wohl hatte ich die Schirme beobachtet; aber ich konnte sie ja nicht lesen, wie die anderen es taten. Da sagte der Saturnpilot: „Wir sind nicht allzuweit von eurem Mond entfernt."

Bei dieser Bemerkung packte mich eine Aufregung, und ich dachte, ob wir wohl dort landen würden.

„Nein," sagte er, „diesmal nicht. Aber wir möchten gern, daß du das, was du über den Mond schon vermutet hast, auch selbst mal siehst. Der Mond hat Luft! Du kannst das durch unsere Instrumente erkennen, nun da wir dicht genug herangekommen sind, um sie zu registrieren. Die Luft verhindert durchaus nicht die Sicht auf einen anderen Weltkörper, wie wir manchmal auf Erden sagen hörten. Und während ihr von eurem Planeten aus keine dichten Wolken über den Mond ziehen seht, haben aber eure Wissenschaftler gelegentlich etwas beobachtet, was sie ‚leichte Luftbewegung' nennen, besonders in den Klüften jener Täler, die ihr ‚Krater' nennt. In Wirklichkeit sehen sie die Schatten von wandernden Wolken. Die Seite des Mondes, die ihr von der Erde aus seht, bietet euch wenig Gelegenheit, seine wirklichen Wolken zu sehen, weil sie selten dicht sind. Dagegen wirst du jenseits des Mondrandes über der Gegend, die man eine gemäßigte Zone nennen könnte, durch unsere Instrumente bemerken, daß sich dort dichtere Wolken bilden, vorüberziehen und verschwinden, ganz ähnlich wie die Wolken über der Erde.

Die Seite des Mondes, die ihr von der Erde aus seht, kann man mit euren Wüstengegenden auf Erden vergleichen. Dort ist es wohl heiß, wie eure Wissenschaftler richtig behaupten, aber die Temperatur ist nicht so extrem, wie sie denken. Die Seite, die ihr nicht seht, ist kälter, jedoch wieder nicht so kalt, wie sie vermuten. Es ist seltsam, daß die Leute auf Erden ohne Bedenken Behauptungen annehmen von Menschen, zu denen sie aufsehen, weil sie Gelehrte heißen, ohne nach den Grenzen ihrer Gelehrsamkeit zu fragen.

Um die Mittelzone des Mondes zieht sich ein schöner Landstrich, wo Pflanzen, Bäume und Tiere gedeihen und wo Menschen behaglich leben. Sogar ihr Erdenmenschen könntet auf diesem Teil des Mondes leben; denn der menschliche Körper ist die anpassungsfähigste Maschine im Universum.

Oftmals habt ihr Erdlinge etwas vollbracht, was ihr zuerst für unmöglich hieltet. Nichts, was der Mensch sich ausdenken kann, wäre nicht irgendwie ausführbar! Aber, um auf den Mond zurückzukommen, jeder Körper im Raum m u ß eine Atmosphäre haben, wie ihr das nennt, oder Gase, die heißen Körper sowohl wie die kalten; denn die Atmosphäre ermöglicht ihm erst, heiß oder kalt zu sein. Eure Wissenschaftler aber behaupten, der Mond habe keine Atmosphäre, und geben zugleich zu, daß es auf dem Mond sowohl Hitze wie Kälte gibt! Soviel Atmosphäre wie die Erde oder wie unser Planet hat der Mond nicht, weil er ein weit kleinerer Körper ist als die beiden eben genannten. Nichtsdestoweniger ist eine Atmosphäre da.

Vielleicht kann ich diesen Punkt noch ein wenig klarer beleuchten," fuhr der Saturnmann fort. „Ihr habt auf Erden im Ozean draußen irgendeine kleine Insel. Soweit das Auge sehen kann, ist kein anderes Land da; trotzdem können Menschen auf dieser Insel leben wie auf den größeren Landteilen, die ihr ‚Kontinente' nennt. Die Weltkörper im Raum sind wie Inseln. Einige sind groß und andere sind klein. Aber alle sind umgeben und werden erhalten von ein und derselben Kraft, die ihnen das Leben gibt.

Viele eurer Wissenschaftler haben die Meinung geäußert, der Mond sei ein toter Körper. Wenn das wahr wäre, wenn der Mond ein toter Körper wäre, so wie das Wort bei euch gemeint ist, dann wäre er längst aus dem Weltraum verschwunden durch Auflösung. Nein! Er ist recht lebendig und trägt Leben, sogar Menschenleben! Wir selbst haben ein großes Laboratorium gerade hinter dem Rande des Mondes. Von der Erde ist es nicht zu sehen; es befindet sich in der gemäßigten kühleren Zone jenes Weltkörpers."

Ich fragte ihn, ob das Schiff so nahe heranführe, daß ich die Oberfläche unseres Satelliten mit meinen eigenen physischen Augen sehen könnte.

Er antwortete lächelnd: „Das wird nicht nötig sein. Komm und schau! — Mit diesem Instrument können wir uns den Mond so nahe zu uns heranholen, daß du ihn so deutlich sehen kannst, als wenn du darauf spazieren gingest."

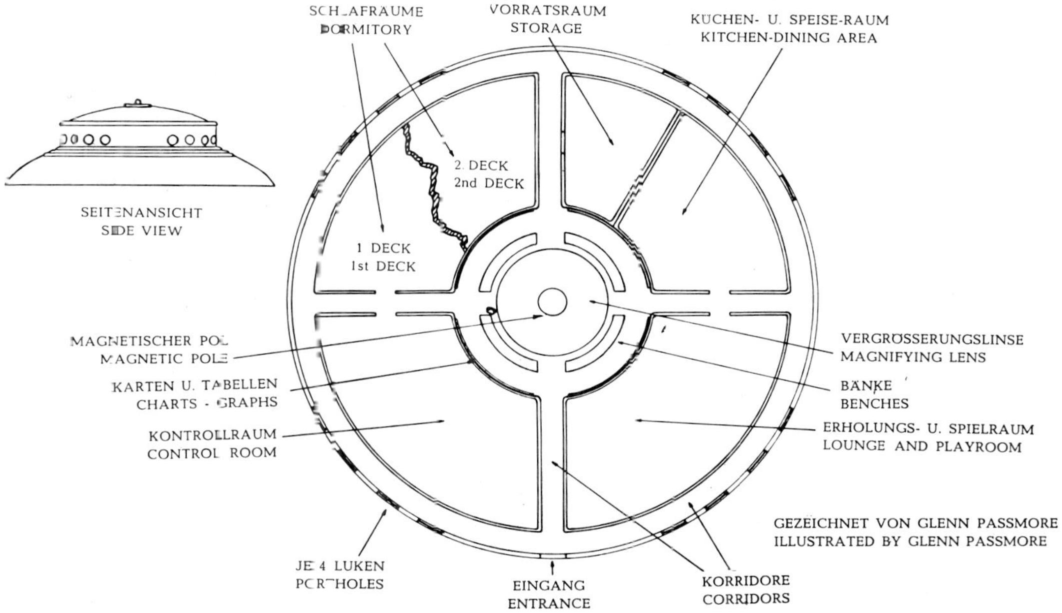

Passagierraum eines Beobachtungsschiffes vom Saturn

Grundriß eines Scout vom Saturn (von oben)

SATURN SCOUT PASSENGER SECTION (TOP VIEW)

Bild 9

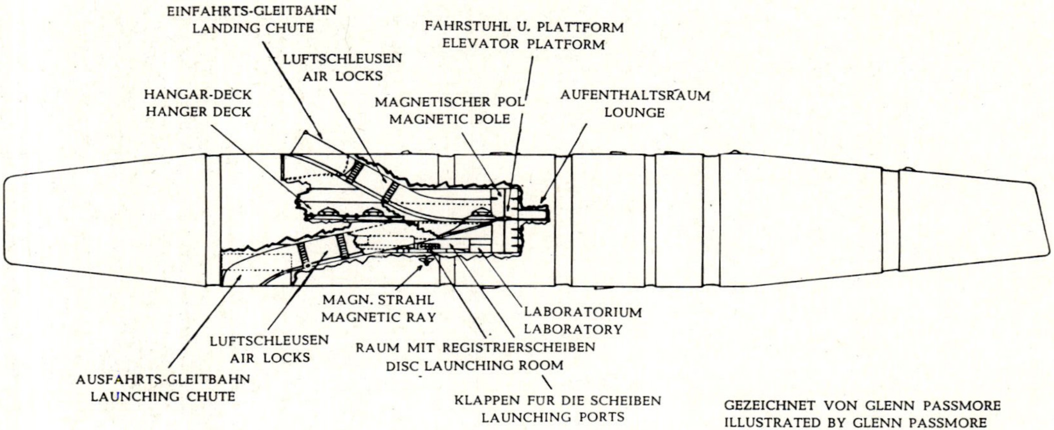

GEZEICHNET VON GLENN PASSMORE
ILLUSTRATED BY GLENN PASSMORE

Laboratoriumsraumschiff vom Saturn

(Seitenansicht und Schematischer Längsschnitt)

SATURN LABORATORY SPACECRAFT

Bild 10

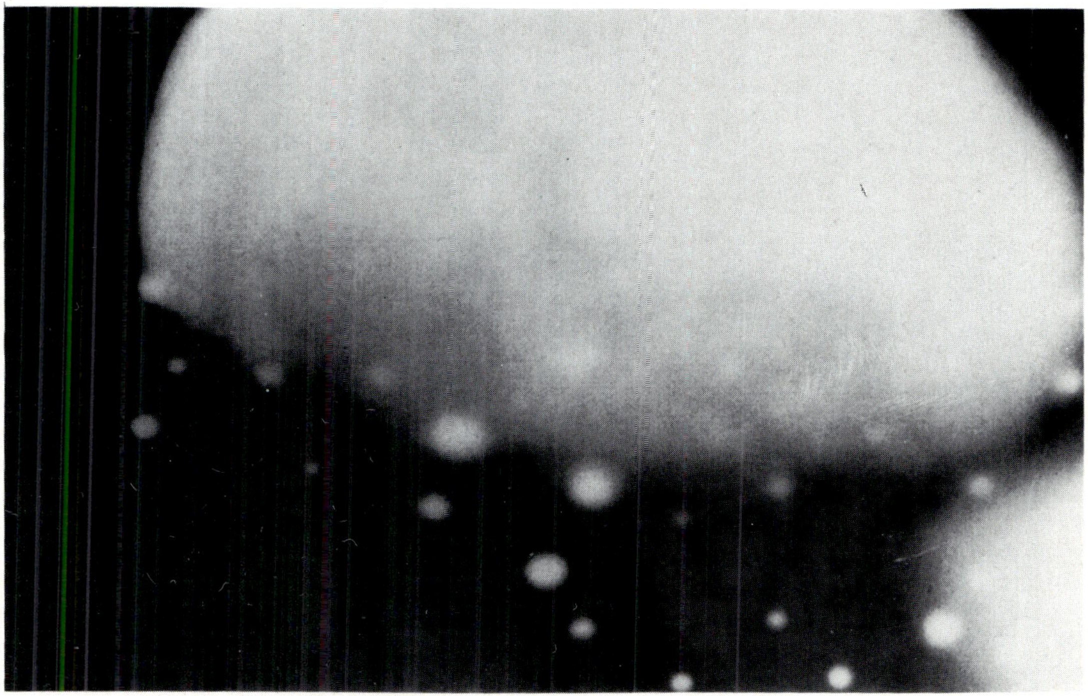

Bild 11: Raumschiffe in der Nähe des Mondes. Am 16. Mai 1951 um 9.00 Uhr von George Adamski durch sein 15cm Teleskop fotografiert. Diese Tätigkeit in der Nähe des Mondes, die auch von anderen Beobachtern wahrgenommen wurde, wird im Kapitel XIV erklärt.

Bild 12: Aus einer Luke des venusischen Scouts aufgenommen. Dieses ist das erste von vier Fotos, welche der Pilot eines Scouts mit einer Polaroid-Kamera, die Adamski gehörte, in den Morgenstunden des 25. April 1955 aufgenommen hat. Die Rundung der Luke des Scouts ist links oben in der Ecke zu sehen.

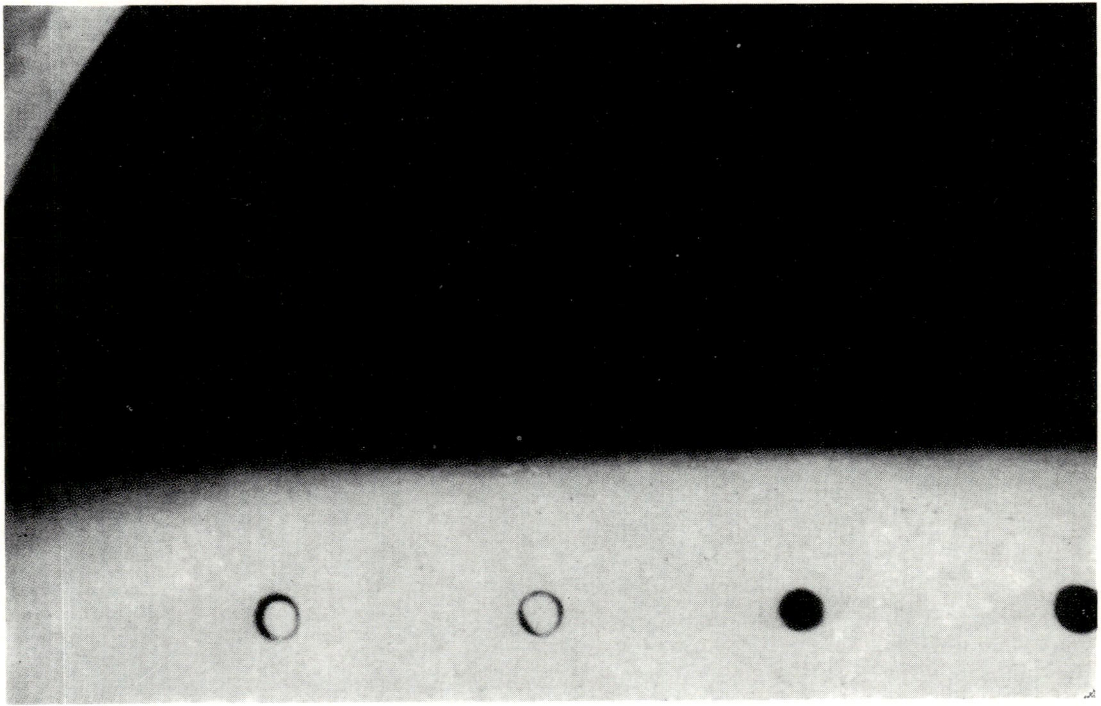

Ich fragte ihn, wie weit wir jetzt vom Mond entfernt seien, und er meinte, ungefähr 64 000 Kilometer.

Ich hoffte sehr, daß wir den Mond umkreisen würden, so daß ich selbst sehen könnte, was auf der anderen Seite in der gemäßigten Zone sei, die er erwähnte. Aber gleichzeitig fiel mir ein, daß es dort Dinge geben könnte, die man mich nicht sehen lassen wollte. Dieser Gedanke wurde sofort vom Saturnpiloten bestätigt.

„Wir müssen erst mal prüfen, wie du mit den Informationen umgehst, die wir dir bis jetzt gegeben haben, bevor wir dir gewisse Dinge enthüllen. Wir kennen vielleicht besser als du die Schwächen der Menschen, auch derjenigen, die sich sehr bemühen, recht zu handeln. Wir müssen vorsichtig sein, daß wir nicht noch bei der Zerstörung der Erde mithelfen!"

Das Instrument wurde nun auf den Mond gerichtet und so eingestellt, daß das Bild des Mondes ganz nahe herankam. Ich war im höchsten Grade erstaunt, wie vollständig falsch unsere Ideen über den Mond, unseren nächsten Nachbarn, sind. Viele Krater sind in Wirklichkeit weite Täler, umgeben von zerklüfteten Gebirgen, die entstanden sind durch furchtbare Umwälzungen im Innern des Mondes.

Ich konnte deutliche Zeichen dafür erkennen, daß auf der Seite, die wir von der Erde aus sehen, zu irgendeiner früheren Zeit viel Wasser gewesen sein muß.

Zuhl sagte: „Auf der anderen Seite ist jetzt noch viel Wasser; und auf dieser Mondseite ist noch viel verborgen tief im Innern der Gebirge." Und dann zeigte er mir an den Abhängen der Gebirge, die die Krater umgeben, deutliche Spuren von uralten Wasserläufen.

Es stimmt, daß einige dieser Krater durch Meteoriten

gebildet worden sind, die die Oberfläche des Mondes getroffen haben. Aber in all diesen Fällen zeigten diese Krater deutlich Trichter im Boden. Beim Studieren der vergrößerten Mondoberfläche auf dem Schirm vor uns bemerkte ich tiefe Furchen im Boden und in einigen der eingebetteten Felsen. Sie konnten nicht anders als durch einen starken Wasserlauf in vergangenen Zeiten entstanden sein. Auf einigen Stellen war noch ein sehr schwacher Pflanzenwuchs erkennbar. Im übrigen sah die Oberfläche teilweise fein und pulvrig aus, während andere Gegenden aus gröberen Teilchen wie grobem Sand oder feinem Kies zu bestehen schienen. Plötzlich sah ich ein kleines Tier quer über die Fläche laufen, die ich gerade beobachtete. Ich konnte sehen, daß es vier Beine hatte und einen Pelz. Leider lief es so schnell, daß ich es nicht identifizieren konnte.

Wenig von dem, was ich sah, war mir fremd; denn ziemlich genau so hatte ich es mir seit Jahren gedacht und auch in diesem Sinne darüber gesprochen. Der Saturnmensch schien dies zu wissen, denn er betonte, daß sie hauptsächlich aus diesem Grunde beschlossen hätten, mir jetzt diesen so nahen Anblick zu gewähren. Er versprach mir, daß sie mir zu einem späteren Zeitpunkt die andere Seite unseres Mondes zeigen würden, „auch jene," fügte er hinzu, „wird nicht viel anders sein, als du sie dir gedacht hast."

Nachdem er mir dieses Versprechen gegeben hatte, wurde der Schirm, der den Mond gezeigt hatte, dunkel, während die anderen Schirme weiter arbeiteten.

Dann führte Zuhl mich zum Scheibenraum zurück. Aber bevor wir ihn erreicht hatten, kamen die Damen uns entgegen. Die sechs Männer, die im Fahrstuhl mit uns heruntergekommen waren, erhoben sich von ihren Sitzen, und der Saturnpilot schlug vor, daß wir uns alle in die Lounge zurückbegeben sollten.

X.

Ein anderer Meister

Zurückgekehrt in den schönen und gemütlichen Gesellschaftsraum, sah ich, daß die Gläser auf dem großen ovalen Tisch wieder neu gefüllt waren. Ein Mann, den ich Ende dreißig bis Anfang vierzig schätzte, erwartete dort schon unsere Ankunft. Als wir den Raum betraten, erhob er sich von seinem Stuhl. Ohne besondere Vorstellung begrüßte er mich ebenso herzlich wie die anderen, die er gut kennen mußte. Auch mir kam dieser Mann gar nicht fremd vor. Sofort fühlte ich die tiefste Zuneigung zu ihm und eine Art Verwandtschaft. Gewiß haben meine Leser zu irgendeiner Zeit eine ähnliche Erfahrung gemacht. Ganz unermeßlich vergrößerte seine Gegenwart das Gefühl der Harmonie und des Verständnisses unter uns allen, die wir im Raum versammelt waren.

Mit einer leichten Handbewegung forderte er uns auf, Platz zu nehmen um den Tisch herum. Ein Stuhl war noch hinzugefügt worden, mir gerade gegenüber, in welchem er selbst Platz nahm. Wieder saß Firkon an meiner einen Seite und Zuhl an der anderen. Auf die Einladung des Meisters hin, der nun als Gastgeber fungierte, hob jeder sein Glas und trank schweigend. Alle warteten sichtlich darauf, daß er spräche. Seine dunkelbraunen Augen funkelten wie von einer tiefen Lebensfreude; sie hatten aber auch, das wußte ich, die Fähigkeit, jeden meiner Gedanken zu erfassen. Ich wußte auch, was immer er finden würde, daß er mich verstehen und nicht verurteilen würde.

Er war ein gut gebauter kräftiger Mann. Da waren keine grauen Strähnen in seinem schwarzen, sehr dichten, gut geschnittenen Haar, das in weichen, natürlichen Wellen von der hohen Stirn zurückgekämmt lag. Sein Gesicht hatte einen auffallend schönen Knochenbau; man hatte den Eindruck, daß es unendlich veredelt worden war durch den Geist, der darin wohnte. Sein Blick, erfüllt von großer Güte, wanderte schnell von Gesicht zu Gesicht. Dann wandte er sich mit sanfter und wohltönender Stimme direkt zu mir.

„Es war uns eine große Freude, dir ein klein wenig von unseres Vaters Universum zu zeigen. Wir kennen dein Interesse für dieses Gebiet, das die meisten deiner bisherigen Erdenjahre in Anspruch genommen hat. Nun hast du mit deinen physischen Augen viele der Dinge, von denen du in deinem Bewußtsein schon lange wußtest, auf unseren Instrumenten registriert gesehen. Diese Erlebnisse sollten dir Gewißheit geben und eine große Hilfe sein, um anderen Menschen auf Erden die Weltgesetze zu erklären.

Höre nie auf, sie ausdrücklich darauf hinzuweisen, daß alle Menschen Brüder und Schwestern sind, ganz gleich, wo sie geboren sind, oder wo sie ihren Wünschen entsprechend leben. Eine bestimmte Nationalität oder Hautfarbe sind stets etwas Zufälliges, da der Körper nur eine zeitweilige Wohnung ist. Diese Wohnungen wechseln im Laufe der Ewigkeit. In der unendlichen Fortentwicklung alles Lebens macht jeder im Laufe der Zeit alle Stationen durch.

In der endlosen Weite der Unendlichkeit gibt es viele Formen. Bei deinen beiden Besuchen in unseren Schiffen hast du das außerhalb der Grenzen eurer Atmosphäre zu sehen bekommen. Diese Formen sind ganz verschieden groß, von unendlich winzigen Staubteilchen, die für das menschliche Auge unsichtbar sind, bis zu den größten unzähligen Planeten und Sonnen. Alle schwimmen sie in der See der Einen Kraft, getragen von dem Einen Leben.

Auf eurer Welt habt ihr den vielen Formen, die ihr dort seht, Namen gegeben — Mensch, Tier, Pflanze und so weiter. Diese Namen entsprechen nur den menschlichen Auffassungen, während im Meere der Unendlichkeit solche Namen bedeutungslos sind. Der Unendliche Geist kann Sich keinen Namen geben, denn Er ist Vollkommenheit. Und alle Formen, die es gibt, wohnten und werden immer wohnen innerhalb des Vollkommenen.

Unter den vielen Formen behauptet die eine, die ihr ‚Mensch' nennt, sie besitze die einzig wahre Intelligenz auf eurer Erde. Das stimmt aber nicht. Es gibt keine Erscheinungsform auf eurer Erde, noch irgendwo anders im grenzenlosen Universum, welche nicht in einem gewissen Grade Intelligenz äußert. Denn der Göttliche Schöpfer aller Formen drückt sich Selbst durch Seine Schöpfung aus; sie ist Seine Manifestation, ein Gedanken-Ausdruck Seines Geistes.

Als Mensch bist auch du nicht mehr und nicht weniger als dieses. Denn gerade das Leben, durch das jede Form erhalten wird, und die Intelligenz, die sich durch sie ausdrückt, ist beides eine Äußerung Gottes.

Der Erdenmensch weiß dies meistens nicht und findet

manche Fehler an vielen Dingen, die außerhalb seines persönlichen Selbst liegen. Er weiß nicht, daß jede Erscheinungsform ihren Zweck ausdrückt und den Dienst leistet, für die sie gemacht ist.

Keine Form ist in der Lage, eine andere Form zu beurteilen, da alle Formen nur Diener des Einen Allerhöchsten sind. Keine Form weiß alles, was man wissen könnte, denn keine weiß alles, was es gibt. Das ist nur dem All-Wissenden bekannt. Aber alle Formen, die willig dienen, nehmen zu an Verstand und erkennen immer besser die Quelle, aus der sie ihre Weisheit empfangen — dieselbe Lebenskraft, durch die sie existieren.

Am umfassendsten gibt das wohl folgendes Bild wieder: Alle Manifestationen aller Formen sind wie herrliche Blumen in einem sehr großen Garten, in dem viele Farben und viele Arten harmonisch zusammen blühen. Jede Blüte erlebt sich selbst erst richtig durch die Manifestation einer anderen. Die niedrige schaut auf zu der hohen, die hohe schaut herab zu der niedrigen. Die manigfaltigen Farben sind ein Entzücken für alle. Voll Eifer verfolgen sie untereinander die verschiedenen Arten des Wachstums, und jede möchte immer noch vollkommener werden. Sie beobachten, wie die Schönheit, die im Innern schlafend liegt, sich entfaltet, sei es in einem Tag oder auch erst in einem Jahrhundert; ihre Bestimmung tritt schrittweise in Erscheinung, in Farbe und Duft ein Entzücken für alle anderen. Jede Lebensform verschönt sich selbst, indem sie den anderen Dienste erweist, und ihrerseits von allen anderen solche empfängt. Alle in jenem großen Garten der Schönheit sind Geber und zugleich Empfänger, Gefäße, durch welche eine Melodie schwingt, die vom Allerhöchsten kommt.

So dienen einige am Fuße des Thrones, andere oben am Thron und alle ringsherum. Alle mischen sich untereinander und sind nur voll Freude, weil sie dienen dürfen.

In derselben Weise hätte auch jene Ausdrucksform, die ihr als ‚Mensch' kennt, zu leben lernen sollen, als er im Anfang auf eure Erde kam, um dort zu wohnen. Aber bei dieser Aufgabe hat er versagt. Hätte er das nicht getan, so wäre eure Erde ein Garten der Freude gewesen — der Garten des Immerdienenwollens. Aber der Mensch hat in seinem Mangel an Verständnis die Harmonie seines Erdendaseins zerstört. Er lebt mit seinem Nachbarn in Feindschaft, und sein Geist ist zerrissen und verwirrt. Frieden hat er nie gekannt; wahre Schönheit hat er nicht gesehen. Wenn er auch noch so stolz auf seine materiellen Errungenschaften ist, so lebt er doch nur als verlorene Seele.

Und wer ist dieser Mensch, der in solcher Finsternis lebt? Er ist der Sterbliche, der versäumt hat, dem Einen Unsterblichen zu dienen! Er ist es, der vom ‚rechten Wege' spricht, ihn aber nicht gehen will; er ist es, der alle Dinge jenseits des Verstandes durch seinen gefesselten Verstand fürchtet; er ist es, der den Hunger seines Geistes abgeleugnet hat.

Und diese Angst, zu der der Mensch buchstäblich selbst geworden ist, macht ihn untauglich für alles Leben und gegen alle Dinge. Wenn diese Angst aus ihrem eigenen Schatten heraustreten würde, so würde sie gleich aufhören zu sein. Sie allein hält den Menschen als ihren Gefangenen fest bis zu seinem Tode.

In der Tat, trostlos und verlassen lebt der Mensch heute auf der Erde unter der Furcht und Drohung dessen, was er Tod nennt — dem Ende seines sterblichen Lebens —, allein in der Wildnis seiner eigenen geistigen Blindheit. Und dabei hat der Mensch diese trostlose Verlassenheit, die er so bitter beklagt, selbst herbeigeführt einzig dadurch, daß er die Dienste nicht leistet, wie sie so selbstverständlich von den bescheideneren Formen geleistet werden, die ihn umgeben. Statt dessen zerstört der Mensch immer weiter andere Lebensmanifestationen, die er überleben möchte. Er hat versäumt, die Reichtümer zu erkennen, die gerade diese anderen ihm schenken könnten, wenn er sie nur ihren Zweck erfüllen ließe, für den sie geschaffen wurden. Ach, des Menschen Tun auf Erden ist wahrlich unfruchtbar! Die Saat, die er mit seinem kleinen Verstande sät, bringt bittere Frucht. Immer noch bleibt er gefesselt an seine Unwissenheit, er wiederholt seine Fehler jahrhundertelang und hofft immer noch, das zu finden, wonach sein Herz sich sehnt und wonach seine Seele schreit.

Er fürchtet sich, sich abzuwenden, denn er hat Angst, daß ein anderer ihm den Platz fortnimmt, auf dem er steht — seine irdische Grundlage, die er für sich gebaut hat —, und daß er dann nichts mehr hat. So behütet er das, was gar nicht ewig ist, sondern sich zur Zeit in einem Prozeß der Veränderung und des Verfalls befindet; seine Augen sind blind für das, was geschieht. Eingekerkert hat er das Licht in seinem Innern, das ihn auf den Weg der ‚Ewigen Einheit' hätte führen können, ein Glück, daß allen anderen, die diesen Weg gegangen sind, zuteil geworden ist. Sie sind die Dienenden, die Söhne und Töchter des Einen Vaters in allen Welten. Dieser Vater, der Schöpfer jenes schönen Gartens mit den vielen Formen, den vielen Farben in allen Schattierungen, den vielen Höhen und den vielen Tiefen — den vielen Wonnen, die da bei Tag und

Nacht den einzigen Gesang der himmlischen Harmonie zum Ausdruck bringen, in den alle einstimmen können."

Während er sprach, sah ich die Bilder seiner Worte lebhaft vor mir, und wieder wurde mein Verständnis für die traurigen menschlichen Verhältnisse auf Erden größer. Als er aufhörte zu sprechen, rührte sich niemand. Auch ich wollte das Schweigen nicht brechen.

Als die Bilder aufhörten, durch meine Seele zu ziehen, erhob sich der Meister von seinem Platz gegenüber und kam um den Tisch herum zu mir. Alle standen auf und blieben schweigend stehen.

Der große Meister berührte leicht meine Hand, und mein ganzes Wesen jubelte in demütiger Dankbarkeit für alles, was er mir gegeben hatte. Wie gern wäre ich für immer bei ihm geblieben! Aber ich wußte ja aus früherer Erfahrung, daß das nicht sein konnte.

„Mein Sohn," sagte er, „laß dich nicht entmutigen, wenn du auf Spott und Unglauben auf eurer Erde stößt! Mit Hilfe der Erkenntnisse, die wir dir gegeben haben, wirst du wissen, warum das nicht anders sein kann. Erzähle deinen Brüdern und Schwestern, was du gelernt hast! Es werden viele da sein mit offenen Herzen und Sinnen, und ihre Zahl wird wachsen.

Das Scout wartet schon und unsere Brüder werden dich zur Erde zurückbegleiten. Nun, wo wir auf diese Weise beieinander gewesen sind, kannst du viel leichter jederzeit geistigen Kontakt mit uns bekommen. Denke stets daran, daß Entfernung kein Hindernis ist!"

Seine Worte erfüllten mich mit einer Zufriedenheit, die keine Leere in mir aufkommen ließ. Er sagte mir Lebewohl, wandte sich um und verließ den Raum. Sofort winkten Firkon und Zuhl mir. Ich verabschiedete mich von meinen neuen Freunden, lautlos öffnete sich die Tür des Salons für uns, wir schritten über die Plattform des Fahrstuhls und stiegen in das wartende Fahrzeug.

Langsam fuhren wir hinab, indem wir auf den Schienen hinunterglitten, fort aus diesem gigantischen fliegenden Laboratorium. Während wir erdwärts fuhren, schaute ich zurück auf das große Schiff, das da im Raum auf die Rückkehr des kleinen wartete. Wie groß mochte es wohl wirklich sein?

Obgleich mein Gedanke unausgesprochen blieb, erwiderte Zuhl: „Du kannst schätzen, daß es nach euren Maßstäben ungefähr 91,50 Meter im Durchmesser hat und etwa 1067,50 Meter lang ist. Das sind keine ganz genauen Zahlen, aber so ungefähr stimmen sie."

Unsere Fahrt schien nur Sekunden zu dauern. Schon öffnete sich die Tür des Scout, und wir waren wieder auf der Erde. Ich verabschiedete mich im Fahrzeug, denn der Pilot kam nicht mit heraus.

Der Marsmann und ich gingen zu dem Ort, an dem wir vor einigen Stunden den Wagen verlassen hatten, und machten uns auf den Weg zum Hotel. Ich schaute zurück nach dem Scout und sah, wie es schnell meinen Blicken in die Atmosphäre entschwand.

Auf der Rückfahrt zum Hotel waren wir, wie bei den früheren Gelegenheiten, schweigsam. Ich hatte viel zu überdenken und keine Lust zum Reden. Wohl erinnere ich mich daran, daß die Luft am frühen Morgen ziemlich frisch war, und daß die ersten Sonnenstrahlen gerade durchbrachen. Ich war so versunken in die Erinnerung an die Worte des Meisters, daß ich auf die Landschaft, durch die wir fuhren, gar nicht achtete.

Als der Wagen vor dem Hotel hielt, berührte Firkon

meine Hand in der üblichen Weise und sagte: „Wir werden uns bald wiedersehen!"

Ich wußte, daß das wahr werden würde und war, obgleich körperlich wieder auf der Erde, in meinem Bewußtsein sowohl auf der Erde wie zugleich bei meinen Freunden aus anderen Welten, die jetzt durch den Raum reisten. Es war wundervoll, zu wissen, daß wir nicht getrennt waren, und daß wir niemals getrennt werden konnten. In dieser Nacht war eine Erkenntnis, die während meiner bisherigen Lebensreise schlummernd in mir gelegen hatte, plötzlich erwacht und erblüht, gerade wie die Blumen in jenem Garten, den der Weise mir beschrieben hatte. Die Freude in meinem Herzen über dieses Wissen, daß es weder Abschied noch Trennung gibt, war allumfassend wie die Melodie der Unendlichkeit. Und ich hoffte und betete, daß mir ein Weg offenbart würde, wie ich dieses Wissen mit anderen Menschen auf Erden teilen könnte.

Ich kehrte in mein Hotelzimmer zurück, aber nicht, um zu schlafen. Meine Erlebnisse dieser Nacht hatten mich so gestärkt und belebt, daß ich mich wie ein neuer Mensch fühlte; mein Geist war wach und munter, und die Gedanken waren lebendiger und schneller als je zuvor. Mein Herz sang vor Freude, und mein Körper war erfrischt wie nach einer langen Ruhe. An diesem Tage gab es noch viel zu tun, und morgen mußte ich nach Hause ins Gebirge zurückfahren. Aber von nun an wollte ich mit allen meinen Kräften jeden Augenblick meines Lebens, so wie es kommen würde in all seiner Fülle, dem Einen Allerhöchsten dienen, wie es der Mensch tun soll, und wozu er geschaffen wurde.

XI.

Unterhaltung im Kaffeehaus

Um den 1. September 1953 herum begann ich zu fühlen, daß ich unsere Freunde aus dem Weltraum bald wiedersehen würde. Den Sommer über hatte ich oft ihre Schiffe beobachtet, wie sie durch unsere Atmosphäre fuhren; aber die Notwendigkeit eines persönlichen Treffens hatte sich wohl nicht ergeben.

Mit jedem vergehenden Tage verspürte ich einen stärkeren Drang, wieder in die Stadt zurückzukehren. Am 8. September lud mich eine Bekannte, die einige Zeit bei uns in Palomar Gardens verbracht hatte, ein, mit ihr nach Los Angeles zu fahren. Ich nahm die Einladung an, und gegen vier Uhr nachmittags waren wir in der Stadt. Im gewohnten Hotel stieg ich ab, folgte dem Boy zu meinem Zimmer, machte mich ein bißchen frisch und kehrte dann in die Halle zurück.

Zu meiner freudigen Überraschung warteten dort, freundlich lächelnd, Firkon und Ramu!

Nachdem wir uns begrüßt hatten, fragte ich mich, ob sie es sehr eilig hätten. Als ob Ramu meine Gedanken erkannte, erklärte er: „Durchaus nicht. Wir sind hier, um dir einige Fragen, die du im Sinne hast, zu beantworten."

Lächelnd fügte er hinzu: „Nach bestem Wissen und Können!"

Ich schlug vor, in das kleine Restaurant zu gehen, wo wir ungestört essen und uns unterhalten könnten. Unterwegs meinte ich: „Ich nehme an, ihr wißt genau, was mich hauptsächlich bewegt."

Firkon antwortete lächelnd: „Vielleicht möchtest du wissen, ob dir die Antworten auf jene Fragen, die du diesen Sommer mental in den Raum geschickt hast, wirklich ohne Benutzung eines Instrumentes gesandt wurden."

„Genau das!" rief ich mit einem Seufzer der Erleichterung.

Zu dieser frühen Stunde war das Restaurant noch fast leer. Wir setzten uns hinten in eine Nische und bestellten Kaffee und Butterbrote. Der Kellnerin erklärte ich, wir seien weniger des Essens wegen hereingekommen, als um einen bequemen Platz zu haben, wo wir eine kleine geschäftliche Angelegenheit besprechen könnten. Wir sollten uns nur wie zu Hause fühlen, meinte sie herzlich, bediente uns schnell und verließ uns dann, um ihr Gespräch mit dem Kassierer wieder aufzunehmen.

„Wie war das mit dem Scoutmaster in Florida," fragte ich, „und den Berichten, daß eine Art Flamme von der Untertasse auf ihn gerichtet worden wäre?"

„Niemals!" antwortete Firkon nachdrücklich. „So etwas tun wir nicht! In Wirklichkeit ereignete sich folgendes: Der Mann war erschrocken. Er wollte das aber nicht durch Flucht zu erkennen geben. Deshalb begann er mit seinem Machete (Buschmesser) auf das Flugzeug loszuhacken, kaum wissend, was er tat. Jedenfalls kam er zu dicht an die Kraft heran, die das Scout antreibt, und verbrannte sich.

Um es klarer zu machen," fuhr er fort, „du weißt doch, daß ein Strick kein Feuer in sich hat, jedoch ein Brennen verursacht, wenn er zu schnell durch die Hände gezogen wird. In ungefähr derselben Weise lief die Kraft, die aus dem Scout strömte, äußerst schnell über den Körper des Mannes und verursachte an dem Körper, der Widerstand leistete, eine Verbrennung.

Du hast eine ähnliche Erfahrung gemacht," erinnerte mich Ramu, „bei deiner ersten Begegnung mit Orthon, als dein Arm von der Kraft, die unter dem Scout pulsierte, erfaßt wurde. Du hast keine wirkliche Verbrennung erlitten, aber das wäre geschehen, wenn du dein Gleichgewicht verloren hättest und unter die Flansche gefallen wärest. Orthon rettete dich, indem er dich zurückriß."

Ich fragte dann, wieviel Wahres an dem Brush-Creek-Bericht sei.

„Jene Sichtungen fanden tatsächlich statt," erwiderte Firkon, „wenn auch das Schiff und die Menschen nicht zu unserer Gruppe gehören. Es hat viele ähnliche Sichtungen und persönliche Begegnungen mit dem einen oder anderen Individuum gegeben außer deinen Begegnungen; einige vor, andere nach deinem ersten Treffen; sie haben sich in fast jeder Nation in der Welt ereignet. Jedoch dein Erlebnis war das erste, das in einer Weise berichtet wurde, daß es sehr viele Menschen erfuhren. Obgleich solche Begegnungen seit Jahren stattgefunden haben und darüber Berichte, die allerdings nie veröffentlicht worden sind, angefertigt wurden, wagen nur wenige Menschen, ihre Erlebnisse zu erzählen; ihre Mitmenschen glauben es ihnen ja doch nicht."

Er fügte ganz schlicht hinzu: „Wir mögen diese Heimlichkeiten gar nicht, mit der wir solche Begegnungen

12

machen müssen. Viel lieber möchten wir willkommen geheißen werden und eure Völker so besuchen, wie wir die Völker anderer Welten besuchen. Aber solange unsere Besuche nicht verstanden werden und deshalb für uns und unsere Schiffe mit Gefahr verbunden sind, müssen wir weiter so vorsichtig sein wie bisher."

Dann bat ich um Auskunft darüber, was sich tatsächlich ereignet hatte, als Captain Mantell zu Tode kam.

Ramu erklärte, und die Aufrichtigkeit seiner Gefühle sah man deutlich: „Das war ein Unglücksfall, den wir tief bedauerten. Das Schiff, das er verfolgte, war sehr groß. Mannschaftsmitglieder hatten bemerkt, daß Captain Mantell auf sie zufuhr, und wußten, daß seine Absichten ehrlich, nicht feindlich waren. Sie verlangsamten die Geschwindigkeit ihres Fahrzeuges und versuchten, durch seine Instrumente Kontakt mit ihm aufzunehmen. Über die Kraft, die von ihrem Schiff ausstrahlte, waren sie sich klar, und dachten, dadurch würde er verhindert, allzu nahe heranzukommen, ohne Schaden zu erleiden. Aber als er näher kam, durchschnitt ein Flügel seines Flugzeuges diese Kraft. Dadurch entstand ein Sog, der das ganze Flugzeug heranzog und eine sofortige Auflösung desselben und auch des Körpers zur Folge hatte.

Diese Auflösung," erklärte Ramu weiter, „geschieht durch eine magnetische Strahlung, die die Moleküle, welche die Materie zusammenhalten, voneinander trennt und damit ihre Lage zueinander vollständig ändert. Wenn sein Flugzeug rund gewesen wäre oder Zigarrenform gehabt hätte, wäre das Unglück nicht geschehen. Sein Flugzeug war nicht einheitlich in der Form. Die Flügel ragten zu weit über den Flugkörper hinaus, und ein Flügel war die Ursache des Unglücks. Der Flugzeugrumpf hätte nicht genügend Sog verursacht, um das Flugzeug hineinzuziehen; aber als einmal der Flügel von der Kraft erfaßt war, wurde auch der übrige Teil des Flugzeugs so rasch hereingezogen, daß es in kleine Trümmerstücke zersplittert wurde, die zur Erde fielen, während andere Teile vollständig zu Staub verwandelt wurden.

Wir dagegen," fuhr er fort, „können ruhig an unsere eigenen Schiffe heranfahren. Da würde nichts derartiges passieren; denn wir bauen unsere Schiffe in einer Weise, die sie befähigen, einen Zusammenstoß zu verhindern.

Man hatte nur die Absicht, die Geschwindigkeit des Raumschiffes zu verringern und Kontakt mit ihm aufzunehmen. Wir hatten nicht gedacht, daß sein Flugzeug eine Berührung mit unserer Kraft nicht ohne Schaden ertragen konnte. Ihr werdet noch viele, viele Menschen verlieren, die mit solchen Flugzeugen fahren, besonders mit euren Düsenflugzeugen; sie sind nicht nur gefährdet in dem Wirkungsbereich unserer Kraftstrahlung, sondern sie können auch in natürliche magnetische Kraftströme geraten, die sie aus ihrer Lage bringen und zerstören würden. Aus dem Rumpf eurer Flugzeuge ragen zuviele Teile heraus, denn wenn die Kraft einmal solch einen Teil erfaßt hat, ist das Luftfahrzeug verloren."

Damit waren alle meine Fragen bezüglich der hervorragendsten Kontakte, die mir im letzten Sommer bekannt geworden waren, beantwortet.

„Ihr habt meine Eindrücke in jedem Falle bestätigt," sagte ich zu meinen Begleitern.

„Dann können wir vielleicht versuchen, dir im voraus manche der Fragen, die du später stellen würdest, zu beantworten," schlug Firkon vor. „Wie dir schon gesagt wurde, befinden sich die Planeten und Sonnensysteme in einem Prozeß des Werdens und des Vergehens. Ein Planetensystem ist ungefähr wie jedes andere. Es ist eine gewisse Zeitspanne erforderlich, um den Gipfel der Lebensäußerung zu erreichen; dann beginnt der Prozeß des Abstiegs und der Auflösung. Sogar lange bevor unser Planetensystem im Entstehen war, gab es schon zahllose Planetensysteme, auf denen Wesen, die ihr ‚Menschheit' nennt, lebten.

Damals gab es, wie heutzutage, interplanetarische Reisen innerhalb der Systeme und zwischen den Systemen. Der Hauptzweck solcher Reisen war derselbe, wie unser heutiger — die Vorgänge im Raum in allen ihren Phasen zu erforschen. Wenn nun ein neu entstehender Planet innerhalb eines Planetensystems entdeckt wird, so beobachten ihn die Reisenden vieler Welten und erforschen ihn aus nächster Nähe.

Wenn sich herausstellt, daß ein neuer Planet sich soweit entwickelt hat, daß er von Menschen bewohnt werden kann — und alle Planeten erreichen früher oder später dieses Stadium —, dann machen die Reisenden die Bewohner anderer Welten und der Welten anderer Systeme mit dieser Tatsache bekannt. Es werden Freiwillige gesucht, die gern dort hingehen und die neue Welt entwickeln möchten. Große Schiffe nehmen dann diese Freiwilligen auf und fahren sie, mit aller notwendigen Ausrüstung an Bord, zu dem neuen Planeten. Viele weitere Reisen werden gemacht, um den Pionieren die erforderlichen Geräte und Versorgungsgüter zu bringen. Die Leute werden auch zu Besuchen zu ihren Heimatplaneten zurückgebracht. So werden neue Tätigkeitsbereiche erschlossen, und zu gleicher Zeit wird eine neue Welt mit Menschen besiedelt.

In unserem Sonnensystem war die Erde der Planet, der am langsamsten das Stadium erreicht hat, in dem er die Fähigkeit hatte, menschliches Leben zu tragen. Ihre ersten Bewohner wurden von anderen Planeten hingebracht. Aber bald danach ereignete sich etwas Unerwartetes in der die Erde umgebenden Atmosphäre, und den dorthin übergesiedelten Menschen wurde klar, daß die Lebensbedingungen auf diesem Globus innerhalb weniger Jahrhunderte nicht mehr günstig sein würden. Folglich packten diese ersten Erdbewohner, mit wenigen Ausnahmen, all ihr Hab und Gut in Raumschiffe und verließen die Erde in Richtung anderer Welten. Die wenigen Menschen, die sich zum Bleiben entschlossen hatten, ließen sich gehen und entarteten in der üppigen Schönheit und dem Überfluß dieser neuen Welt; sie suchten nichts anderes mehr. Nach und nach waren sie zufrieden damit, in natürlichen Höhlen zu leben und gingen schließlich in den Annalen der Zeit verloren.

Auf eurer Welt gibt es keine Aufzeichnungen mehr von diesen ersten Bewohnern. Nur eine eurer Rassen bewahrte in ihrer Mythologie die Erinnerung an diese erste Zivilisation auf in dem Gott Triton, der so benannt wurde nach der ersten Menschenrasse Triteria.

Bald nach der Abreise der Weltraumpioniere ereigneten sich viele Naturereignisse und veränderten die Verhältnisse auf der Erdoberfläche. Länder gingen unter in die Tiefe der Gewässer, andere tauchten auf. Danach war die Erde zum zweiten Male zur menschlichen Besiedlung bereit, aber wegen der in der Erdatmosphäre noch vorherrschenden Bedingungen wurden diesmal keine Freiwilligen gesucht. Noch etwas anderes hatten wir beim Beobachten der Entstehung und Entwicklung des Erdplaneten mit

Interesse bemerkt: Es bildete sich nämlich nur e i n Mond als Begleiter. Nach dem Naturgesetz würde das einen unausgeglichenen Zustand ergeben, eine Gleichgewichtsstörung, wenn nicht irgendwann in der Zukunft noch ein Mond entstehen würde als Ergänzung zu dem kleinen Gefährten einer wachsenden Welt."

In diesem Augenblick wurde Ramu unterbrochen, da die Kellnerin herüberkam und unsere Tassen mit heißem Kaffee füllte. Als sie wieder gegangen war, sagte Firkon: „Der Mensch ist wirklich ein seltsames Wesen, ganz gleich, wo man ihn im weiten Universum findet. Obgleich die Menschenrasse als Ganzes gern in Frieden und Harmonie mit aller Kreatur lebt, findet man hier und da einige Menschen, die egoistisch und streitsüchtig sind und gierig darauf erpicht, immer mehr Macht über andere zu bekommen. Das kann sogar auch in unseren Welten geschehen trotz der Lehre, die dem Menschen gebietet, mit den Göttlichen Gesetzen in Einklang zu leben."

„Ja," sagte Ramu, „trotzdem wir das Übel genau kennen, zu dem solches Benehmen führt, dürfen wir — in Übereinstimmung mit den Weltgesetzen — diese Brüder in keiner Weise binden oder zwingen. Deshalb wurde vor vielen Jahrhunderten auf einem Treffen der großen weisen Meister vieler Planeten besprochen, solche Selbstsüchtigen auf neue Planeten zu bringen, die fähig wären, menschliches Leben zu tragen. Stets wurde als Verbannungsort für solche Missetäter der entwicklungsmäßig langsamste Planet vieler Systeme ausgewählt.

Aus den eben erwähnten Gründen wurde also in unserem Sonnensystem die Erde auserwählt als neue Heimat für diese Widerspenstigen von vielen Planeten innerhalb und außerhalb unseres Sonnensystems. Diese

Verbannten waren Störenfriede, wie ihr sie nennt. Wir durften sie weder vernichten noch einsperren, da dies gegen die Weltgesetze ist. Aber da diese Leute alle dieselbe arrogante Natur besaßen und keiner dem anderen nachgeben würde, dachten wir, daß sie schließlich gezwungen sein würden, sich selbst ein harmonisches Zusammenleben zu erarbeiten. Dies sind die wahren Stammväter eurer ursprünglichen ‚zwölf Stämme' auf der Erde.

Und so wurden sie also von vielen Planeten in Schiffen gesammelt und zur Erde transportiert, aber diesmal ohne Ausrüstung oder Geräte irgendwelcher Art, wie wir sie sonst den Freiwilligen mitgeben. Jedoch waren sie alle gut ausgebildet worden auf ihren Heimatplaneten; sie kannten den Boden, die Mineralien, die Atmosphäre und viele andere Dinge, die zur physischen Erhaltung nötig sind. Hier in dieser neuen Welt mußten sie nun ihre Kenntnisse anwenden und nur mit dem beginnen, was die Natur ihnen selbst bot. Dadurch wollten wir sie zum arbeiten zwingen und zur Anwendung ihrer Talente in der Hoffnung, sie wieder zurückzubringen zur Herde all derer, die den Geboten des Schöpfers folgen.

Dies sind eure ‚gefallenen Engel' aus eurer Bibel — nämlich die Menschen, die von einer höheren Wesensstufe herabfielen und die ursprüngliche Saat säten für die Verhältnisse, die ihr jetzt auf der Erde vorfindet.

Nachdem diese Menschen zur Erde herunter gebracht waren, besuchten unsere Leute von vielen Planeten sie eine Zeit lang noch oft, halfen ihnen und führten sie, soweit sie das zuließen. Aber sie waren eine hochmütige und trotzige Gesellschaft und wollten unsere angebotene Hilfe gar nicht. Trotzdem brachten sie es nach anfänglichen Streitigkeiten fertig, eine lange Zeit ganz friedlich miteinander zu leben. Damals war die Erde wirklich ein ,Garten Eden'. Alles war reichlich vorhanden, und die Natur war verschwenderisch mit ihren Gaben an Nahrung und den zum Leben notwendigen Dingen.

In der Freude über diese neue Welt begannen diese Neuankömmlinge miteinander in Frieden und Glück zu leben, und wir auf den anderen Welten waren voller Freude. Dann aber, wie eure Bibel erzählt, aß der Mensch von der Frucht, die am Baum der ,Erkenntnis des Guten und Bösen' wächst, und Spaltungen entstanden, wo vorher Einigkeit geherrscht hatte. Leidenschaft und Habgier nahmen wieder überhand unter den Menschen, und sie wandten sich gegeneinander.

Als sich die Menschen mit der Zeit vermehrten, erhoben sich aus den ursprünglichen Stämmen Männer, die sich selbst erhöhten und zu unterscheiden begannen zwischen den einzelnen Rassen. Jeder beanspruchte die Herrschaft über das ganze Volk und behauptete, er käme von einem Planeten, der weiter fortgeschritten in der Evolution sei als alle anderen; deshalb habe er das Recht zu herrschen.

Wir besuchten diese irrenden Brüder weiter, immer hoffend, daß wir ihnen helfen könnten, zu einem brüderlichen Verhältnis zurückzukommen. Mit der Zeit jedoch wurden diese Herrscher von eigenen Gnaden immer mächtiger und unsere Bemühungen immer erfolgloser. Die Spaltungen gingen weiter und nahmen zu und endeten schließlich in der Gründung von ,Nationen', wie ihr das heute bezeichnet.

Die Errichtung der Nationen trennte einen Bruder noch weiter vom anderen Bruder, und die ganze Menschheit lebte nicht mehr nach dem Göttlichen Gesetz.

Als Folge dieser Spaltungen entstanden verschiedene

Arten von Gottesverehrung. Aber sogar dann noch fuhren wir fort, andere auszusenden in der Hoffnung, unseren Brüdern auf Erden zu helfen. Diese waren die als ‚Messiasse' bekannten Männer, und ihre Aufgabe war, ihren irdischen Brüdern zu helfen, zu ihren ursprünglichen Erkenntnissen zurückzufinden. Jedesmal sammelten sich um diese Weisen einige Jünger; aber immer wurden sie getötet von jenen, denen zu dienen sie gekommen waren.

Du hast gefragt, warum die Erde der niedrigste Planet unseres Systems ist innerhalb eines Universums, dessen Bewohner wir alle sind. Nun habe ich es dir gesagt.

Die Menchen auf allen übrigen Welten, die sich entwickeln konnten, weil Männer und Frauen sich freiwillig zu diesem Dienst hergaben, sind ständig aufwärts gegangen. Sie haben so gelebt, wie der Ewige Schöpfer es von Seinen Kindern erwartete. Indem sie den Willen des Vaters erfüllten, sind sie gewachsen und haben sich ausgebreitet. Und jedesmal, wenn eine Gruppe Freiwilliger ihre Heimat verläßt, um fort in eine neue Welt zu wandern, nachdem die Göttliche Hand diese für die menschliche Besiedlung vorbereitet hat, tritt sie praktisch in eine neue Schule der Lebenserfahrung ein und gewinnt dabei noch größere Erkenntnisse über das gesamte Universum. Auf diese Weise machen sie sich geeignet für den dauernden Fortschritt in immer höhere Zustände der Wesensoffenbarung und des Dienens.

Schwerarbeit, wie ihr sie auf Erden kennt, gibt es bei ihnen nicht; denn sobald die Bewohner irgend eines Planeten gemäß dem Willen ihres Schöpfers wirken, beginnen die Elemente ihnen zu dienen.

Auf der Erde habt ihr das genaue Gegenteil. Denn durch die Selbsterhöhung und die Umkehrung der Naturgesetze wendet der Mensch die Elemente gegen sich selbst. Des Menschen Kampf gegen den Menschen ist das deutlichste Beispiel dafür. Zum Zerstören wendet er die Energien an, die der Schöpfer zu seinem Wohlergehen bestimmt hat.

Und das ist der Hauptunterschied zwischen den Bewohnern der Erde und den Menschen anderer Planeten. Der Erdenmensch hat wiederholt gewisse Höhepunkte erreicht, um dann jedesmal wieder in ein Stadium der Zerstörung zu geraten und durch den Mißbrauch der Elemente alles, was er geschaffen hatte, wieder zu vernichten.

Hier und da erhebt sich in eurer Welt eine Persönlichkeit aus der Masse heraus, da es jedem Menschen selbst überlassen ist, seine Aufwärtsentwicklung zu beschleunigen oder zu verlangsamen. Nur wenn die Erdenmenschen durch ihre eigenen Fehler lernen, daß das, was sie als ihre Stärke ansehen, in Wirklichkeit Schwäche ist, gemessen an der Allgöttlichen Intelligenz, und daß ihre ‚Weisheit' nur Verwirrung und dem Allwissen entgegengesetzt ist, werden sie bereit sein, zur Herde der Gotteskinder zurückzukehren.

Inzwischen halten wir uns immer bereit, Hilferufe der Erdenmenschen zu empfangen. Nur muß unsere Hilfe ehrlich erbeten werden, denn sie sind immer noch unsere Brüder."

„Verliert ihr nie den Mut," fragte ich, „angesichts solch überwältigender Schwierigkeiten?" Diesmal antwortete Firkon: „Wir kennen das nicht, was ihr Mutlosigkeit nennt. Das ist ein negatives Wort. Vor langer Zeit schon erkannten wir die Macht des Glaubens und der Hoffnung und des Nichtaufgebens. Das Ziel, das gestern nicht erreicht wurde, kann morgen gewonnen werden. Das bedeutet nicht, daß wir uns für vollkommen halten. Weit entfernt! Um dieses Ziel zu erreichen, müssen wir noch eine Ewigkeit wandern. Aber auf unseren Welten haben wir keine Krankheit mehr, keine Armut, wie ihr sie kennt, keine Verbrechen wie bei euch. Wir erkennen den Menschen als die höchste Kundgebung des Göttlichen, den Höhepunkt aller geringeren Formen. Sollten wir in böser Absicht eine Form verletzen, so wissen wir, daß wir damit diese Form zwingen, sich von ihrem natürlichen Zweck abzuwenden und uns nun auch zu schaden.

Siehst du, darum hat der Schöpfer es uns überlassen, unsere Probleme selbst zu lösen. Sowie Seine Gesetze mißachtet werden, zeugen sie gegen uns.

Ihr sprecht vom Satan, als ob er eine selbständige Wesenheit sei. Aber die unharmonischen Verhältnisse, die ihr dem Satan zuschreibt, kann man nur selber erzeugen, und zwar allein dadurch, daß man sich gegen das Göttliche Prinzip stellt; und deshalb müßt ihr sie auch selbst wieder in Ordnung bringen. Dann werdet ihr finden, daß der Satan ein Engel des Lichtes wird, wie eure Heilige Schrift es euch sagt. Denn alles Unrecht muß von dem wieder gutgemacht werden, der das Unrecht tut."

Als Firkon eine Pause machte, erschien um Ramus Mund das leichte ernste Lächeln, das so charakteristisch für ihn ist, und er sagte: „Die Sonne regiert nicht die Erde, noch regiert die Erde die Sonne, auch die Sterne regieren einander nicht. Der Vater regiert sie alle. Hier, direkt von der Natur, muß der Mensch zu lernen anfangen!"

Irgendwie erinnerte mich dieses an etwas, über das ich schon oft nachgedacht hatte. „Was Tod und Wiedergeburt anbetrifft, wie wir das verstehen," fragte ich, „könnten wir Erinnerungen von einem Leben mit ins andere hinübernehmen?"

Ramu antwortete: „Das ist möglich, und zwar in verschiedenen Bewußtseinsstufen. Der ewige Mensch vergißt nichts. Aber die Erinnerung an Dinge, die man in einem früheren Körper gelernt hat, manifestiert sich meistens nur als instinktives Wissen oder als eine Neigung zu gewissen aus früheren Leben vertrauten Dingen. Mit seinem bewußten Verstand versteht der Mensch kaum, warum das so ist. Wenn sich solche Fähigkeiten in einem gewissen Grade manifestieren, so nennt ihr sie Talente oder Begabungen. Wenn sie sich in besonderem Maße und ganz besonders in der Kindheit zeigen, nennt ihr solche Wesen Wunderkinder.

Euer Planet schwingt in einer, wie ihr sagen könntet, niedrigen Frequenz. Als Folge davon sind Wachstum und Entwicklung der Lebensformen, besonders der menschlichen Form, langsam und erfordern viel Zeit von der Geburt bis zur Reife. Wenn auf der Erde Menschen geboren werden, so bleiben sie viel länger in einem hilflosen, kindlichen Zustand als auf anderen Planeten. Wenn sie dann Männer und Frauen geworden sind, liegen die Erinnerungen, die sie bei der Geburt mitbrachten, bereits alle unter einem Wust von falschen Auffassungen begraben, mit denen sie in jenen ersten Lebensjahren beschwert wurden.

Unabhängig vom Naturgesetz sind die Verstandeskräfte des Menschen recht beschränkt. Der neue Ankömmling wird vollgestopft mit den Überlieferungen und Sitten aus den vergangenen Jahrhunderten, und die wirkliche Erinnerung an frühere Erfahrungen wird verdrängt. Manchmal taucht eine echte Erinnerung durch einen plötzlich geöffneten Kanal aus dem Unterbewußtsein, wie ihr das nennt, auf ins Bewußtsein. Das kann verursacht werden durch die erstmalige Begegnung mit einer Person, die euch bekannt vorkommt, oder durch den Anblick einer Gegend, die ihr in diesem Leben noch nicht besucht habt, zu denen ihr aber authentische Beziehungen und Erinnerungen zu haben scheint.

Dergleichen Erlebnisse kommen den meisten Erdenmenschen geheimnisvoll vor. Jedoch gerade solche Erinnerungen sind meistens wahre Erinnerungen und ganz leicht zu erklären.

Auf anderen Planeten belasten wir unser neugeborenes Kind nicht derartig. Im Gegenteil, es wird alles getan, um es frei zu erhalten. Wir wissen ja, daß jedes menschliche Wesen etwas anders ist als jedes andere, und daß der individuelle Erfahrungshintergrund die Grundlage bildet für die Erfüllung gerade seines besonderen Schicksals.

Die Schwingungsfrequenz eines Planeten kann nur durch die Menschen, die darauf wohnen, geschaffen werden. Entsprechend der höheren Frequenz unserer Planeten sind die bei uns Geborenen nicht den langsamen Entwicklungsperioden von der Kindheit bis zur Reife unterworfen wie bei euch. Bei uns dauert eine durchschnittliche Entwicklungsperiode von der Geburt bis zum Jünglingsalter zwei Jahre, verglichen mit euren achtzehn und mehr Jahren.

Ihr auf der Erde gebraucht den Ausdruck ‚das Gesetz der Seelenwanderung' in einem falsch verstandenen Sinne. In Wirklichkeit bedeutet es, daß, wenn ein Individuum sich über die Unwissenheit seiner Brüder zu einem höheren Lebensverständnis erhoben hat, eine Wiedergeburt auf einem anderen Planeten zugelassen wird. Dorthin wird er dann mit einer lebhaften Erinnerung an seine Erfahrungen auf der Erde kommen. Vorherrschend werden dabei seine Begriffe von den Grundgesetzen sein, die alles Leben regieren. Erinnerungen an seine täglichen Gewohnheiten, seine Beziehung zu seiner Familie und Verwandtschaft werden wohl auch noch klar, aber von sekundärer Bedeutung sein. Er wird erkennen, daß es keine fehlenden Bindeglieder zwischen den beiden Lebensstadien gibt, sondern eine fortlaufende Entwicklung, unbeeinflußt von dem Wirrwarr der vielen Bezeichnungen und Einteilungen, die ihn auf Erden so verwirrt haben.

Während das Aufsteigen von der Kindheit bis zur Reife eine so lange Zeit auf eurer Erde erfordert, kommen andererseits Alter und Verfall rasch. Das liegt an den alten Überlieferungen und Sitten, die fortlaufend in jedem Einzelwesen in Erscheinung treten. Echtes Wissen, ganz gleich, wie lange vorher es erworben wurde, ist leicht zu tragen. Aber die Bürden und Leiden der Menschheit, die immer und immer wiederholt und jahrhundertelang ins Gedächtnis zurückgerufen werden, haben für den menschlichen Geist ein unerträgliches Gewicht.

Wie du gesehen hast, werden wir nicht alt, weder äußerlich noch seelisch. Das kommt daher, weil wir in jeden neuen Tag hinein den Segen wohlgelernter Lektionen mit uns nehmen und alles von uns werfen, was sich als unfruchtbar erwiesen hat. Wir lassen das immer wieder Neue und noch nicht Erlebte durch uns zum Ausdruck kommen. Das erhält uns jung.

Wenn ein Bildhauer den Ton in die Hand nimmt, um eine Gestalt zu formen, so wird diese Gestalt nach der Idee geformt, die der Bildhauer besitzt. Genau so ist es beim menschlichen Körper. Der Mensch ist sein eigener

Bildhauer. Das Material hat er von seinem Schöpfer bekommen; er formt daraus seinen Körper nach dem Begriff, den er innerhalb des Universums von sich selbst hat. Je nachdem trägt sein Gesicht dann schöne oder häßliche Züge.

In eurer Welt stellt ihr euch die Gottheit als alt und doch ewig vor. Das ist aber ein großer Widerspruch! Denn Ewigkeit kennt kein Alter.

Eure Ozeane überdauern die Zeiten, weil sie ständig in Bewegung sind in ihren Tiefen und auch auf der Oberfläche. Aber ein Teich, in welchem die Aktivität aufhört, beginnt zu altern durch eine Menge fremder Stoffe, die seine einst so klaren Wasser trüben. Dann ist das eingetreten, was ihr Stagnation oder Stillstand nennt.

Krankheit und Verfall des menschlichen Körpers entstehen durch ganz ähnliche Vorgänge. Weil ihr nicht gelernt habt, nach den Naturgesetzen zu leben, setzt eure eigene Stagnation ein. Gelegentlich aber kann sogar in eurer Welt ein Individuum ein nach euren Begriffen hohes Lebensalter erreichen und dabei noch jung wirken. Das liegt an der Fähigkeit, die geistige Aktivität, Interessen und Begeisterungsfähigkeit in überdurchschnittlichem Maße zu bewahren."

Mir fielen ein paar solcher Leute ein, und ich nickte zustimmend. „Ihr seid uns wahrlich weit voraus," sagte ich. „Geht das schon so weit, daß ihr gar keine Fehler mehr macht?"

Da mußte Firkon lächeln. „Davon sind wir noch weit entfernt! Aber, wenn wir Fehler machen, so verbergen wir sie nicht, versuchen auch nicht, uns zu rechtfertigen; sondern die Fehler dienen uns als Lehre für unser zukünftiges Verhalten. Außerdem, wenn irgendein neues physisches oder geistiges Gebiet erforscht wird, so rechnen wir mit Irrtümern und halten Fehler für unvermeidbar. Bei euch ist ein Fehlschlag ja eine Schande und setzt die betreffende Person oder ganze Gruppen oft dem Spott und der Kritik anderer Menschen aus. Das ist ein Hauptgrund, weshalb die Erdenmenschen an ausgetretene Pfade gebunden sind, anstatt daß sie den Mut aufbrächten und ihren Mitmenschen genug Toleranz zeigten, um neue Wege zu erproben. Auf unseren Welten wird kein Mensch, der ehrlich Neues erforscht, als Versager angesehen, ganz gleich, was sich daraus ergibt. Dieser Mann hat doch etwas dabei gelernt! Gerade durch seinen mißlungenen Versuch kann er seinen Mitmenschen einen großen Dienst erweisen. Mut und Unternehmungsgeist haben ihn bewogen, einen neuen Weg zu erproben, der, wenn er sich als falsch erwies, nun von anderen nicht mehr zu betreten werden braucht. Er allein hat dabei freiwillig gelitten und wir, seine Brüder, loben ihn dafür."

Als Firkon aufhörte zu sprechen und Ramu anblickte, wußte ich, daß dieses fruchtbare Gespräch zu Ende war. Es brauchte nichts mehr gesagt zu werden als wir uns aus der Nische erhoben, unsere Rechnung bezahlten und wieder auf die Straße traten.

Dieses Mal begleiteten Firkon und Ramu mich nicht zum Hotel zurück. „Ich bin euch sehr dankbar," sagte ich, als wir uns voneinander verabschiedeten, aber meine Worte klangen in meinen eigenen Ohren reichlich unzulänglich.

Ich blieb noch einen Augenblick stehen und schaute den beiden nach, dann wandte ich mich um und schritt in entgegengesetzter Richtung meinem Hotel zu.

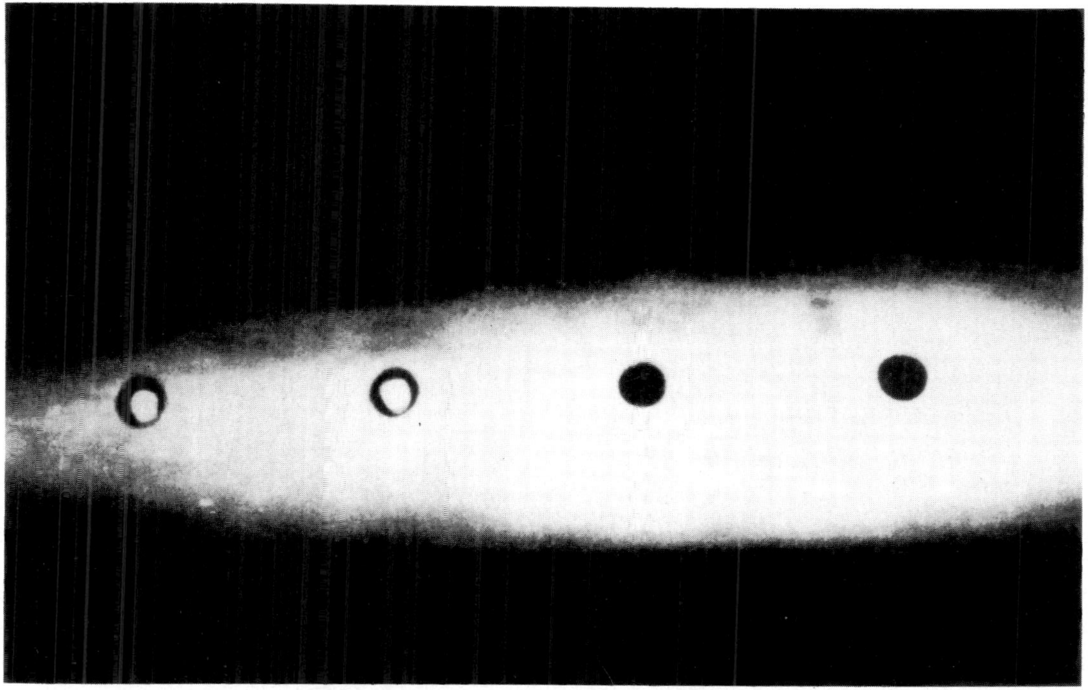

Bild 13: Die Luken eines kleinen Mutterschiffes. An der ersten Luke steht ein Venusier, Adamski an der anderen auf dieser zweiten von vier Aufnahmen.

Bild 14: Ein Weltraumschiff in Form eines Unterseebootes. Es ist besonders dafür eingerichtet, in die Meere unterzutauchen wie durch den Weltraum zu fahren. George Adamski hat es am 9. März 1951 um 9.00 Uhr durch sein ca. 15 cm Teleskop in Palomar Gardens/Kalifornien fotografiert.

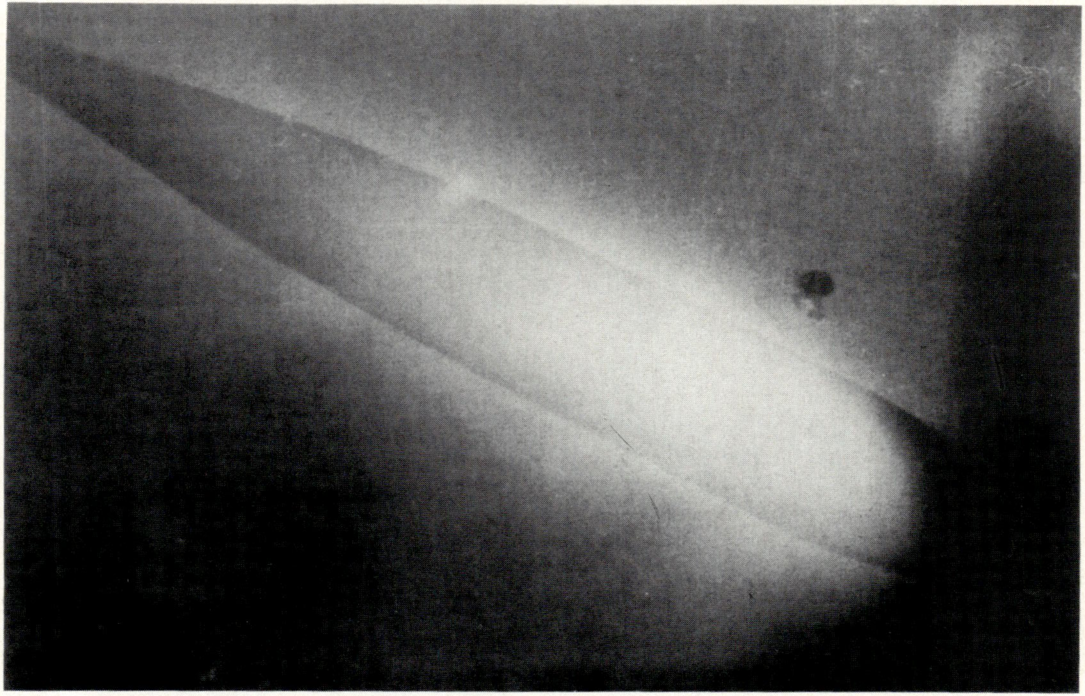

Bild 15: George Adamski mit seiner Film-Kamera. Diese Aufnahme wurde kürzlich vor seinem Heim - im Hintergrund sein Büro - auf den Hängen des Mount Palomar gemacht.

Bild 16: George Adamski mit seinem 15 cm Teleskop. Die Kamera, mit der die Raumfahrzeuge aufgenommen wurden, wird auf das Okular aufgesetzt, durch das George Adamski gerade schaut.

XII.

Wieder der große Meister

Nicht lange nach unserer Unterhaltung in dem Café befand ich mich, einem „Rufe" folgend, wieder unterwegs nach Los Angeles. Während der ganzen Fahrt bis zur Stadt war ich von einer freudigen Erwartung erfüllt, wie ich sie so oft als Kind kurz vor dem Weihnachtsfest erlebt hatte.

Die gedanklichen Mitteilungen meiner Freunde von anderen Welten wurden mit der Zeit immer deutlicher. So wußte ich zum Beispiel jetzt, daß die nächste Begegnung nicht in einem Restaurant auf der Erde stattfinden würde, sondern daß sie mich wieder hinauf in eines ihrer Schiffe bringen würden.

In dieser glücklichen Stimmung erschien mir die vertraute Schönheit der Berglandschaft, durch die wir während des ersten Teiles der Reise fuhren, zu noch größerer Majestät gesteigert. Und die Täler mit ihrer natürlichen goldgelben Oberfläche oder mit einem leuchtenden Grün dort, wo sie kultiviert waren, erfüllten mich mit Liebe für diese unsere Erde. Wahrlich, wenn die Menschheit nur lernen könnte, sie mit neuen Augen anzuschauen, dann wäre kein Platz für Bitterkeit und Streit.

Die Zeit verging schneller als sonst auf dieser Fahrt. Ich stieg im Hotel ab, ging kurz auf mein Zimmer und kehrte dann in die Halle zurück.

Obgleich es nach der Uhr über dem Pult erst kurz nach fünf Uhr nachmittags war und ich wirklich noch keinen Hunger verspürte, fühlte ich mich stark „bewogen", in dem kleinen Restaurant schnell etwas zu essen, um danach ins Hotel zurückzukehren und auf meine Freunde zu warten. Das tat ich dann auch, und als ich kurz vor sechs Uhr gerade das Hotel wieder betreten wollte, kam Ramu auf mich zu. Voll Freude begrüßte ich ihn und fragte, ob ich ihn hatte warten lassen. „Durchaus nicht," sagte er, „ich wußte ja, wann ich dich erwarten konnte."

Der Pontiac stand neben dem Bordstein um die Ecke herum. Beim Einsteigen fragte ich nach Firkon.

„Er kann diesmal leider nicht mitkommen," sagte Ramu, „er trug mir auf, dir zu bestellen, daß er bedauere, dich nicht sehen zu können."

Das Glücksgefühl und die frohe Erwartung dauerten an während der ganzen langen Fahrt aus Los Angeles heraus und auch noch weiter. Gelegentlich wechselten wir ein paar Worte, aber die meiste Zeit über unterhielten wir uns kaum. Schließlich bogen wir ab von der Hauptstraße und fuhren etwa eine halbe Stunde lang über eine schmale holprige Landstraße. In der Dunkelheit suchte ich nach dem ersten Schimmer des Scout. Endlich sah ich in der Ferne ein schwaches Glühen. Als die Umrisse deutlicher zu sehen waren, erkannte ich an der Größe, daß es ein Scout vom Saturn oder ein ähnliches Schiff sein mußte.

Es war vom Saturn und Zuhl stand da, uns zu begrüßen.

Die Fahrt zu dem schwebenden Mutterschiff war schnell vorbei. „Ist das . . .?" begann ich, und Zuhl lächelte und nickte: „Das Mutterschiff, auf dem du neulich warst? — Ja!"

Die Landung auf dem Mutterschiff geschah in genau derselben Weise wie beim vorigen Besuch. Als Zuhl mich in Richtung der großen Lounge führte, blieb er einen Augenblick stehen und sagte: „Es war der Meister selbst, der gebeten hat, dich heute Nacht hierher zu bringen. Dieser Besuch hat ganz und gar den Zweck, daß er mit dir sprechen kann."

Als ich dies hörte, stieg meine Freude noch höher, wenn dies überhaupt möglich war.

Beim Betreten des Raumes wurde ich von neuem von dessen Schönheit ergriffen und von der Harmonie, die ihn erfüllte. Alle, die ich das vorige Mal dort angetroffen hatte, waren wieder anwesend. Kein Fremder war da, außer zwei schönen Frauen, die einander so ähnlich sahen, daß sie Zwillinge hätten sein können. Bevor wir einander vorgestellt wurden, vermutete ich schon, daß es Saturnfrauen seien. Auf den rechten Ärmeln ihrer Blusen, nahe an der Schulter, waren nämlich dieselben Abzeichen, die ich beim letzten Besuch auf den Hemden der Saturnmänner gesehen hatte.

Nachdem meine Freunde mich willkommen geheißen hatten, begrüßte ich die beiden schönen Fremden. Sie sahen etwas anders aus und trugen etwas andere Kleider als die übrigen Frauen. Da sie dicht neben mir stehen blieben, fand ich Gelegenheit, sie genau zu betrachten. Beide Frauen hatten ganz dunkelbraunes Haar und ebensolche Augen und dichte gebogene Wimpern. Ihre Gesichtsfarbe war fast erschreckend weiß mit zartrosa Wangen; ihre Lippen waren voll und rot. Beide schienen ein lebhafteres Wesen als die anderen Frauen zu haben.

Ich glaube jedoch, daß das nichts mit der Tatsache zu tun hatte, daß sie vom Saturn waren. Es schien mir eher ein charakteristisches Zeichen ihrer Persönlichkeiten zu sein.

Sie trugen lichtblaue Blusen mit langen weiten Ärmeln, die an den Handgelenken zusammengezogen waren. Diese Blusen sahen eher wie kurze Jacken aus und endeten am Halse in einem engen Rollkragen. Die Röcke waren von derselben Farbe und aus dem gleichen Material. Das letztere schien sehr leicht und ganz anders gewebt zu sein, als ich es je gesehen hatte. Die weiten Röcke hatten breite Gürtel und reichten bis zu den Knöcheln wie bei den anderen Frauen. An ihren kleinen Füßen trugen sie rehbraune Sandalen.

Den Meister sah ich noch nicht. Da aber alle stehen blieben, wartete man wohl auf sein Erscheinen.

„Eure Luftwaffe ist heute Nacht ganz besonders stark in Tätigkeit," erzählte mir Ramu, „deshalb steigt das Schiff jetzt. Wahrscheinlich bleiben wir ungefähr 27 450 Meter über der Erde stehen."

Es ist wohl unnötig, zu erwähnen, daß ich nicht die geringste Bewegung gespürt hatte noch jetzt spürte.

In diesem Augenblick trat der Meister ein und alle wandten sich ihm zu.

Als seine Augen die meinen trafen, lächelte er. Dann schritt er zu einem Tisch mit niedrigen Armsesseln, die mit einem ganz reizenden, wie matte Seide schimmernden Stoff überzogen waren.

Ramu führte mich hinüber, und der Meister bat mich mit einer Handbewegung, zu seiner Rechten Platz zu nehmen. Eine der Saturnfrauen saß an meiner anderen Seite. Während sich die Anwesenden in ihre Sessel setzten, ergriff ich die Gelegenheit, meine Nachbarin zu fragen, ob sie mir die Bedeutung des Abzeichens erklären könne. Zuvorkommend drehte sie sich so herum, daß ich das Zeichen auf ihrer Schulter gut betrachten konnte, und sagte: „Es bedeutet, daß der Saturn der Richterstuhl (Tribunal) dieses Systems ist.“ Obgleich ich nicht genau wußte, was sie mit „Tribunal“ meinte, erklärte sie es nicht weiter.

Das Zeichen bestand aus einer kreisrunden Scheibe, die von einem Ring umgeben war, etwa so, wie der Saturn mit seinen Ringen durch unsere Teleskope aussieht, und inmitten der Scheibe war eine sich im Gleichgewicht befindliche Waage.

Dankend lehnte ich mich in meinen Sessel zurück und konnte es kaum glauben, daß es so etwas Bequemes geben könnte. Nicht einmal unsere Luftkissen geben so nach und stützen doch den Körper so wie dieser Sessel.

Der Meister begann zu sprechen: „Mein Sohn, wenn ich dir heute Abend manches sage, was du schon hörtest, so geschieht das, weil die Dinge, von denen ich sprechen werde, so äußerst wichtig sind für dein Verständnis, und weil vielleicht eine weitere Erklärung dir helfen wird, alles besser zu behalten.“

Ich freute mich, daß er das sagte, da ich trotz der telepathischen Hilfe, die man mir versprochen hatte, ernstlich befürchtete, mich nachher nicht mehr an alles zu erinnern.

„Die Erdenmenschen sind einer wachsenden Täuschung zum Opfer gefallen,“ sagte der Meister, „durch die dauernde Gewohnheit, das in viele Teile zu teilen, was niemals geteilt werden sollte. Ihr habt die mannigfaltigsten Einteilungen in bezug auf Formen und Lehren, viele feststehende Neigungen und Abneigungen; das dient alles nur dazu, die verworrenen Zustände auf eurem Planeten noch zu vergrößern.

Wir von anderen Welten kennen die Beziehungen aller Dinge untereinander und ihre Abhängigkeit voneinander und machen solche Trennungsunterschiede nicht. Ich weiß, daß du die Kraft und die Ausstrahlung unserer Darstellung der Gottheit an der Wand vor dir tief empfunden hast. Indem wir dieses Bild immer vor unserem geistigen Auge haben und in unseren Herzen wachhalten, vergessen wir nie, daß in Ihm alle Dinge ihren Bestand haben.

Er ist der Spender dessen an die Menschen, was ihr ‚Leben' nennt. Durch uns gibt Er auch unseren Schöpfungen das Leben; denn Er gibt uns den Auftrag für das, was geschaffen werden soll. Er allein weiß, wie die Mineralien und die Elemente zusammengesetzt werden müssen, um nicht nur uns, sondern ebenso dem Universum zu dienen, und zwar immer besser, indem sie durch die Erfahrungen in einer Erscheinungsform erzogen werden, um für eine höhere Form tauglich zu werden. Wir auf der Venus und auf anderen Planeten verschiedener Entwicklungsstufen erkennen die Mineralien und Elemente als die Essenz des ewig-aktiven, immer neuen Göttlichen Ausdrucks. Einförmigkeit, wie ihr sie auf Erden kennt, kann es deshalb niemals geben.

So, wie die Schöpfung eines Göttlichen Schöpfers des gesamten Universums bei uns geachtet wird, so wird auch das durch den Menschen Geschaffene geachtet und gewürdigt, das die Elemente auf verschiedene Weise zum Dienen bringt. Dann wird auch in den Elementen der Wunsch wach, täglich besser zu dienen, damit auch sie zu einer höheren Stufe des Dienens aufsteigen können und dürfen — eines Dienens, das niemals aufhört; denn es ist ewig.

Hier ein Beispiel, damit du dies besser verstehen kannst: Das Stück Eisen, das du unter den Mineralien auf eurer Erde findest, dient dir auf eine bestimmte Weise. Wenn dieses Eisen jedoch mit einer Kraft imprägniert wird, die ihr ‚Elektrizität' nennt, so wechselt das Eisen vom vorigen Dienst zu einer anderen Art des Dienens über, die man ‚magnetisch' nennt. Dazu wird es mit einer Anziehungskraft begabt, die es vorher nicht hatte. Das meinen wir, wenn wir sagen: die Elemente und Mineralien werden zu einem besseren Dienst erhoben. Denn zuerst war es nur das Mineral Eisen; dann erreichte es eine höhere Stufe des Dienens, wo es Anziehungskraft bekam, welche es in seinem ursprünglichen Zustand nicht hatte. Und so kann sich dieses Eisen immer weiter und weiter entwickeln zu höheren und immer höheren Diensten, die es seinem Schöpfer leistet.

Du siehst also, was gemeint ist, wenn ich von den Mineralien und den Elementen spreche, die dem Menschen dienen. Dadurch werden sie mit gewissen Auffassungskräften ausgestattet, indem sie der Allumfassenden Intelligenz dienen. Dieses Gesetz ist euch auf Erden, glaube ich, bekannt als ‚das Gesetz der Umwandlung' (Transmutation) oder ‚das Gesetz der Höherentwicklung' (Evolution).

Ein menschlicher Körper wie der deinige und der meinige ist aus Elementen und Mineralien zusammengesetzt. Und man kann beweisen, daß diese Elemente und Mineralien, aus denen die Körper zusammengesetzt sind, wirklich den Eindrücken, die sie empfangen, gehorchen. Wenn die Eindrücke nämlich freudiger Natur sind, ist das ‚Mensch‘ genannte Wesen fröhlich. Wenn sie aber schlimmer Art sind, so drückt der Körper dieses aus und beweist damit, daß die Mineralien und Elemente dem Geiste in seinem Innern beständig untertan sind. Ohne ihn können sie sich nicht zu einer höheren Ausdrucksstufe erheben.

Ihr Erdenmenschen beschwört fortlaufend Unheil herauf, indem ihr Kombinationen schafft, die einander eher bekämpfen, anstatt zusammenzuwirken. Ihr habt aus euch etwas ganz anderes gemacht, als es eurem göttlichen Ursprung entspricht. Ihr habt eurem Wesen viele falsche Begriffe hinzugefügt, anstatt natürlich zu bleiben; wie eine schöne Frau, die, erhaben in ihrer Schönheit, durch das Tragen allzuvielen Schmuckes schließlich mehr durch diesen als durch ihre Schönheit auffällt.

Ihr habt es genau so gemacht, indem ihr eurem Wesen etwas hinzugefügt habt, was kein wahres Leben oder Intelligenz besitzt. Laß mich auf etwas hinweisen, was dem Wesen des Menschen angeboren ist, wonach wir auf der Venus leben, während ihr das nicht tut, obgleich diese Grundsätze für eure Welt genau so gelten wie für andere Welten.

Ihr behauptet, ihr wäret Wesen mit fünf Sinnen und meint, es sei möglich, weitere hinzuzufügen — den sechsten, den siebten und so weiter. Ihr bemüht euch, diese willkürlich ausgedachten Sinne zu entwickeln, anstatt jene, die wirklich da sind, zu verstehen und zu entwickeln. Indem ihr behauptet, es gäbe Hellsichtigkeit, Hellhörigkeit, Gedankenübertragung oder auch außersinnliche Wahrnehmungen, teilt ihr die an sich ganze Phase des Ausdrucks in wenigstens vier verschiedene Abteilungen. Und als Ergebnis sind eure wahren Eigenarten durcheinandergebracht und verlorengegangen.

Laß mich dieses ein bißchen mehr erläutern! In erster Linie seid ihr ein Produkt aus Mineralien und Elementen dessen, was ihr die Natur nennt. Zweitens aber seid ihr als intelligenter Ausdruck jener Erscheinungsform ein Produkt eures Göttlichen Schöpfers. Der mineralische und elementare Teil eures Wesens ist ausgestattet worden mit vier Zugängen oder Sinnen; durch sie drückt es sich in einer, wie ihr sagt, physischen Manifestation aus. Euer Geist oder euer Göttlicher Teil drückt sich durch jede Zelle der ganzen Gestalt aus, die ihr physisch bezeichnet.

Die eben genannten vier Sinne sind Gesicht, Gehör, Geschmack und Geruch. Beachte, daß ich nicht den Sinn erwähnt habe, den ihr auf Erden ‚Gefühls- oder Tastsinn' nennt! Der Gefühlssinn ist nämlich die I n t e l l i g e n z, die den Vorrang vor allen Sinnen hat.

Laß es mich folgendermaßen erklären: Niemand in irgendeiner Welt kann einen Körper wie den euren aufbauen oder ihn veranlassen, zu leben, wie ihr lebt. Das kann nur der Schöpfer des Universums selbst tun. Daher mußt du zugeben, wenn die Empfängnis einer Gestalt in einer Gestalt stattfindet, so weiß die werdende Mutter nicht ,was alles getan werden muß für den vollkommenen Aufbau eines anderen Körpers. Und doch wächst diese Empfängnis zu einer vollendeten Erscheinungsform heran, bis sie endlich in die physische Welt, wie ihr sie nennt, geboren wird.

Bei der Geburt hat diese vollendete Form Augen, Ohren, Mund und Nase. Die Augen sehen, und die Ohren hören Geräusche nun zum ersten Male; zum ersten Male riecht auch die Nase und schmeckt der Gaumen. Sie alle wurden erschaffen als Teile des Körpers. Zugleich mit dem Körper nehmen diese vier Sinnesorgane dann zum ersten

Male die physische Welt wahr; denn sie gehören zum Körper. Jedoch die Mutter dieses Körpers wußte nicht, wie er aufgebaut worden war.

Aber der Gefühls- oder Tastsinn, den ich aus der Gruppe der Sinne herausnahm, der wußte es. Du mußt bedenken, wenn, während das Kleine noch im Werdeprozeß im mütterlichen Leibe war, auf den mütterlichen Körper ein Druck ausgeübt wurde, dann der Körper im Innern auf diesen Druck reagierte. Und beachte auch die Trennung der beiden Körper voneinander: denn als der vor der Geburt stehende Körper so weit vollendet war, um einen Wechsel vorzunehmen, hat die Mutter dieses Geschehen weder geleitet noch angegeben, welches in diesem Falle die Sinnesempfindung in zwei verschiedene Reaktionen getrennt hat, die der Mutter und die des Kindes. Das beweist, daß auf dem Gebiete des Empfindens oder des Gefühls jeder unabhängig vom andern ist. Und doch sind sie ein Körper in einem andern Körper. Es beweist auch, daß dieser Tast- oder Gefühlssinn im Bereich der Intelligenz handelt und weiß, was er tun und wann er es tun soll. Er scheint der ‚Wissende' zu sein.

Wenn wir dieses bei unserem Versuch, die Sinne zu analysieren, in Betracht ziehen, so können wir feststellen, daß der Gefühlssinn ein Hauptsinn oder in Wirklichkeit die Seele des Körpers — ein Teil der allumfassenden Intelligenz — ist. Es handelt sich ja um ein Gefühl, und Gefühl — wie du es kennst, ist ein Zustand der Wachheit oder des bewußten Bewußtseins, wie wir es erkennen.

Weiter: Wenn nun dieses Bewußtsein den ‚Mensch' genannten Mineral- und Erdenkörper verläßt, so funktionieren der Gesichtssinn, das Gehör, der Geschmack und der Geruchssinn nicht mehr. Wenn der Körper nämlich bewußtseinslos ist, empfindet er keinerlei Berührung mehr. Mit anderen Worten, du könntest diesen Körper schlagen, und er würde nicht die Empfindung haben, die man Gefühl oder Berührung nennt.

Andererseits, wenn jemand die Augen, das Gehör, den Geschmack und den Geruchssinn verliert, den Tastsinn aber, der ja das Bewußtsein ist, behält, so ist er immer noch mehr oder weniger lebendig und kann intelligent handeln. Und wenn der Körper von irgendeinem Gegenstand getroffen wird, so fühlt er die Berührung oder Verletzung, was er in dem vorher beschriebenen Zustand nicht konnte.

So ist leicht einzusehen, daß die wahre Intelligenz dieses ‚Mensch' genannten Körpers dieser so mißbrauchte und falsch bezeichnete Gefühlssinn ist. Er ist die Seele oder das Leben des Körpers. Der menschliche Körper — und das gilt auch für alle anderen Formen — ist tatsächlich für die Dienste gebaut, die seine Mineralien und Elemente mit Hilfe der vier physischen Sinnesorgane leisten. Der fünfte aber, der Gefühlssinn, ist ein allumfassender Sinn, der den anderen vieren erst Empfindung gibt. Verläßt dieser Gefühlssinn einmal den Körper, dann haben die vier anderen nicht mehr die Fähigkeit, zu empfinden oder zu wirken.

Wenn der Mensch diese Tatsache begreift, dann erkennt er sich als das Reale hinter der Maske. Und wenn das geschehen ist, weichen die Mauern des engen Gefängnisses, in welchem er so lange gelebt hat, und er wird ein Bewohner des Universums. Als solcher sieht er dann in jeder Erscheinungsform, ganz gleich, was für eine Form es sein mag, das Gesetz walten, selbst auf dem Planeten, auf dem er wohnt. Dann erst erkennt der Mensch sich selbst! Und dadurch wieder kennt er alle Dinge. Dann erkennt er auch seinen Schöpfer, wie er ihn niemals zuvor gekannt hat, die Universale oder Göttliche Intelligenz.

Durch diese Erkenntnis oder durch dieses Verstehen wächst der mineralische Mensch in einen Zustand der Vereinigung mit dem Vater, indem der Vater und der Sohn eins werden. Wenn der Erdenmensch dies alles erst einmal erfahren und erkannt hat, und wenn er es nicht nur in seinem Verstande weiß, sondern es auch lebt, wie wir es getan haben, dann wird er auch dieselbe Freude am Leben genießen wie wir auf anderen Planeten.

So ist der verlorene Sohn, wie eure Bibel sagt, nach Hause gekehrt, nachdem er seine physischen, mineralischen Eitelkeiten aufgegeben hatte. Jetzt müssen die Mineralien ihm dazu dienen, seinem Vater zu dienen, anstatt daß er ihnen dient.

Du, mein Sohn, kennst natürlich dieses Gesetz. Jahrelang hast du versucht, danach zu leben, und hast es auch gelehrt. Es ist weder neu für dich, noch ist es eine Lehre, die von dir stammt. Es ist ein Universal-Gesetz, alle Menschen müssen es kennenlernen und danach leben, um als Söhne Gott-Vaters in den Genuß ihres göttlichen Geburtsrechtes kommen zu können.

So gut du kannst, mußt du deinen Erdenbrüdern einprägen, daß Selbsterkenntnis das erste Erfordernis ist. Und die ersten Fragen müssen lauten: Wer bin ich? Was kann ich tun, damit ich wieder mit dem Einen vereinigt werde, von Dem ich abgefallen bin?

Erinnere sie immer wieder daran, daß der Mensch sich selbst nichts hinzuzufügen hat. Er hat nur das zum Ausdruck zu bringen, was bereits das Seine ist. Aber er muß erkennen lernen, w a s es ist. Und er muß dieser Erkenntnis leben! Denn die Lebensart ist die Hauptsache. Wenn das einmal erreicht ist, werden Kummer und Weh des Erdenmenschen bald verschwinden. Denn dann werden jene Elemente, die die vier Sinne des Sehens, Hörens, Schmeckens und Riechens bilden, anfangen, sich höher zu entwickeln und zu empfindlicheren Instrumenten zu werden, die dann nicht nur der physischen, sondern auch der höheren, universalen Welt dienen.

Eine andere Tatsache, die der Erdenmensch erkennen muß, ist folgende: Die ‚universale' Welt als die größere schließt die physische Welt in sich ein, sie liegt nicht außerhalb. Denn alles, was im Universum geschieht, ist zugleich innerhalb der Göttlichen oder Allerhöchsten Intelligenz, nicht außerhalb derselben. Darum bekümmern wir uns ebenso sehr um eure Welt und um euer Leben wie um unsere eigenen, denn wir wohnen alle in demselben Königreich des Allerhöchsten Geistes.

Seit Hunderten und Tausenden von Jahren lernen wir das und leben danach. Infolge dieser Einsichten ist es uns unmöglich, jemanden absichtlich zu verletzen, wie ihr das auf Erden tut. Denn wir wissen, daß wir mit allem, was wir verzerrt hätten, zusammen weiterleben müßten, da alles eine Familie ist.

Sobald der Geist des physischen Menschen sich zu dieser Erkenntnisstufe erhebt, sieht er nichts mehr als häßlich oder unangenehm an, sondern dann erkennt er, daß sich alles in einem Werdeprozeß befindet und auf dem Wege zur Heiligkeit der Schönheit und Begeisterung ist.

Wenn die Erdenmenschen dieses Gesetz bedenken, werden sie zugleich sehen und erkennen, wie sich alles vom Niedrigen zum Höheren hinarbeitet, was ja das universale Ziel ist, und nicht umgekehrt, vom Hohen zum

Niedrigen. Die Kraft des Hohen jedoch äußert sich bis zum Niedrigen, damit das Niedrige stark wird und sich zur Höhe erheben kann. Es gibt nur ewiges Ineinanderübergehen, aber niemals Trennung. Die Bewohner unserer Planeten kennen dieses Gesetz und haben es zu ihrer Entwicklung angewandt. Dadurch sind sie zur Erkenntnis des ewigdauernden Lebens gekommen und der Rolle, die alle darin spielen."

Mir kam das Problem der Übervölkerung in den Sinn, das auf Erden so oft ein Grund zur Beunruhigung der Nationen ist. Ohne die leiseste Unterbrechung beantwortete dieser große Weise meinen Gedanken.

„Nein, mein Sohn, wir sind nicht übervölkert; solch ein Zustand bedroht uns nie, wie das bei euch der Fall ist. Denn wir vermehren uns nicht gedanken- oder planlos, wie ihr. Es gibt ein Naturgesetz des Ausgleichs, an das wir uns halten. Außerdem dürfen diejenigen, die viel Wissen auf einem Planeten erworben haben, wenn sie möchten, Wiedergeburt auf einem anderen Planeten suchen. Für dieses Ziel haben sie zweierlei Möglichkeiten: Sie können diesen Planetenwechsel durch Wiedergeburt vornehmen oder direkt mit einem Schiff, noch im gleichen Körper, hingebracht werden. Das ist oftmals geschehen, sogar auf Erden. Die große Mehrheit ist von der Erde zu einem anderen Planeten durch Wiedergeburt fortgeschritten. Andere, wenn auch nur wenige, sind direkt hingebracht worden, wie eure Bibel euch berichtet.

Der Tod findet auf anderen Planeten genau so statt wie auf Erden. Aber wir nennen es nicht Tod, und wir trauern nicht um jene, die uns verlassen haben, wie ihr es auf Erden tut. Wir wissen, daß dieses Verlassen nur einen Wechsel von einem Zustand oder einem Ort zum anderen bedeutet. Wir wissen, daß es nicht mehr ist als von einem Haus in das andere zu ziehen.

Wir können unsere Häuser nicht mitnehmen, wenn wir von einem Ort zu einem anderen ziehen. Ebensowenig können wir einen Körper, der auch ein Haus ist, von einer Welt zur anderen im Tode mitnehmen. Das Material eures irdischen Körpers gehört der Erde und muß dort zur Erhaltung eurer Welt bleiben. Aber wenn ihr von der Erde auf einen anderen Planeten kommt, wird euch jene Welt von ihrem Material leihen, damit ihr euch ein Haus bauen könnt, das den Bedürfnissen und den Verhältnissen, die dort existieren, angepaßt ist.

Der Erdenmensch hat ein recht beschränktes Wissen vom Universum. Ein Universum ohne Grenzen kann er sich gar nicht vorstellen. Und doch gebraucht er das Wort Ewigkeit. Ewigkeit hat nach seiner eigenen Definition keinen Anfang und kein Ende. Wie unermeßlich ist dann das Universum? So unermeßlich wie die Ewigkeit.

So ist auch der Mensch keine zeitweilige Erscheinung, er ist eine e w i g e Erscheinung. Und diejenigen, die diese Wahrheit erkannt haben, leben in einer dauernden Gegenwart; denn es ist immer Gegenwart.

Wir von der Venus kleiden uns ähnlich wie ihr und tun viele Dinge in ähnlicher Weise. Es besteht kein großer Unterschied zwischen unserer Gestalt und der euren, noch sind die Gewänder für diese Gestalt so verschieden. Der große Unterschied liegt darin, daß wir wissen, wer wir sind.

Seitdem wir erkannt haben, daß das Leben allumfassend ist, und daß wir das Leben s i n d , wissen wir, daß wir nichts verletzen können, ohne zugleich uns selbst zu verletzen. Und das Leben muß, um ewiges Leben zu sein, immer im ursprünglichen Daseinszustand bleiben; und um das zum Ausdruck zu bringen, muß es ewig neu sein.

Darum gibt es bei uns, wie ich gesagt habe, keine Eintönigkeit. Jeder erlebte Augenblick ist ein froher. Und es kommt nicht darauf an, was für eine Arbeit wir zu tun haben. Wenn das, was ihr schwere körperliche Arbeit nennt, getan werden muß, so verrichten wir sie mit großer Freude und Liebe in unserer Seele. Auch auf unserem Planeten bringt jeder Tag sein Quantum Arbeit mit sich, genau wie bei euch. Jeder Mensch und jene andere Lebensform werden wegen ihrer Dienstleistungen in gleicher Weise geschätzt. Niemand wird als minderwertig angesehen. Wir machen keinen Wertunterschied zwischen Geistesarbeitern und anderen Arbeitern. Alle Dienstleistungen werden in gleicher Weise anerkannt.

Den Erdenmenschen wurde dieses Gesetz auch gegeben; es wurde ihnen gebracht von denen, die es schon kannten und es auf anderen Planeten zu irgend einer Zeit angewandt hatten. Im Tempel Salomonis ist es dargestellt worden. Auch in der Geschichte von den Arbeitern im Weinberg, denen allen am Ende des Tages derselbe Lohn von einem Groschen ausgezahlt wurde; wie euch euer Messias Jesus Christus erzählt hat, geht es um die Anerkennung der gleichen Würdigung des geleisteten Dienstes."

Als der große Meister eine Pause machte und sich mit der Hand leicht über die Stirn fuhr, merkte ich, daß ich so intensiv gelauscht hatte, daß ich mich nicht gerührt hatte. Ich brachte meinen Körper in eine andere Lage und wartete, bis der Meister seine Rede wieder aufnahm.

„Obgleich die Luft auf allen Planeten ein klein wenig

verschieden ist, im Gegensatz zu der heutigen Annahme eurer Wissenschaftler, könnte der Erdenmensch, ohne großes Unbehagen zu fühlen, überall im Universum hingehen. In der Tat, das wird sein natürliches Erbe sein, wenn er sich erst einmal kennt und um die große Anpassungsfähigkeit seines Körpers weiß."

Wieder machte er eine Pause und beugte nachdenklich sein Haupt. Dann fuhr er fort: „Wir haben uns zu einer Stufe bewußten Empfindungsvermögens entwickelt, die uns nicht erlaubt, ohne Gedanken des Segnens unter einer Gruppe Menschen zu sitzen. Allein schon ihre Gegenwart ist ein Segen, weil wir sie nicht nur als Menschen sehen, sondern als die Göttliche Intelligenz im lebendigen Zustand, ausgedrückt durch eine Form, die ‚Mensch' genannt wird. Dieses Göttliche spüren wir auch in jeder anderen, nicht menschlichen Form.

Wir sehen, wie sich das Göttliche Bewußtsein durch alle Formen ausdrückt, von den kleinsten bis zu den größten. Wir haben erkannt, daß nichts, keine einzige Form, bestehen kann, ohne daß Leben hindurchgeht oder sie erhält. Und das Leben, das wir erkennen, ist die Göttliche Allerhöchste Intelligenz.

Kein Augenblick vergeht, nicht einmal im Schlaf, wo wir nicht diese Göttliche Gegenwart spüren.

Das ist der wahre Zweck der Lebensform ‚Mensch' — dafür wurde sie geschaffen. Denn während alle anderen Formen sich in ihren speziellen Gebieten des Dienens ausdrücken, hat sich seine elementare und mineralische Form so hoch entwickelt, daß sie fähig ist, den höchsten Zustand der Göttlichen Intelligenz auszudrücken.

Wir sind nicht auf der Hut voreinander, noch gelüstet uns nach dem, was einem anderen gehört. Denn wir sind alle gleichberechtigte Teilhaber an den Gütern unserer Planeten."

Ich verstand alles sehr gut, was dieser große Lehrer anderer Welten sagte; aber eine Frage kam mir in den Sinn. Ich hätte gern gewußt, was sie vom Töten zu Nahrungszwecken halten, falls sie töten, oder selbst, wenn sie Obst und Gemüse essen, die ja auch leben in ihrer besonderen Ausdrucksform. Und wie immer kam die Antwort, ohne daß ich meine Frage ausgesprochen hatte.

„Darin ist durchaus nichts Unlogisches, mein Sohn. Wenn du ein Salatblatt ißt, wird es ein Teil von dir, nicht wahr? Von da an beginnt es, die Dinge mit dir zusammen zu erleben. Was du also in Wirklichkeit getan hast, ist, daß du eine Form in deine eigene überführt hast. Wäre das nicht geschehen, so wäre das Salatblatt reif geworden, hätte Samen gebildet und sich ausgesät, um seine eigene Art wieder aufzufüllen. Das wäre dann sein ganzes Erlebnis gewesen. Aber indem es dir dient, ist es durch dich zu einer höheren Form des Dienens erhoben worden.

Es kommt auch auf die Beweggründe an. Wenn dein Beweggrund Zerstören oder Verletzen oder Ausrotten ist, dann ist er falsch. Aber wenn dein Beweggrund den Dienst mit einschließt, den du einer anderen Form erweisen kannst, dadurch, daß du sie durch dich auf deine Höhe hebst, so ist er richtig. Denn dabei verwandelst du tatsächlich ein Mineral von einem Zustand in einen anderen, der ein noch höheres Dienen bedeutet. Indem du das tust, handelst du nach dem Gesetz des Wachstums oder der Aufwärtsentwicklung, in eurer Welt oftmals ‚Evolution' genannt. Es ist das Gesetz eures Schöpfers.

Die Menschen eurer Welt machen soviel Aufhebens von der Form — von ihrer Auflösung —, sie denken nicht an das Gesetz der Höherentwicklung; denn sie meinen, die Form sei alles. Aber die Form ist doch nur ein Mittel, durch das sich das Leben oder die Intelligenz äußert. Die Allumfassende Intelligenz kann sich durch ein Salatblatt nicht ausdrücken. Deshalb muß das Salatblatt nach und nach in eine höhere Form verwandelt werden, durch welche es dann in höherer Weise dienen kann. Auf diese Weise wird es belohnt.

Wenn eure Erdenmenschen dieses Gesetz voll annehmen und danach l e b e n, wie es die Bewohner anderer Planeten und Sonnensysteme angenommen und danach gelebt haben, so werden die atmosphärischen Verhältnisse eurer Erde sich verbessern. Denn jede Form wird dann Freude ausstrahlen, und die Luft damit erfüllen, in der die Menschheit lebt.

Du wolltest gern wissen, auf welche Weise wir bis zu dem Zustand fortgeschritten sind, in dem wir jetzt leben. Es geschah dadurch, daß wir nach den Grundgesetzen lebten. Durch sie können sich auch die Erdbewohner aufwärts entwickeln, wenn sie sie annehmen und danach leben wollen.

Wenn die Menschen auf Erden erkannt haben, daß sie nicht der Körper oder das Haus sind, sondern nur der B e w o h n e r des Körpers oder des Hauses, dann können sie sich überall Häuser bauen, wo sie wollen. Dann werden auch sie Meister der Elemente werden, anstatt von den Elementen gemeistert zu werden.

Wohl habt ihr Erdenmenschen gelernt, einige Elemente bis zu gewissen Punkten zu beherrschen, jedoch hat der Mißbrauch eurer Kenntnisse einen solchen Umfang angenommen, daß die Elemente sich jetzt gegen euch kehren, um euch zu zerstören; auf diese Weise sind in der Vergangenheit viele andere Zivilisationen zerstört worden.

In diesem Zustand finden wir die Erde heute. Wir können nichts anderes tun, als versuchen, zu helfen, wo immer sich eine Gelegenheit zeigt. Aber es ist so schwer, in genügender Zahl irdische Menschenseelen zu erreichen, weil die meisten auf Erden so wenig entwickelt sind."

Der Meister schwieg einen Augenblick. Dann sagte er: „Dies ist nicht das erstemal, daß man dich in unser Schiff brachte, es wird auch nicht das letztemal sein. Du magst versichert sein, daß wir von anderen Welten dir von Zeit zu Zeit Wahrheiten übermitteln werden, die du dann an deine Mitmenschen auf Erden weitergeben sollst. Wir werden dir von dem physischen Leben auf anderen Welten erzählen und dir auch das, was ihr geistige oder religiöse Wahrheiten nennt, mitteilen, obgleich wir beides nicht voneinander trennen; denn es gibt ja nur ein Leben. Das ist allumfassend; und solange die Erdenmenschen nicht erkennen, daß es nur ein Leben gibt, dem man dienen und das man leben kann, so lange werden sie beständig gegeneinander arbeiten. Dies ist eine Hauptwahrheit, die alle Erdenmenschen erst begriffen haben müssen, ehe das Leben auf eurer Welt dem Leben auf anderen Planeten ebenbürtig werden kann.

Und nun, mein Sohn, ist es Zeit für dich, zur Erde zurückzukehren. Was du gelernt hast, kann für die Menschen deines Planeten von großem Wert sein. Teile es ihnen mündlich und schriftlich mit. Fürchte dich nicht, daß du etwas von dem, was man dir gesagt hat, vergißt! Denn sobald du darüber sprichst oder schreibst, wird dir mit dem ersten Gedanken ein fortlaufender Erinnerungsstrom zufließen."

In diesem herrlichen Schiff aus einer anderen Welt herrschte Frieden! Die Lehre dieser Nacht zeigte ein tiefes Verständnis und war hoch bedeutungsvoll. Irgendwie wußte ich, daß alle Anwesenden diese Belehrung vielleicht viele Male in ihrem Leben gehört hatten. Aber es schien eine Belehrung zu sein, die sie liebten, so, als ob sich in dem Zuhörer jedesmal etwas Neues erschlösse und er ein immer größeres Verständnis für diese Lehre bekäme.

Wieder wünschte ich, daß ich nicht mehr zur Erde zurückzukehren brauchte, sondern bei diesen gütigen Freunden bleiben und mit ihnen zu anderen Welten reisen könnte. Aber der Weise sagte: „Sohn, es ist noch so viel auf eurer Erde zu tun. Die Leute sind hungrig und müssen gespeist werden. Du wirst jetzt zurückkehren und diese geistige Nahrung mit ihnen teilen, damit sie nicht umkommen in der Finsternis ihrer Unwissenheit, die seit so vielen Generationen auf eurer Erde herrscht."

Auf der Rückreise meinte ich immer noch zu hören, wie die Worte des Meisters mit sanftem Drängen in mein Bewußtsein fielen in dem Schweigen, das weder von Ramu und Zuhl noch von mir gebrochen wurde.

Ebenso war es auf der Fahrt zurück in die Stadt. Nur schwach erinnerte ich mich daran, wie ich von dem Piloten des Scout Abschied nahm. Worte wurden auch da, glaube ich, nicht gewechselt.

Als Ramu vor dem Hoteleingang hielt, trat ich langsam auf den Bürgersteig hinaus. Dann wandte ich mich um und suchte nach etwas, was ich hatte sagen wollen. Obgleich es Ramu wahrscheinlich schon eher wußte als ich selbst, wartete er ruhig ab; seine Augen schauten voll Verständnis auf mich, mit dem ernsten Lächeln auf seinen Lippen.

Dann plötzlich wußte ich es wieder: „Die Gedankenbotschaft, die ich diesmal erhielt," sagte ich, „sie schien mir viel klarer zu sein als sonst . . . Ich schien viel sicherer zu wissen, was sich ereignen würde, als ich nach Los Angeles fuhr. Hat der Meister diesmal selbst den Gedankenkontakt mit mir aufgenommen?"

„Jawohl," sagte Ramu, „das hat er getan, und daher rührt hauptsächlich der Unterschied. Aber außerdem wächst auch deine Empfangsfähigkeit."

„Aber das — das seelische Hochgefühl, das ich empfand," fuhr ich stolpernd fort, und suchte nach passenden Ausdrücken, „ich glaube fest, daß mir das durch den Meister zukam."

„Ja," sagte Ramu wieder, „er ist einer der höchstentwickelten Wesen, die noch innerhalb unseres Sonnensystems wirken. Schon wenn man in seiner Gegenwart ist, wächst man an Liebe und Verständnis. Wir sind dann alle so glücklich!"

Wir sagten uns Lebewohl, und ich ging in das Hotel.

Wie immer nach solchen Begegnungen hatte ich kein Bedürfnis zu schlafen. Diesmal schaute ich nicht einmal nach, wie spät es war. Ich weiß noch, ich stand eine ganze Weile am Fenster und schaute hinauf, nicht nach unten. Ich hatte das sonderbare Gefühl, in meinem Inneren gespalten zu sein, wie ich es schon vorher erlebt hatte; nur war diesmal keine Traurigkeit dabei. Ich glaube, ich habe meine Gedanken laut vor mich hingesprochen: „Es ist alles eins, ein Ganzes, dort und hier und überall. Es gibt keine Trennung . . ."

XIII.

Tage in Palomar Terraces

Während der nächsten paar Monate hatte ich noch mehrere Zusammenkünfte, sowohl in den Schiffen als auch mit Menschen von anderen Planeten, die unerkannt bei uns auf der Erde arbeiten.

Palomar Gardens war verkauft worden, und wir zogen einige hundert Meter höher an unseren Berg hinauf. Das Buch „Fliegende Untertassen sind gelandet" kam im September 1953 in England heraus, und die amerikanische Ausgabe folgte im Oktober.

Dieses neue Land zu erschließen, machte uns viel Mühe. Es war dicht bewachsen mit immergrünen Eichbäumen und mit dicken Felsblöcken übersät. Wehmütig gedachten wir manchmal des Wissens, das vor langen Zeiten auf Erden bekannt war und die Menschen befähigte, große Steinplatten aufzuheben und weiterzubewegen, als ob es Federn wären. Die Ägypter zum Beispiel, die die Pyramiden bauten, kannten das Geheimnis, ebenso die Menschen, die die großen alten Statuen auf der Osterinsel weiterbewegten bis an den gewünschten Ort. Wir aber waren auf schnaufende Räumpflüge angewiesen, um einen Weg durch unser Land aufzubrechen und die Felsstücke herauszuholen.

Manche angeregten Abendstunden verbrachten wir paar Leutchen damit, Pläne für unsere einfachen Gebäude zu entwerfen, die wir hier errichten wollten. Sie sollten nicht nur unserer eigenen Bequemlichkeit dienen, sondern auch dazu, die ständig wachsende Zahl von Menschen unterzubringen, die mich besuchen kamen. Wir hatten erwartet, daß die Käufer von Palomar Gardens das Restaurant und das bescheidene Gasthaus dort weiterführen würden, da es in der Umgebung meilenweit sonst kein Gasthaus gab. Aber aus irgendeinem Grunde hatten sie es geschlossen. Daher fühlten wir uns verpflichtet, obwohl wir kein Personal haben, unseren Gästen Essen vorzusetzen, schon aus Höflichkeit im Hinblick auf die Mühen, die vielen die Reise zu uns machte, und wegen der Zeit, die sie geopfert hatten, um zu einem Besuch heraufzukommen. Wir brachten es zustande, ein Küchengebäude zu bauen und daran anschließend eine ebene Terrasse, die wir seitwärts in unseren Berg hineinschnitten. Das Fertigstellen der Terrasse erwies sich als eine kolossale Arbeit. Aber mit Hilfe mehrerer muskelstarker junger Männer, die uns ihre Zeit zur Verfügung stellten, wurde sie schließlich doch fertig. Unsere Mühe wurde reichlich belohnt. Ein Teil der Terrasse wird von prächtigen immergrünen Eichen beschattet. Von dort haben wir die Aussicht auf die Bergspitzen, welche eine hinter der anderen aufsteigen in zarten Pastellfarben, bis die letzte fast mit dem Blau des Himmels verschmilzt. Diesen Platz statteten wir mit Gartenstühlen, Bänken und Tischen aus und kauften einen kleinen Holzkohlenrost.

Zunächst wohnten wir alle recht und schlecht in zwei

alten Hütten, die Freunden auf dem Nachbargrundstück gehörten. Die Küche benutzten wir als Büro, als Schlafraum für einen von uns und als Aufenthaltsraum, wenn das Wetter uns ins Haus trieb. Vorläufig hatten wir weder fließendes Wasser noch Elektrizität. Ein sauberer Bach floß unterirdisch in der Seite unseres Berges. Diesen leiteten wir durch ein Rohr bis zur Oberfläche und machten einen kleinen Teich mit einem Ablauf, so daß das Wasser immer frisch war. Das trugen wir dann in Eimern hinauf.

Es war uns klar, daß wir trotz unserer Träume und des dringenden Bedürfnisses für diese Dinge nicht eher weiterkommen und diese Gebäude errichten könnten, bis wir das nötige Geld dazu hatten. Den meisten Menschen würde unser Leben zweifellos recht unbequem und primitiv erscheinen und unsere Arbeit schwer; wir waren aber ganz zufrieden mit dem, was wir hatten, und jeder kleine, von Zeit zu Zeit hinzukommende Komfort, der uns unsere tägliche Arbeit erleichterte, bedeutete mehr für uns, als wenn alles leicht gewesen wäre.

Was für ein wunderbarer Tag war es, als wir erfuhren, daß wir endlich ein kleines Haus bauen könnten mit einem ziemlich großem Raum, wo ich bei unfreundlichem Wetter mit meinen Besuchern reden konnte, und einem kleineren Raum als richtiges Büro.

Wir hörten von einem Bauunternehmer in einer kleinen, ungefähr 40 Kilometer entfernten Stadt, der ehrlich und zuverlässig wäre. Mit diesem traten wir in Verbindung. Das Küchengebäude war ganz allein von uns und unseren guten Freunden erbaut worden. Einige von ihnen waren jahrelang meine Schüler im Unterricht über die Universalgesetze gewesen. Dieses erste kleine Ge bäude wird mir stets sehr viel bedeuten wegen der Freundschaft und Treue, die seine Herstellung ermöglichten.

Nun konnten wir uns einen richtigen Unternehmer leisten! Er erwies sich als ein sehr feiner Mensch und bekam Interesse an meiner Arbeit. Das Landhäuschen wurde bald fertiggestellt. Wir hatten genug Geld übrig, um es hübsch und bequem einzurichten. Sogar zwei kleine Waschräume bekamen wir mit einer Dusche dazwischen! Zwar hatten wir bis kurz vor der Zeit, in der ich dies schreibe, noch keinen elektrischen Strom. Aber das Wasser lief durch die Röhren, was schadete es, wenn es kalt war — und oft nur tröpfelte! Wie groß war unsere Freude, als wir nach dem langen Warten endlich elektrischen Strom bekamen, der uns jetzt Wärme gibt und unsere Kerzen und Kerosinlampen außer Betrieb gesetzt hat. So hatte sich das Warten gelohnt um dieser Freude willen.

Während wir uns langsam zu unserem letzten Komfort hinaufarbeiteten, konnten wir sogar allerlei Getier nach seinen Gewohnheiten unterhalten. Dazu gehörten zwei Hunde und sechs Katzen, ganz abgesehen von den manierlichen Besuchen ihres Artgenossen, des Skunk. Diese viel verleumdeten Tiere sind gesellig und liebenswürdig veranlagt, so lange man sie nicht reizt; und sie erkennen ihre Freunde wieder, wenn sie sie sehen. Sie trinken Milch aus den Katzennäpfen und teilen das Fleisch mit den Hunden, selten unter Protest irgend eines Tieres. Wenn sich gelegentlich einer der Hunde mal entschließt, es ihm strittig zu machen und laut bellend auf den Eindringling losstürzt, zieht sich Herr Skunk nur mit Grazie und einiger

Geschwindigkeit auf den Bergabhang zurück, der erhobene Schwanz bedeutet aber gar nichts.

Zwischen meinen Vortragsengagements, die mich in den mittleren Westen, nach New York und Kanada führten, arbeitete ich mit allen Fähigkeiten, die ich besitze, auf dem Grundstück und machte nur Pausen, um mich mit meinen Freunden und den vielen Fremden, die mich besuchen kamen, zu unterhalten. Zwar waren auch Vorträge für die Ostküste und für England vorgesehen; aber in Kanada gab ich mich bis zur Erschöpfung aus und verlor meine Stimme. Meine Vorträge waren nämlich sehr dicht hintereinander; und ich scheine es niemals zu lernen, meine Kräfte zu schonen, wenn ich über die Themen spreche, die mir am meisten am Herzen liegen. Im Anschluß an die eigentlichen Vorträge wollten viele meiner Zuhörer natürlich allerlei Fragen stellen. Irgendwie brachte ich es nicht fertig, den guten Rat zu befolgen, den Vortragssaal zu verlassen, bevor diese lieben Leute mich erwischen konnten! Schließlich konnte ich überhaupt nicht mehr sprechen, und mein Arzt verordnete mir, die Vortragsengagements im Osten und in England abzusagen und wenigstens 6 Monate lang vollkommen auszuruhen.

Diese Verordnung war eine große Enttäuschung für mich aus offensichtlichen Gründen, aber ich mußte mich ihr beugen. Bald nach meiner Rückkehr in meine geliebten Berge gewann ich meine Stimme wieder und bestand darauf, sie wenigstens zu gebrauchen, wenn Besucher kamen.

Ich fürchte, ich stelle eine mühevolle Aufgabe dar für alle jene, die mir beibringen möchten, mich doch mit „ein bißchen Verstand" zu benehmen. Wahrscheinlich besitze ich einfach keinen. Auf jeden Fall weiß ich, daß ich, wenn ich mich verausgabe, indem ich anderen Menschen, die mich besuchen, gebe was ich kann, weit mehr auf vielerlei Weise zurückerhalte.

Im Juni 1954 kam Desmond Leslie nach Palomar. Eigentlich hatte ich ihn in New York kennenlernen wollen. Aber ich hatte mein Programm ja nicht ausführen können. Statt dessen besuchte er mich hier. Das war eine große Freude. Begabt mit einem höchst interessierten Verstand und mit einem prächtigen Sinn für Humor, konnte er unserer kleinen Gesellschaft vielerlei geben. Er teilte nicht nur unsere allgemeinen Interessen, er machte auch allen Unsinn mit, auf den wir verfielen, wenn nach den ernsten Themen die Entspannung einsetzen mußte.

Desmond hatte nur etwa einen Monat bleiben wollen; aber er blieb bis gegen Ende August. Ich freue mich schon darauf, ihn 1955 in seiner Heimat wiederzusehen, wenn ich hinüberfahre, um die aufgeschobenen Vorträge nachzuholen.

Zusammenfassend kann ich sagen, daß meine Zeit reichlich ausgefüllt war. Es gab weitere Begegnungen mit meinen Freunden von anderen Welten; die Zahl irdischer guter Freunde verschiedener Typen und Arten wuchs; dazu kamen die gute gesunde Arbeit im Freien und die Zusammenstellung des Materials für dieses Buch. Ich war glücklich dabei. Gelegentlich ruhte ich sogar aus, wenn meine Freunde nämlich anfingen, mich mit gewissen mißbilligenden Blicken anzusehen!

Bald entdeckten wir, daß der Zweck unseres Häuschens erweitert werden mußte. So hatten wir, um einen Schlafraum zu gewinnen, gerade kurz vor Desmonds Ankunft durch die Mitte des großen Raumes, der als Versammlungsraum und für zwanglose Vorträge gedacht war, eine

Wand gezogen. Bis jetzt schlief immer noch einer von uns in der alten Hütte, und ein anderer hatte noch sein Bett in dem Küchengebäude. Nach der neuen Anordnung haben wir nun einen halb so großen Vortragsraum, in dem ich schlafe, einen besonderen Schlafraum und ein Büro, in welchem sich auch noch ein Feldbett befindet. Wir fühlten uns richtig gut eingerichtet, als wir ein wenig später eine Hundehütte in einen bequemen Schlafraum verwandelten, indem wir sie vom Boden hochnahmen und auf eine Sperrholzunterlage stellten und um die obere Hälfte einen Leinenvorhang zogen. So bekamen wir das Bett aus der Küche heraus!

Noch immer bin ich dabei, Wasser in Behälter und wieder heraus und auf das Grundstück zu leiten, wobei mir einige kräftige Frauen helfen, und ich bin ganz stolz auf das Ergebnis. Aus dem früheren Getröpfel in die Waschbecken und die Dusche ist mittlerweile ein wahrer Gießbach geworden; und unter einer immergrünen Eiche haben wir einen richtigen kleinen Teich angelegt und Blumen um seine steinerne Einfassung gepflanzt. Gerade heute morgen haben wir einen Amor aus Zement und einen Kranich unterhalb des Hauses fortgenommen und haben sie in den Teich gesetzt. Sie gefallen sich dort sehr gut.

Wir arbeiten tüchtig, aber wir sind glücklich dabei. Die Berge sind immer da vor unseren Augen; nie sind sie eintönig; ihre Schönheit wechselt mit der Morgendämmerung, der hellen Mittagssonne und dem Sonnenuntergang. Wunderbar sind sie auch in der Dunkelheit, ob nun der Mond darauf scheint oder ob sie sich schwarz vom sternenübersäten Himmel abheben.

Und oft sehen wir die Untertassen über uns dahinflitzen. In den letzten Wochen wurden tatsächlich die Raumschiffe von vielen Menschen in den benachbarten kleinen und großen Städten gesehen. Wir sind froh, daß sie da oben über uns sind und am Himmel über der ganzen Erde. Wir hoffen, daß in nicht allzu ferner Zukunft alle Völker unserer Welt sie sehen und sie erkennen möchten als das, was sie sind. Wir hoffen auch, daß d i e Leute, die jetzt schon Bescheid wissen, deren Wort überzeugen würde, die aber bisher geschwiegen haben, bald im Interesse der ganzen Menschheit offen sprechen werden.

XIV.

Das Festmahl und ein Abschied

Die letzte Begegnung fand am 23. August 1954 statt. Desmond Leslie war zu der Zeit in Los Angeles, wo er Vorträge hielt. Er wußte, daß ich diese Begegnung haben würde und hoffte so sehr, mitgenommen zu werden. Ich wünschte es ihm auch; aber die „Brüder" konnten seine Bitte aus Gründen, die sie nicht angaben, nicht erfüllen. Wenn ich zurückdenke, so glaube ich, daß sie es ablehnten, weil mir da einige Dinge gezeigt und erklärt wurden, die nicht bestimmt waren für jemanden, der vorher noch keine Kontakte erlebt hatte.

Das Zusammentreffen mit meinen Freunden Firkon und Ramu geschah in der üblichen Weise. Auf dem Wege zum Scout sagte Firkon: „Ich muß dir sagen, daß diese Zusammenkunft heute abend eine Abschiedsfeier für dich und uns sein wird. Wenn wir dich heute nacht wieder ins Hotel gebracht haben, kehren wir zum Scout zurück und fahren dann zum Mutterschiff. Das wird uns zu unserem Heimatplaneten zurückbringen. Unsere Mission auf Erden ist erfüllt."

Eine große Traurigkeit überkam mich.

Schnell sagte Ramu: „Aber du verlierst uns ja nur in der körperlichen Gestalt. Vergiß nicht, daß wir uns doch gedanklich stets miteinander verbinden können, wo wir auch sind."

Ich versuchte, diesem Gedanken etwas Tröstliches abzugewinnen, aber im Moment gelang mir das kaum.

Dann sagte Firkon, und seine Stimme war voll Mitgefühl: „Du bist unser Freund; und der ganze weite Raum, der sich zwischen uns ausdehnen mag, kann das niemals ändern."

Ich schämte mich meiner Gemütsbewegung. Wenn ich sie auch nicht ganz überwinden konnte, so versuchte ich doch, ihrer wenigstens in etwa Herr zu werden. Ich ertappte mich bei dem Gedanken, ob vielleicht andere „Kontakt"-Leute, die zeitweilig auf der Erde leben, angewiesen worden seien, sich mit mir in der Zukunft zu treffen. Auf diese unausgesprochene Frage gewährte mir leider keiner von beiden eine Antwort. Man überließ mich dem Eindruck, daß dies wirklich ein Abschied sein könnte, wenigstens für einige Zeit, nicht nur ein Abschied von meinen beiden Freunden, zwischen denen ich saß, während wir dahinfuhren, sondern auch der letzte Ausflug in den Raum.

Diese Gemütserregung, die man mir gewiß nachfühlen kann, verlieh all den neuen und wundervollen Dingen, die ich in dieser Nacht zu sehen bekam, eine Eindringlichkeit, die meine tiefe Würdigung noch verstärkten; sie vergrößerte nur die Dankbarkeit für alles, was mir schon früher gewährt worden war, und mein Herz war so erfüllt davon, daß ich es nicht in Worte fassen kann.

Eine Fahrt mit dieser gleichen Untertasse habe ich bereits bis ins einzelne beschrieben. Deshalb sage ich nur kurz, daß Orthon uns bereits erwartete an dem kleinen Schiff, das leicht über dem Erdboden schwebte und zu sofortigem Aufstieg bereit war.

Während dieser Fahrt setzten wir uns gar nicht erst hin. Ich beobachtete abwechselnd die sich verändernden Diagramme und Orthon an den Schalttafeln.

Als wir diesmal in das Venus-Mutterschiff einfuhren, war ich vollständig frei von jeglichem Gefühl des Fallens in meiner Magengrube. Wir erreichten die Plattform und hielten wieder an wie bei unserer ersten Fahrt. Da war wieder derselbe Mann, der die Klammer für die Wiederaufladung über das Scout hängte, aber diesmal folgte er uns die Treppe hinunter in die Lounge.

Beim Eintritt spürte ich sofort eine allgemeine Feststimmung. Eine Menge Menschen waren dort, die ich niemals vorher gesehen hatte.

Ich war hoch erfreut, als ich Ilmuth und Kalna auf mich zukommen sah zu herzlicher Begrüßung.

„Hat dir schon jemand erzählt, daß wir heute nacht eine Überraschung für dich haben?" fragte Kalna. Und ohne eine Antwort abzuwarten, fuhr sie begeistert fort: „Ein bestimmtes Versprechen, das man dir gegeben hat, wird eingelöst werden!"

Während Kalna sprach, hatte mir Ilmuth einen Becher mit dem köstlichen Fruchtsaft gereicht. Ich bemerkte, daß beide Mädchen Pilotenuniformen trugen, und das bedeutete sicher eine Reise in den Raum.

Viele Männer waren anwesend und acht Frauen, Kalna und Ilmuth eingerechnet. Die übrigen Frauen trugen dieselbe Art herrlicher Gewänder, die Ilmuth und Kalna getragen hatten, als ich sie das erste Mal traf, die Männer bequeme Hemden und Hosen; sie trugen alle wieder Sandalen.

Wir wurden einander nicht vorgestellt, aber ich vermißte das auch nicht, denn alle begrüßten mich freundschaftlich, und ein paar redeten mich sogar mit meinem Namen an. Als die Begrüßung vorüber war, hörte ich auf einmal leise Musik aus dem Hintergrunde, irgend wie erinnerte sie an orientalische Klänge.

Nur Ramu hatte außer mir einen Becher mit Saft bekommen, wie ich sah. Meine anderen Freunde tranken nicht mit uns. Ich verstand das, als Ilmuth sagte: „Wir müssen gleich auf unsere Posten gehen, um die Überraschung auszuführen, die Kalna erwähnte. Diesmal wird Ramu bei dir bleiben."

Während Orthon und Kalna in der einen Richtung fortgingen, entfernten sich Firkon und Ilmuth in der entgegengesetzten Richtung auf das andere Ende des Schiffes zu. Ramu und ich tranken einige Augenblicke schweigend unseren Saft. Ich war voll Freude, weil ich Teil hatte an der Wärme und der frohen Stimmung, die diesen Raum erfüllte. Das half mir, das Gefühl der Traurigkeit über den Abschied, der heute nacht stattfinden würde, etwas in den Hintergrund zu drängen.

Mehrere Gruppen waren mit mir unbekannten Spielen beschäftigt. Ramu, der mein Interesse sah, meinte, wir sollten ruhig ein bißchen näher herangehen.

An einem kleinen Tisch saßen vier Männer und spielten Karten. Diese waren ganz anders als unsere, wenn auch etwa von derselben Größe. Anstatt Zahlen hatten sie alle Zeichen, die irgend etwas bedeuteten. Ich schaute, ob wohl zwei gleiche dabei waren; aber so weit ich sehen konnte, waren sie alle verschieden.

Eine andere Gruppe Männer ließ kleine, farbige Kugeln auf einem glatten Brett rollen. Ich vermute, sie waren irgendwie magnetisch geladen; denn, obwohl auf dem Brett keine Rillen waren, bewegten sich die Kugeln nicht frei. Einige Kugeln schienen Anziehungskraft zu besitzen und zogen die anderen an sich heran.

Ein anderes Spiel ähnelte unserem Tischtennis, nur waren zwei Bälle zu gleicher Zeit im Spielfeld. Das erforderte sichtlich besonders große Geschicklichkeit. Die Frauen schienen hervorragend geschickt bei diesem Spiel zu sein.

Mir fiel auf, daß es kein lautes Gerede, Lachen oder sonstige Ablenkung gab. Alle vergnügten sich sichtlich, aber jeder konnte das, ohne sich dabei heiser zu schreien wie so oft bei uns auf der Erde. Außerdem schien niemand das Spiel ernst zu nehmen, wie es bei uns so manche tun. Es herrschte eine Atmosphäre der Fröhlichkeit und Entspannung. Oft blickten die Spieler mit freundlichem Lächeln zu uns auf. Einige sprachen auch mit uns, und ich war erneut erstaunt, diese Leute so fließend in meiner Sprache reden zu hören.

Nach einer Weile meinte Ramu: „Wollen wir jetzt in den Kontrollraum gehen? Dort gibt es allerlei für dich zu sehen, das dich bestimmt interessieren wird."

Mit meinem Becher noch in der Hand folgte ich ihm erfreut in den großen Raum mit den vielen Tabellen, Zeichnungen und Instrumenten, die ich bei meinem ersten Besuch auf diesem Schiff schon gesehen hatte.

Als wir eintraten, muß Ramu wohl einen Knopf berührt haben, denn ich sah, wie sich, wie durch Zauberkraft, zwei kleine Sitze aus dem Fußboden erhoben. Zur selben Zeit sah ich gerade vor diesen auf der Mitte eines großen

Schirmes unseren Mond erscheinen. Ich war ganz verblüfft, wie nahe er zu sein schien und durchaus nicht wie ein Bild auf dem Bildschirm aussah, sondern in der Tiefe des Weltraums.

MOND

Das war also die Überraschung! Einen Augenblick dachte ich, wir würden wirklich auf dem Monde landen.

Ramu sagte: „Du siehst jetzt die euch bekannte Seite des Mondes, aber wir landen dort nicht. Das Bild wird auf den Schirm reflektiert von einem der Teleskope, die neulich, als du bei uns warst, nicht in Tätigkeit waren. Schau genau hin! Wir nähern uns der Oberfläche, und da wirst du beträchtliche Aktivität bemerken. In den zahlreichen großen Kratern, die ihr von der Erde aus sehen könnt, wirst du sehr große Hangars erblicken, die ihr normalerweise nicht sehen könnt! Du siehst auch, daß das Gelände hier euren Wüsten recht ähnlich ist.

Wir haben diese Hangars derartig groß gebaut, damit Schiffe, die viel größer sind als dieses, leicht einfahren können. In diesen Hangars sind auch mit allem Komfort ausgestattete Wohnungen für eine Anzahl Arbeiter und ihre Familien. Wasser wird in reichlichem Maße von den Bergen hereingeleitet, genau so, wie ihr es auf Erden getan habt, um eure Wüsten fruchtbar zu machen.

Wenn ein Schiff in diese Hangars einfährt, machen die Reisenden einen Prozeß der Luftdrucksenkung durch, der ungefähr vierundzwanzig Stunden dauert. Geschähe das nicht, so würden die Leute, wenn sie aussteigen und den Mond betreten würden, das größte Unbehagen erleben. Solch einen Drucksenkungsprozeß können Erdenmenschen noch nicht begreifen. Sie verstehen zu wenig von den körperlichen Funktionen und ihrer Beherrschung. Tatsächlich sind die menschlichen Lungen fähig, sich einem sehr niedrigen wie auch einem hohen Druck anzupassen, vorausgesetzt, daß die Druckveränderung nicht zu schnell geschieht. Sonst würde der Tod eintreten."

Gern hätte ich mich der notwendigen Druckherabsetzung unterzogen, wenn ich dann auf dem Monde hätte landen dürfen. Meine Rückkehr zur Erde eilte durchaus nicht.

Aber mit einem verständnisvollen Lächeln sagte Ramu: „Wir haben noch so viel Neues für dich. Wir wollen dir unter anderem die andere Seite eures Satelliten zeigen, bevor wir dich zur Erde zurückbringen. Schau jetzt genau hin, denn wir nähern uns dem Rande des Mondes. Sieh mal, wie sich diese Wolken bilden! Ganz leicht sind sie und scheinen aus dem Nichts zu kommen, wie das oft bei Wolken ist. Die meisten verdichten sich erst gar nicht richtig, sondern verschwinden sofort wieder. Jedoch unter günstigen Bedingungen verdichten sich einige gelegentlich. Ihre Schatten sind es dann, die von der Erde aus durch Teleskope beobachtet wurden.

Jetzt nähern wir uns der Mondseite, die von der Erde aus noch niemals gesehen wurde. Schau auf die Oberfläche direkt unter uns! Sieh, in dieser Gegend sind Berge. Auf den höheren Gipfeln kannst du sogar Schnee sehen und auf den unteren Abhängen dichten Baumbestand. Auf dieser Seite des Mondes sind zahlreiche Bergseen und Flüsse. Einen der Seen kannst du da unten erblicken. Die Flüsse münden in ein großes Gewässer.

In den Tälern und auch an den Bergabhängen kannst du jetzt eine Reihe verschiedener großer Ortschaften sehen. Hier wie überall lieben die einen Menschen die Höhe, während die andern das Tal vorziehen. Und auch hier, wie überall, wo sich Menschen befinden, sind die Obliegenheiten für den Lebensunterhalt fast die gleichen.

Hätten wir Zeit, zu landen und uns zu akklimatisieren," fuhr Ramu fort, „und dann umherzufahren, so würdest du einige Leute persönlich kennenlernen. Aber was das Studium der Mondoberfläche anbetrifft, ist die Art, wie wir sie jetzt betrachten, viel angebrachter."

Ramu hatte recht; das sah ich ein, als eine ziemlich große Stadt auf dem Schirm vor uns erschien. Tatsächlich schienen wir über die Dächer fortzugleiten und ich konnte sehen, wie die Leute die sauberen, schmalen Straßen entlanggingen. Da war ein dichter bebauter Stadtteil, wohl das Geschäftsviertel; besonders viele Menschen sah ich dort allerdings nicht. Ich stellte fest, daß keinerlei Wagen auf den Straßen parkten, obwohl ich mehrere Fahrzeuge sah, die sich über (nicht auf) der Straße weiterbewegten, denn sie schienen keine Räder zu haben. In der Größe waren sie mit unseren Bussen vergleichbar, die sich genau wie bei uns in der Größe voneinander unterschieden.

Ramu erklärte: „Einige Leute hier haben ihre eigenen Fahrzeuge, aber die meisten sind auf die öffentlichen Verkehrsmittel angewiesen, die du da siehst."

Außerhalb, dicht bei der eigentlichen Stadt, war ein verhältnismäßig großer freier Platz mit einem ungeheuer großen Gebäude an einer Seite. Es sah aus wie ein Hangar und Ramu bestätigte das auch, indem er sagte, „Wir müssen einige Hangars in die Nähe der Städte bauen wegen des bequemeren Landens, wenn wir der Bevölkerung hier Vorräte bringen — alles, was sie zum Leben benötigt, aber am Ort nicht zu haben ist. Im Austausch erhalten wir von ihnen gewisse Minerale, die man auf dem Monde findet."

Während ich noch hinschaute, schien die Stadt plötzlich zurückzuweichen, und Ramu sagte mir, daß wir jetzt in den Raum zwischen Mond und Erde zurückführen.

„Hast du noch irgendwelche Fragen, bevor wir in die Lounge zurückkehren?" fragte er.

Ich wußte keine und schüttelte den Kopf.

„Dann wollen wir lieber in die Lounge zurückgehen," meinte er, und seine Augen strahlten. „Dort wird nämlich ein Festmahl veranstaltet, um Firkons und meine Heimkehr zu feiern."

Bei dieser Erinnerung an den bevorstehenden Abschied fühlte ich beschämt die Gemütsbewegung wieder in mir aufsteigen. Ich überwand sie, indem ich mich in Gedanken in ihre Lage versetzte. Würde ich unter den gleichen Umständen nicht auch glücklich sein? O ja, sehr!

„Alle Tränen, die ich vielleicht vergießen werde, sind allein um mich selbst," sagte ich, um einen leichten Ton ringend, „für euch bin ich glücklich."

Wir trafen Orthon und Kalna an der Tür und gingen zusammen in den Salon. Ich sah, daß der große Tisch an der einen Seite des Raumes gedeckt war. Einige der Frauen, die vorher gespielt hatten, legten jetzt die letzte Hand an.

Als Firkon und Ilmuth durch die entferntere Tür hereinkamen, ging Kalna zu ihrer Freundin, und die beiden Mädchen verließen zusammen den Raum. Nach wenigen Minuten kehrten sie zurück; sie hatten ihre Pilotenkleidung mit wunderschönen fließenden Gewändern vertauscht.

Ein wunderbares Tuch aus goldgelbem Stoff bedeckte den Tisch, in das farbige, unbestimmte Muster gewoben waren. Die Gedecke lagen auf der ganzen Länge des

Tisches, und zwar auf beiden Seiten. Das Tafel-„Silber" war etwas anders in der Form als unseres und bedeutend besser, fand ich. Es schien aus mehreren Metallkombinationen hergestellt zu sein, mit schöner Einlegearbeit.

Ein Stuhl stand am Kopf der Tafel, und ich zählte vierzehn weitere an jeder Seite. Als Kalna und Ilmuth zu uns kamen, wurden wir gebeten, Platz zu nehmen. Es waren nur acht Frauen anwesend, dazu kamen einundzwanzig Männer, ich inbegriffen.

Ramu saß zur Rechten des Meisters und Firkon zu seiner Linken. Ilmuth bekam den Platz zwischen Ramu und mir und Kalna den gegenüber zwischen Firkon und Orthon.

Als wir uns alle gesetzt hatten, erhob sich der Meister, und einige Augenblicke lang herrschte ehrfurchtsvolle Stille im Raum. Dann sprach der große Lehrer in leisem, deutlichem Ton folgende Worte:

„Wir danken dem Ur-Ewigen für diese Speise. Mögen alle Menschen in Deinem großen Reich auch so gespeist werden! Laß diese Nahrung unseren Körper stärken, daß er dem Göttlichen Geist, der in dem Körper wohnt, in einer Weise diene, die Dir, dem Schöpfer alles Lebens, gefällig ist!"

Als er dieses wundervolle Gebet gesprochen hatte, schwiegen alle noch einen Augenblick.

Bevor der Meister seinen Platz wieder einnahm, sagte er: „Wir haben uns heute abend hier versammelt, um mit großer Freude die erfolgreiche Erfüllung der Erdenmission zu feiern, die zwei unserer anwesenden Brüder vollbracht haben. Firkon und Ramu haben ihre Sache gut gemacht. Nun dürfen sie zur Belohnung für ihre Mühe auf ihre Heimatplaneten zurückkehren. Wir freuen uns mit ihnen."

Kristallklare Kelchgläser mit zartgoldner Flüssigkeit standen vor jedem Gast auf dem Tisch. Nun hob der Meister sein Glas und sprach: „Wir trinken auf das Wohl der Anwesenden und unserer Mitmenschen überall."

Ich hob das Glas an meine Lippen und nahm einen ganz zarten Wohlgeruch wahr. Langsam schlürfte ich den Inhalt, um nichts von seinem Bouquet zu verlieren. Das Getränk schien keine berauschende Wirkung zu haben, höchstens wie manche Weine, wenn sie im Übermaß genossen werden.

Als wir zu Ehren von Ramu und Firkon unsere Gläser erhoben, erklang sanfte Musik aus unsichtbarer Quelle durch den Raum. Niemals zuvor hatte ich solche Musik gehört; sie schien durch mein ganzes Wesen zu vibrieren; es war eine seltsame und schöne Melodie; nur ganz gelegentlich klang sie der irdischen ähnlich.

Dies war das erste Mal, daß ich zusammen mit Menschen anderer Welten speisen durfte. Da war ich natürlich begierig, zu erfahren, wie weit ihre Nahrung der unsrigen glich.

An jedem Ende des Tisches und in der Mitte standen schöne, mit Obst gefüllte Schalen. Eine Sorte sah genau so aus, wie große rosige Äpfel, jeder mit seinem Stiel daran. Ich meinte schon den frischen Saft zu schmecken, als ich eine mir angebotene Frucht nahm. Beim Hineinbeißen merkte ich jedoch, daß das Fleisch die Festigkeit eines festen reifen Pfirsichs hatte, und der Geschmack war wie eine Mischung von Kirsche und Apfel. Das Kerngehäuse enthielt nur einen großen Samen, der aussah wie ein riesiger Apfelkern.

Eine andere Frucht ähnelte riesig großen Himbeeren, sowohl im Aussehen als auch im Geschmack. Die kleinste dieser Beeren war wenigstens viermal so groß wie unsere größten.

Den Tisch entlang standen in Abständen große, krugähnliche Gefäße, die verschiedene Fruchtsäfte und andere Getränke enthielten. Darum standen auch vor jedem Gast mehrere Kelchgläser verschiedener Größen. Das zweite Getränk, das ich probierte, schmeckte wie reiner Himbeersaft.

Zwei Frauen, die sich an die beiden Tischenden gesetzt hatten, servierten uns die Speisen. Zuerst brachten sie dampfende Schüsseln mit Gemüse von den Serviertischen, die in der Nähe an der Wand standen. Der Inhalt der einen Schüssel sah wie unsere Karotten aus. Aber ich fand, sie waren nicht so fest und schmeckten süß-sauer. Ein zweites Gemüse sah aus wie unsere allbekannten Kartoffeln. Sie waren geschält, aber ganz gelassen in ihrer natürlichen Gestalt. Sie hatten eine leicht gelbliche Farbe, aber nicht die grobe Faser von Pastinaken*), schmeckten aber so wie diese. Ein anderes Gemüse, das ich probierte, hatte die Blattform und Farbe von Petersilie und einen milden Zitronengeschmack.

Eine Menge anderer Gemüsesorten waren da, die ich aber nicht probiert habe. Ich bin schon von Natur kein starker Esser; heute abend aber hatte ich vor lauter Erregung und Verwirrung beinahe gar keinen Appetit. Vergeblich vesuchte ich, den Zweck dieser Feier aus meinen Gedanken zu verbannen. Firkon und Ramu, meine guten Freunde, würden fortreisen nach ihren fernen Heimatplaneten . . .

Immerhin nahm ich ein kleines Stück sehr groben und ganz dunklen Brotes und ein Stück, das auf den ersten

*) Gemüsepflanzen

Blick wie Fleisch aussah. Das Brot hatte eine goldbraune Kruste und schmeckte, als ob es in der Hauptsache aus Nüssen gebacken wäre, obgleich auch ein leichter Geschmack nach Getreide dabei war. Als ich das braune Stück „Fleisch“ kaute und seinen Geschmack in Gedanken mit weich gekochtem Rindfleisch verglich, rief Kalna mir über den Tisch zu: „Das ist die getrocknete Wurzel einer Venuspflanze! Auf der Venus kochen wir die frische Pflanze, die dann sogar noch besser schmeckt. Aber auf unseren Reisen nehmen wir sie in getrocknetem Zustand mit. Sie ist besonders nahrhaft, denn sie enthält alle Proteine, die man im Fleisch findet, und wird leichter vom menschlichen Körper aufgenommen. Ein Stück dieser Wurzel, wie es hier serviert wird, kommt einem Pfund Fleisch bei euch gleich. Die Wurzel ergibt auch ein ausgezeichnetes Gewürz für andere Gerichte.“

Als Nachtisch wurde ein großer Kuchen serviert. Er sah aus wie das, was wir „Engelspeise“ nennen; als er jedoch angeschnitten wurde, hatte er nicht die etwas schwammartige dehnbare Festigkeit unseres Kuchens. Außerdem war der weiße Teig mit gelben Streifen durchzogen. Es war eine feine Masse, die einem buchstäblich im Munde zerging. Der Kuchen schmeckte leicht süßlich; wenn man das Weiße allein aß, änderte sich der Geschmack in einer Art, die schwer zu beschreiben ist. Ich fand den Kuchen jedenfalls köstlich.

Während ich die anderen rund um den Tisch beobachtete und ihrer fröhlichen Unterhaltung lauschte, stellte ich fest, daß niemand übermäßig von dieser so reichlichen Nahrung aß, wie das bei den Festlichkeiten auf unserer

Erde so oft vorkommt. Trotzdem schien das Essen allen wohl zu munden.

Nach Beendigung der Mahlzeit erhoben sich die Frauen und einige Männer und räumten das Geschirr fort. In der wunderbaren Weise, die mir nun schon vertraut war, öffneten sich plötzlich in der Wand hinter dem Tisch, die vorher ganz glatt aussah, große Türen zu einer Küche. Alles wurde in diesen Raum getragen. Einen Augenblick später kehrten die Gäste an ihre Plätze zurück und die Türen schlossen sich hinter ihnen.

Nun verstummte die leise Musik, und ein Mann erhob sich. Ohne jegliche Begleitung sang er ein Lied in seiner Heimatsprache. Seine Worte konnte ich zwar nicht verstehen, aber ich lauschte hingerissen seiner schönen Stimme.

Als er geendet hatte, sagte Ilmuth: „Das war ein Abschiedslied und enthielt Segenswünsche für unsere heimkehrenden Brüder."

Aus der unsichtbaren Quelle erklang nun wieder Musik, jetzt etwas lauter und munterer.

Ich erkannte den Grund dafür, als zwei der Frauen sich erhoben und zu einem freigemachten Platz jenseits des Tisches gingen und begannen, sich in wunderbarem Einklang mit der Musik zu bewegen. Später erklärte man mir, dieser Tanz stelle die Kraft des Universums dar.

Beim Zuschauen dachte ich, man müsse, um das nachmachen zu können, doppelte Gelenke und die Schmiegsamkeit eines Kinder besitzen. Es war wirklich wundervoll anzusehen; denn jede Bewegung und Haltung ihrer Körper stellte nacheinander die vielen Naturstimmungen dar, von den ruhigen Wassern bei Windstille bis zu den wildesten Stürmen im Weltraum.

Solchen Rhythmus zu beschreiben ist unmöglich, aber es war faszinierend und zugleich erregend, zuzuschauen. Die jungen Tänzerinnen besaßen einen exquisiten Liebreiz, und ihre Gewänder schienen bei den Bewegungen die Farben zu wechseln; ich sah aber kein farbiges Licht auf ihnen spielen. Das Wort „Grazie" in seiner höchsten Bedeutung könnte dieser wundervollen Vorführung nicht gerecht werden.

Als der Tanz vorbei und eine kleine Weile vergangen war, sprach der Meister mit Orthon, der dann zu mir herüberkam. Er sagte: „Nun wollen wir dir Landschaften von unserem Planeten Venus zeigen, Landschaften, die vom Ort direkt zu unserem Schiff gestrahlt werden."

Ich war entzückt über die Aussicht auf solch eine Übertragung und fragte mich, auf welchem Schirm sie wohl erscheinen würde. Es war doch gar kein Schirm da! Das Licht erlosch, und vor meinen staunenden Augen hing die erste Landschaft mitten im Raum!

Dem Freund Orthon schien meine Verblüffung Spaß zu machen, und dann erklärte er: „Wir haben einen besonderen Projektionsapparat, der die von ihm ausgesandten Strahlen in jeder gewünschten Entfernung anhalten kann. Die Haltepunkte dienen dann als unsichtbarer Schirm. Dort werden die Bilder farbig und plastisch konzentriert."

Die Landschaft, die ich erblickte, schien in der Tat ganz und gar „da" zu sein, so daß ich mir nur mit größter Mühe vorstellen konnte, daß ich noch auf diesem Schiff war. Herrliche Gebirge sah ich, einige Bergspitzen waren in Schnee gehüllt; andere waren ganz kahl und felsig, nicht viel anders als auf Erden. Einige waren dicht bewaldet, und ich sah Wasser in Bächen und Fällen die Bergabhänge herabströmen.

Orthon neigte sich zu mir und flüsterte: „Wir haben viele Seen und sieben Ozeane. Sie sind alle durch natürliche oder künstliche Wasserläufe verbunden."

Mehrere Venus-Städte zeigte man mir, große und kleine. Immer hatte ich das Gefühl, in irgendein wundervolles Märchenland versetzt zu sein. Die Bauten waren wunderbar, ohne monotone Linien. Viele hatten Kuppeln, die in Regenbogenfarben strahlten und den Eindruck einer lebenden Kraft machten.

„In der Dunkelheit der Nacht," sagte Orthon leise, „hören die Farben auf, und die Kuppeln leuchten in einem sanften gelblichen Licht."

Alle Städte waren kreisförmig oder oval angelegt, und keine Stadt schien überfüllt oder zu dicht bebaut zu sein. Zwischen den Städten war noch viel unbewohntes Land.

Die Leute, die ich auf den Straßen dieser Städte sah, schienen wie bei uns ihrer Beschäftigung nachzugehen, aber ohne die Hetze und Unruhe, die bei uns auf Erden so bemerkbar sind. Auch die Kleidung war der unseren ähnlich. Jede Person war nach eigenem Geschmack angezogen, wenn dabei auch ein allgemeiner Stil beachtet wurde.

Ich schätzte die größte Person, die ich sah, auf ungefähr 1,98 Meter, den durchschnittlichen Erwachsenen auf etwa 1,67 Meter und die kleinste Person auf höchstens 1,06 Meter. Jedoch ist letztere vielleicht ein Kind gewesen. Ich konnte es nicht feststellen, da man dort niemandem sein Alter ansieht im Gegensatz zu uns. Ich weiß bestimmt, daß ich einige Kinder gesehen habe; sie waren aber viel kleiner als die eben beschriebenen Personen.

Die Verkehrsmittel, die unseren Automobilen entsprechen, mit denen man von einem Ort zum anderen fährt, sahen dort aus wie winzig kleine Mutterschiffe. Sie schienen in geringer Entfernung vom Erdboden dahinzugleiten wie die „Busse", die ich auf dem Mond gesehen hatte. Sie variierten in der Größe wie unsere Wagen, und einige waren anscheinend offen.

Gern hätte ich gewußt, wie sie angetrieben wurden. Wieder neigte sich Orthon zu mir und flüsterte mir ins Ohr: „Durch genau dieselbe Energie, mit der unsere Raumschiffe fahren."

Die Straßen waren gut angelegt und am Rande mit bunten Blumen bepflanzt.

Als nächstes wurde mir der Strand eines Sees gezeigt. Der Sand war sehr weiß und fein. Lange flache Wellen rollten mit hypnothisch wirkender Gleichmäßigkeit landeinwärts. Viele Leute waren am Strande und im Wasser. Aus was für einem Material mochten ihre Badeanzüge wohl sein, da sie nach dem Untertauchen im Wasser noch genau so trocken aussahen wie vorher?

Kalna, die sich neben mich gesetzt hatte, klärte mich auf: „Das Material ist nicht nur vollständig wasserdicht, es hat auch Eigenschaften, die gewisse schädliche Strahlen der Sonne abstoßen. Ebenso wie auf der Erde," fuhr sie fort, „sind auch bei uns diese Strahlen stärker, wenn sie vom Wasser reflektiert werden als im Inland."

Nun wurde uns eine tropische Venus-Gegend gezeigt. Ich war höchst erstaunt, festzustellen, daß im allgemeinen viele Bäume dort unseren Trauerweiden ähneln, deren Laub auch kaskadenartig herabhängt. Die Farbe jedoch und Einzelheiten des Blattes waren ganz anders.

Wie man sich denken kann, interessierte ich mich sehr für das Tierleben, das in den verschiedenen Szenen zu beobachten war. Am Strande hatte ich einen kleinen kurz-

Venus

haarigen Hund gesehen, anderswo verschiedenfarbige und verschieden große Vögel, wenig anders als unsere auf der Erde. Einer sah genau aus wie unser wilder Kanarienvogel. Auf dem Lande sah ich Pferde und Kühe, beide etwas kleiner als die irdischen, aber ihnen sonst sehr ähnlich. Das schien auf das gesamte Tierleben auf der Venus zuzutreffen.

Auch die Blumen glichen denen, die auf unserer Erde wachsen. Ich möchte sagen, daß der Hauptunterschied zwischen der Tier- und Pflanzenwelt der Venus und der unsrigen in den Farben und im Gewebe liegt. Wie Kalna mir sagte, ist das auf die ständig vorhandene Feuchtigkeit auf ihrem Planeten zurückzuführen.

„Wie du schon gehört hast," sagte sie, „sehen unsere Leute selten die Sterne, im Gegensatz zu euren Erdenmenschen. Wir kennen die Schönheit des Himmels jenseits unseres Firmamentes nur von unseren Reisen und Forschungen."

Als letztes wurde uns das Bild einer sehr schönen Frau mit ihrem Gatten und ihren achtzehn Kindern gezeigt, von denen außer einem alle schon erwachsen waren. Doch die Eltern machten den Eindruck eines jungen Paares Anfang der Dreißig.

Hier endete die Schau und ich wurde aufgefordert, Fragen zu stellen. Als erstes fragte ich, welche Wirkung, falls eine da wäre, die ständige Bewölkung des Venus-Himmels auf ihre Bevölkerung habe.

Orthon antwortete: „Außer der Tatsache, daß wir nach den Universalgesetzen leben, trägt unsere Atmosphäre als weiterer günstiger Faktor zu unserer Lebensdauer bei, so daß die mittlere Lebensspanne tausend Jahre beträgt. Als die Erde auch solche Atmosphäre hatte, war das

Lebensalter der Menschen auf eurem Planeten entsprechend viel größer als jetzt.

Die Wolkenschicht, die unseren Planeten umgibt, wirkt wie ein Filtersystem; sie schwächt die schädlichen Strahlen ab, die sonst in unsere Atmosphäre eindringen würden. Ich mache dich auf einen Bericht in eurer eigenen Heiligen Schrift aufmerksam. Wenn du ihn sorgfältig studierst, wirst du feststellen, daß die Lebensspanne auf Erden kürzer zu werden begann, als die Wolkenbildung nachließ und die Menschen damals zum ersten Male die Sterne draußen im Raum sahen.

Es mag dich interessieren zu erfahren, daß eben jetzt ein langsames Kentern eurer Erde im Gange ist. Wenn, was jeden Augenblick geschehen könnte, sie plötzlich ganz kippen würde, um so ihren Kreislauf zu vollenden, würde viel Land, das jetzt unter Wasser liegt, aufsteigen. Viele Jahre lang wird dann dieser wasserdurchtränkte Erdboden in einem Prozeß des Trocknens und damit der Verdunstung sein, wodurch wieder eine ständige Wolkenbildung oder „Firmament" um eure Erde herum entstehen würde. In diesem Falle wird die Lebensspanne wieder verlängert werden. Und wenn die Menschen eures Planeten bis dahin lernen, nach den Gesetzen des Schöpfers zu leben, werden auch sie ein tausendjähriges Leben in ein und demselben Körper erreichen können.

Dieses Kippen eurer Erde ist ein Grund, weswegen wir sie ständig beobachten; denn ihre Beziehung zu den anderen Planeten in unserem Milchstraßen-System ist äußerst wichtig. Ein drastisches Kentern eines Planeten würde sich in einem bestimmten Ausmaße auf alle auswirken und die Bahnen, in denen wir durch den Raum fahren, entscheidend ändern."

„Ein heftiges Kentern würde sicherlich eine große Katastrophe auf unserer Erde hervorrufen, nicht wahr?" fragte ich.

„Das muß zwangsläufig geschehen," erwiderte er. „Leider begreift der Erdenmensch die Gesetze noch nicht, die die Beziehung des Menschen zu der Welt, in der er lebt, bestimmen. Lange Zeitalter hindurch hat es viele Zeichen und Omen gegeben; aber eure Leute haben sie einfach ignoriert. Viele sind in eurer Heiligen Schrift als Prophezeiung festgehalten; jedoch eure Leute haben sie nicht beachtet. Manche davon sind sogar schon in Erfüllung gegangen. Trotzdem sind die Menschen nicht klüger geworden. Es ist nicht weise, sich vom Schöpfer loszusagen! Die Menschheit muß sich führen lassen von der Hand, die ihr das Leben gab!

Wenn der Mensch ohne Katastrophe leben soll, muß er seinen Nächsten als seinesgleichen ansehen; denn einer ist das Spiegelbild des anderen. Des Schöpfers Wille ist es nicht, daß die Menchheit sich in Grausamkeit und zügellosem Gemetzel gegeneinander richtet."

„Ich weiß," sagte ich, „daß wir jetzt in irgendeinen neuen Zyklus oder Zeitabschnitt kommen. Einige meiner Erdenbrüder nennen ihn ‚das Goldene Zeitalter', andere ‚das Wassermannzeitalter'. Kannst du mir etwas darüber sagen?"

„Auf unserem Planeten bezeichnen wir die Zeitwechsel nicht in dieser Weise; wir kennen nur den Fortschritt. Aber um deiner Bitte um Belehrung nachzukommen, könnten wir vielleicht sagen, daß ihr euch dem ‚Kosmischen Zeitalter' nähert, obgleich ihr das kaum verstehen könnt. Ihr habt euer Goldenes Zeitalter, wo Gold mehr galt als Gott, gehabt. Und ein Wassermannzeitalter, wie ihr es nennt, kann sich wohl nur dahin äußern, daß die Erde durch große Wassermengen bedroht wird oder durch Mangel an Wasser. Diese beiden Zustände habt ihr schon durchgemacht. Gerade eine derartige Bezeichnung von Zeitperioden trägt dazu bei, euer Begreifen zu verhindern. Das Erdenvolk muß lernen, im gleichen Rhythmus mit den Naturveränderungen fortzuschreiten und nicht ihnen unterworfen zu sein."

„Wie würdest du das ‚Kosmische Zeitalter' definieren?" fragte ich.

„Eigentlich sollten wir es lieber das ‚Zeitalter der kosmischen Verständigung' nennen. Es ist dies das erste Mal in eurer Zivilisation, daß ihr euch in umfassendem Sinne der Wahrscheinlichkeit bewußt werdet, daß andere Welten als die eure auch von Menschen bewohnt sein können. Da wir in unseren Raumschiffen jetzt so zahlreich überall am Himmel eurer Welt erscheinen, haben sogar diejenigen, die nicht glauben wollen, keine Wahl mehr. Soweit die Erdenmenschheit sich zurückerinnern kann, gibt es jetzt zum ersten Male überwältigende Beweise dafür, daß euer Planet das Leben nicht als Zufallserscheinung hervorgebracht hat, wie das sogar von euren größten Astronomen behauptet worden ist. Ein Menschengeschlecht entwickelt sich auf eurer Welt deshalb, weil euer Planet einer von vielen ist in der weiten, wohlgeordneten Schöpfung des Einen Ur-Ewigen und, wie alle anderen, Seinen Göttlichen Gesetzen unterworfen ist.

Unsere Schiffe vollführen an eurem Himmel Flugmanover, die kein irdisches Flugzeug, ganz gleich, welcher Nation, nachmachen könnte. Das wissen eure Wissenschaftler. Auch eure Regierungen wissen es. Überall in eurer Welt haben uns die Piloten eurer Flugzeuge gesehen und bewundert. Tausende eurer Leute haben uns am Himmel erblickt und waren höchst erstaunt. Weitere tausende schauen überall nach oben in der Hoffnung, uns irgendwo zu erspähen.

Dies ist euch alles schon von den Alten vorausgesagt worden. In euren aufgeschriebenen Prophezeiungen heißt es, daß die ganze Welt in Unordnung geraten wird, und daß folgende Zeichen geschehen werden: Söhne Gottes werden vom Himmel zur Erde herabkommen, um die Menschheit zu retten. Die jetzigen Verhältnisse in eurer Welt haben euch, um mit euren Worten zu sprechen, unter den Schatten des Todes gestellt. Eure ganze Welt i s t in Unordnung. Da ihr nun den Weltenraum ‚Himmel' nennt, und da auch wir Söhne und Töchter Gottes sind, könnte es da nicht vielleicht sein, daß gerade jetzt die alte Prophezeiung in Erfüllung geht?

Weiter ist vorausgesagt worden, daß, wenn diese Zeit kommt, sich die dunklen Rassen der Erde erheben und ihren Anspruch auf Gleichberechtigung und ein Leben als freie Menschen anmelden werden, der ihnen so lange von euch Hellhäutigen verweigert worden ist. Geht nicht auch diese Prophezeiung gerade zu dieser Zeit auf Erden in Erfüllung?

Du siehst, wir kennen die Geschichte eurer Welt gut. Der Begriff des Satzes ‚Wir sind unseres Bruders Hüter' gilt für die gesamte Menschheit überall. In eben dieser Rolle als Hüter unserer Brüder kommen wir zu euch und sagen: ‚Laßt das Allerhöchste Wesen des Universums für eure Welt das Leitwort sein, damit eure Trübsal vergeht wie die Finsternis vor dem Licht!'

Was wäre der Mensch ohne den Atem des Lebens? Und von wem bekommt er ihn? Ist er nicht überall zu finden zum Segen aller Menschen? Sage dann dem Erdenmenschen, daß sein Gott nicht an einem weit entfernten Orte wohnt, sondern immerfort ganz nahe ist in allen Erscheinungsformen, auch im Menschen selbst."

Orthon schwieg, und ich saß eine Weile da mit gesenktem Kopf, seinen Worten nachhängend. Langsam wurde ich mir einer Wärme bewußt, die in meine Seele einzuströmen schien. Als ich aufschaute, las ich auf den Gesichtern derer, die mich umgaben, daß das, was ich fühlte, eine Segensströmung war, die von ihnen allen zu mir herüberstrahlte.

Dann erhob sich der Meister und kam zu mir. Auch wir anderen standen auf.

„Mein Sohn," sagte er und schaute mir tief in die Augen, „manches, was unser Bruder dir eben gesagt hat, steht im Gegensatz zu vielem, was man euch als Wahrheit gelehrt hat. An sich ist das ohne Bedeutung; denn das, was man gestern gelernt hat, ist nur eine Stufe zu dem, was man morgen als höhere Wahrheit zu erkennen vermag. Das ist das Gesetz des Fortschritts. Wenn man erst einmal auf dem richtigen Pfade ist, dann gibt es nichts anderes mehr. Die Hauptsache ist, daß die Menschen immer mit offenem Sinn gemeinsam arbeiten und vorwärtsstreben und stets bedenken, daß man nie a l l e s wissen kann. Es gibt einen unfehlbaren Führer, der einem sagt, ob der eingeschlagene Weg richtig ist. Es ist sehr einfach. Wenn eure Gedanken und Handlungen böse Folgen haben, dann führt der Weg, den ihr geht, fort vom Licht Seines Göttlichen Antlitzes. Wenn euer Handeln aber gute Ergebnisse zeitigt, wird nicht nur euer Leben, sondern auch das Leben eurer Kinder und Kindeskinder glücklich sein. Von Krankheit und Not niemals mehr unterbrochene Segnungen werden dann euer ewiges Erbe sein."

Er berührte meine Hand zum Abschied und verließ den Raum, in dessen Stille seine Worte noch nachzuzittern schienen.

Lange schaute ich in die Gesichter meiner vielen Freunde und prägte mir jeden einzelnen in mein Gedächtnis ein. Abschiedsworte wurden nicht gewechselt; jeder erhob nur eine Hand, so auch ich. Dann ließ ich mich von Orthon den Weg durch das Mutterschiff hindurch zurück zum kleinen Scout führen.

Firkon und Ramu begleiteten mich beide auf meiner Rückfahrt zur Stadt. Wir sprachen nicht mehr miteinander.

Als wir wieder vor dem Hotel waren und der Augenblick gekommen war, daß ich Abschied nehmen mußte von diesen lieben Freunden, überwältigte mich ein Gefühl ungeheuren Schmerzes. Wir wechselten einen Händedruck und Ramu sagte leise: „Der Segen des Ewigen Gottes sei mit dir!"

Dann verließ ich sie und ging hinauf in mein einsames Zimmer.

XV.

Eine unerwartete Nachschrift

25. April 1955

Gerade als die Pressen über die Seiten dieses Buches rollten, hat sich etwas so Wichtiges ereignet, daß ich es hier festhalte, um es schleunigst an meine Verleger zu senden, damit es noch mit ins Buch aufgenommen wird.

Gestern, am 24. April, waren wieder den ganzen Tag über zahlreiche Sonntagsbesucher in meinem Heim in Palomar Terraces und beschäftigten mich von früh bis spät. Während ich sie begrüßte und mich mit ihnen unterhielt, spürte ich mit wachsender Stärke, daß ich gedanklich zu einem sehr nahe bevorstehenden Treffen mit den „Brüdern" gerufen wurde. Es war spät, als die letzten beiden Besucher fortgingen. Ich begab mich in mein Zimmer und versuchte zu schlafen, aber vergeblich. Innerhalb einer Stunde wurde der Drang, aufzustehen und in die Stadt zu fahren, so stark, daß ich wußte, ich mußte ohne Zögern aufbrechen.

Während der langen Fahrt bis in die Stadt kam mir der Gedanke, ob mir vielleicht die Bitte erfüllt werden sollte, die ich bei unserem letzten Treffen geäußert hatte. Da hatte ich nämlich gefragt, ob sie mir wohl erlauben würden, innerhalb eines Raumschiffes Aufnahmen zu machen, um so weitere Beweise zu beschaffen, sowohl für Zweifler als auch für Gläubige. Man hatte mir zu verstehen gegeben, das sei nicht so einfach wie ich dächte, und einer der „Brüder" hatte eine Bemerkung gemacht, deren Wahrheit ich einsah. „Selbst wenn uns die Aufnahme gelänge," hatte er gesagt, so bezweifle ich, daß sie die unheilbaren Skeptiker überzeugen würden, eben weil die Erdenmenschen noch solche falschen Begriffe von anderen Planeten haben und von den Verhältnissen, die dort herrschen."

Dessen ungeachtet gab ich mich der Hoffnung auf Erfüllung meiner Bitte weiter hin.

Ich ging zu dem gewohnten Platz und traf dort einen Mann, dem ich bei einem früheren Treffen vorgestellt worden war. Er war als Ersatz für einen „Bruder" gekommen, der zu seinem Heimatplaneten zurückgekehrt war. Unverzüglich fuhren wir zu einer Stelle in der Wüste, wo ein gleiches Scout wie das meiner ersten Begegnung auf uns wartete. Beim Besteigen des kleinen Fahrzeugs warf ich einen Blick auf meine Uhr, es war genau 2.30 Uhr nachts. Der Pilot begrüßte mich und fragte, ob ich meine Kamera mitgebracht hätte. Ja, ich hatte sie da! Es war eine kleine Polaroid, die ich vor kurzem gekauft hatte. Er hatte noch nie eine gesehen und bat mich, ihm ihre Handhabung zu erklären.*)

*) In der englischen Ausgabe von "Inside the Space Ships" Kapitel 15, Seite 222, Fußnote am Ende des Absatzes, der endet: "He had never seen one and asked me to explain the operation." (Er hatte nie eine gesehen und bat mich, die Handhabung zu erklären.)

(Diese Erklärung der Polaroid-Kamera wird auf Wunsch von Lord Dowding beigefügt, da nach seinem Brief an George Adamski „die Briten diese Kamera nicht kennen". — Siehe Seite 254.)

„Dieses Treffen ist speziell zu dem Zwecke arrangiert worden, dir deine Hoffnung auf eine Innenaufnahme zu erfüllen, von der du gesprochen hast, als wir uns letztens trafen," sagte er. „Wir können für nichts garantieren aus Gründen, die dir später klar werden. Wir werden aber versuchen, eine Aufnahme unseres Schiffes mit dir darin zu machen. Dies würde einfach genug sein, wenn wir unsere eigene Fotografier-Methode anwenden könnten. Aber damit wäre dir nicht gedient. Unsere Kameras und Filme sind vollständig magnetisch, und ihr habt auf der Erde keine Geräte, um solche Bilder zu reproduzieren. Wir müssen also deine Kamera benutzen und sehen, was wir damit schaffen."

Ich war so damit beschäftigt, ihm die Handhabung der Kamera zu erklären, daß ich absolut keine Bewegung des Schiffes gespürt hatte, bis der Mann, der mich abgeholt hatte, ausrief: „Da sind wir!"

Ich schaute auf und sah, daß die Tür des Scout sich öffnete. Dann sah ich zu meiner Überraschung, daß wir auf der Oberfläche eines kleinen Mutterschiffes gelandet waren; „klein", weil es nicht annähernd so groß war wie die anderen, in denen ich vorher gewesen war. Die Öffnung, durch die das kleine Fahrzeug gewöhnlich in ein Trägerschiff einfährt, war deutlich sichtbar; aber mein Freund stieg aus dem Scout heraus und winkte mir, zu folgen. Wir gingen auf der Oberfläche des Mutterschiffes entlang und an der großen Einfahrts-Öffnung vorbei zu einer kleineren, die sich bei unserer Ankunft öffnete. Das war nun wieder eine neue Überraschung für mich; denn ich hatte keine Ahnung davon, daß es auf diesen Schiffen derartige Eingänge gab. Es zeigte sich, daß dort ein Fahrstuhl war, und ich war höchst erfreut, als ich Orthon auf der Plattform stehen sah. Auf seine Aufforderung hin stieg ich mit ihm ein. Der Mann, der mich über das Trägerschiff geführt hatte, kehrte zurück zu dem Scout und zu seinem Gefährten, dem ich meine Kamera überlassen hatte.

Dieser Fahrstuhl war genau so wie der auf dem großen Saturnschiff, den ich im achten Kapitel beschrieben habe. Wir fuhren abwärts bis etwa zur Mitte des Schiffes, wo eine Reihe von Bullaugen war, die man ganz deutlich an den beiden Längsseiten des Schiffes sehen konnte. Hier hielt der Fahrstuhl an, und wir stiegen aus. Orthon erklärte, er würde sich jetzt an eine Luke stellen, und ich sollte an die nächste treten, während der Mann versuchen würde, ein Bild von uns von dem Scout aus zu machen. Das Scout hatte sich jetzt ein wenig vom Mutterschiff entfernt.

Ich stellte fest, daß die Lukenfenster dieses Mutterschiffes doppelt waren; das innere Glas war vom äußeren ungefähr 1,80 Meter entfernt. Wir standen hinter den inneren Fenstern, und ich war neugierig, wie sie mit meiner kleinen Kamera wohl gute Bilder durch das viele Glas hindurch zustande bringen würden!

Es ist sehr schwer, draußen im Raum Größen und Entfernungen abzuschätzen, hat man doch nichts zum Vergleich. Immerhin schien es mir so, als ob das Scout etwa 30 Meter vom Mutterschiff entfernt schwebte. Aus der Kugel an ihrer Spitze oben (siehe Foto Nr. 1) warf es einen hellen Lichtstrahl auf das größere Schiff. Manchmal war dieser Strahl sehr intensiv, dann wieder nicht so stark. Wie die Aufnahmen zeigen, experimentierten sie mit der Lichtstärke, die nötig war, um das Mutterschiff zu zeigen und gleichzeitig die Doppelfenster zu durchdringen, um Orthon und mich dahinter auf das Bild zu bekommen.

Während das vor sich ging, war die Strahlung vom Mutterschiff und die vom Scout auf ein Minimum herabgesetzt worden. Später erfuhr ich, daß die Männer eine Art Filter über die Kamera und die Linse hatten legen müssen, um den Film vor den magnetischen Einflüssen der Fahrzeuge zu schützen. Es war ja alles ein erster Versuch, und, wie die Aufnahmen deutlich zeigen, wurden verschiedene Abstände und Lichtstärken dabei ausprobiert.

Hier muß ich gestehen, daß ich mir unaufhörlich Vorwürfe gemacht habe, daß ich bei meiner hastigen Abreise zur Stadt nicht daran gedacht hatte, weitere Filme mitzubringen. Das ergab für meine „Brüder" ein ernstes Hemmnis, da sie so nur wenig Spielraum hatten für ihre Versuche und fehlerhaften Methoden, die sie zunächst anwenden mußten. Beim Arbeiten mit meiner Kamera haben die Männer die Resultate genau studiert. Vielleicht können sie bei einer künftigen Gelegenheit durch die Anbringung irgendeines Zusatzgerätes klarere Aufnahmen erzielen.

Es dauerte einige Zeit, bevor ein Signal von dem Scout kam, das anzeigte, daß es zum Mutterschiff zurückkehrte. Ich beobachtete, wie der Fahrstuhl bis zur Oberfläche des Schiffes hinauffuhr. Die Außentür oben öffnete sich, dann kehrte der Fahrstuhl zu unserer Höhe zurück mit dem Scout-Piloten, der meine Kamera in der Hand trug. Er kam zu uns und berichtete, daß sie zwar die Aufnahmen für recht dürftig hielten, aber immerhin gewissen Erfolg erzielt hätten. Sie hätten die beiden letzten Belichtungen für die Aufnahmen im Innern des Mutterschiffes aufgehoben.

Da ich schlechte Ergebnisse erwartet hatte, war ich angenehm überascht von dem, was er mir zeigte.

Während wir drei zum vorderen Teil des Schiffes gingen, sah ich, wie eine Wand hinwegglitt und eine Öffnung erschien, die einem Tunnel glich. Dahinter war ein kleiner Raum mit zwei Piloten, die an ihren Kontrollbrettern saßen.

Weil das Ende des Schiffes durchscheinend war und die Tabellen im Zimmer glühten, war dort viel Licht, und meine Hoffnung auf ein gutes Bild stieg hoch. In dem Raum, wo wir standen, wurden nun alle Lichter gelöscht, so daß er fast vollständig dunkel war. Aber diese beiden Versuche schlugen fehl wegen der stärkeren magnetischen Kraft im Mutterschiff im Vergleich mit der im Scout.

Etwas haben wir dabei gelernt. Ohne ein bis jetzt noch nicht entwickeltes Filter-System für unsere Filme ist es unmöglich, deutliche Fotografien im Innern der Raumschiffe zu erzielen. Als ich fragte, ob man mit einer besseren Kamera mit einer schärferen Linse größere Erfolge haben würde, wurde mir gesagt, daß wir auch damit keine wesentliche Verbesserung erzielen würden wegen der von uns benutzten Filmsorte.

Als diese beiden Aufnahmen gemacht waren, gingen die Lichter innerhalb des Schiffes wieder an. Wir drei kehrten nun zum Fahrstuhl zurück und wurden zum Dach des Schiffes gefahren. Als sich die Luke öffnete, sah ich das Scout wieder oben auf dem Mutterschiff ruhen. Orthon berührte zum Abschied meine Hand, und der Scout-Pilot und ich gingen hinüber zu dem wartenden

Fahrzeug. Wir traten ein, die Tür schloß sich geräuschlos hinter uns, und schon waren wir unterwegs.

Es ist unmöglich für mich, abzuschätzen, wie weit wir draußen im Raum gewesen waren. Aber die Gesamtzeit vom Verlassen der Erde bis zur Rückkehr zu ihr betrug etwas über zweieinhalb Stunden.

Unten verabschiedeten mein Freund und ich uns von dem Piloten und gingen dahin, wo unser Wagen geparkt war; es war kurz vor sieben Uhr morgens, als mein Gefährte mich vor meinem Heim aussteigen ließ. Ich lud ihn ein zu Kaffee und Frühstück, aber er lehnte dankend ab und erklärte, er dürfe nicht zu spät auf seinen Arbeitsplatz kommen, den er für die Dauer seines Erdenaufenthaltes angenommen habe.

Zum Schluß möchte ich sagen, daß ich genau weiß, daß man viele Versuche machen wird, um diese Fotos als unglaubwürdig hinzustellen. Das stört mich nicht. Jeder Mensch hat die Freiheit, die Behauptungen, die durch die Fotos in diesem Buch unterstützt werden, zu glauben oder abzulehnen. Aber jeder möge wissen, daß seine persönliche Meinung nichts an der Tatsache ihrer Realität ändert. Zur Bestätigung braucht man nur die Seiten der Geschichte zurückzublättern. Da wird man finden, daß fast in jedem Jahrhundert eines jeden Zeitalters die Masse der erdgebundenen Geister immer leichter über neue Wunder gespottet hat, als daß sie erkannte, wie wenig sie selbst weiß über die noch auf Entdeckung wartenden Wunder im unendlichen Universum, in welchem sie wohnt. Den Brüdern anderer Welten, menschlichen Wesen wie wir, bin ich dankbar für alles, was sie mir gezeigt und mich gelehrt haben. Meinen Brüdern auf dieser Welt erstatte ich Bericht; denn viele sind dafür aufgeschlossen, das weiß ich. Die Zweifler aber müssen, wie immer, warten, bis auch sogar für sie die ganz überwältigenden Beweise auftauchen, daß der Weltraum längst erobert ist von Planetenvölkern, die uns weit voraus sind.

Handhabung der Polaroid-Kamera

In der Polaroid-Kamera gebraucht man einen Rollfilm mit 8 Belichtungen für jede Filmrolle. In dieser Kamera wird das Bild eine Minute nach der Belichtung innen in der Kamera entwickelt. Ein kleines versiegeltes Päckchen mit Entwickler ist am Ende jedes Filmes angebracht, und sowie der Film über eine dünne Metallrolle in der Kamera läuft, breitet sich diese entwickelnde Masse über den belichteten Film aus. In einer Minute ist er fertig kopiert und kann aus der Kamera entfernt werden. Jedes belichtete Bild muß kopiert und aus der Kamera entfernt werden, bevor ein anderes Bild gemacht werden kann.

Die vier Bilder von Orthon und Adamski, auf denen sie aus den Fenstern des Mutterschiffes heraussehen, wurden in dem Scout entwickelt; während die beiden, die im Inneren des Mutterschiffes aufgenommen wurden, dort entwickelt wurden.

Der ganze Hintergrund der Bilder ist das Mutterschiff selbst. Die kleinen hellen Teile der Bilder sind nur die Abschnitte des Mutterschiffs, auf die das Licht von dem Scout zurückstrahlte, als das kleinere Fahrzeug manövrierte, um in Stellung und Entfernung eine gute Fotografie zu erzielen.

Es wäre ungefähr so, als wenn eine Person in einer vollkommen dunkeln Nacht bei 1,80 Meter Entfernung hinter einem Doppelfenster in einem verdunkelten Raum eines dunklen Hauses stünde, und Sie, um eine gute Fotografie einer solchen Person zu bekommen, von draußen ein Blitzlicht benutzten, um Licht zu erzeugen. Sie würden aber kein Bild des ganzen Hauses aufnehmen können, sondern nur den Abschnitt, der von dem Blitzlicht erhellt wird.

Der Herausgeber

Biographische Skizze

George Adamski, geboren am 17. April 1891 in Polen, war noch nicht zwei Jahre alt, als seine Eltern nach den Vereinigten Staaten auswanderten und sich in Dunkirk, New York, niederließen. Seine Jugend war kaum anders als die der meisten Kinder von Emigrantenfamilien, allerdings mit einem wichtigen Unterschied. Seine Eltern besaßen eine ungewöhnliche und tief religiöse Einstellung zu den Wundern der Schöpfung, wie sie sich in den vielfältigen Formen in der Natur offenbaren. Deshalb erhielt der Junge, dessen Schulausbildung nur kurz gewesen war, einen wesentlichen Teil seiner Erziehung durch private Belehrung. Auf diese Weise wuchs der junge George mit Bewunderung und Ehrfurcht vor allen Erscheinungen in der Natur zum Jüngling heran.

In einer solchen Welt, glaubte der Knabe, müßte es leicht für die Menschen sein, in Harmonie miteinander zu leben. Sehr früh schon begann er, nach dem Grunde zu suchen, warum das so unmöglich schien. Frühzeitig begann er auch zu erkennen, daß, während die vergänglichen Gesetze von Menschen festgelegt, diktiert wurden von der Geographie, den wechselnden Bedürfnissen und Sitten, die manchmal nur für die von Interesse waren, die gerade an der Macht waren, die Naturgesetze aber unwandelbar waren. Es erschien ihm, als ob man die Lehren, die in der Geschichte zu finden sind, nicht beherzigt hätte. Die Menschen dieser Erde, einzeln und insgesamt, schienen noch in alten Spuren zu wandeln, die nur zur Wiederholung des gleichen alten Unheils führen konnten. Dieses Thema ließ den jungen Adamski nicht mehr los. Bald wußte er, daß es seine Lebensaufgabe sein würde, trotz aller Beschränkung, in der er lebte, alles, was möglich war, darüber zu erfahren. Mit den dann erworbenen Kenntnissen hoffte er, seinen Mitmenschen ein klein wenig dienen zu können.

Glücklicherweise wurde der Junge nicht verbittert durch die schlechten wirtschaftlichen Verhältnisse, die es seinen Eltern unmöglich machten, die Art der Ausbildung zu bezahlen, die sein Ehrgeiz und sein aufgeschlossener Geist gerechtfertigt hätten. Im Gegenteil, er suchte freiwillig Arbeit, um ihnen zu helfen, die Kosten für die sich vergrößernde Familie aufzubringen. S e i n e Universität war die Welt, erregende Lektionen wurden da gelernt, wo immer er war und mit wem er sich unterhielt.

Im Jahre 1913 trat Adamski in die Armee ein und diente bei der XIII. Kavallerie an der mexikanischen Grenze. 1919 erhielt er einen ehrenvollen Abschied. Unterdessen hatte er sich Weihnachten 1917 mit Mary A. Shimbersky verheiratet.

Adamskis fünf Dienstjahre in der Armee vermehrten nur noch seine Sehnsucht, sein Wissen zu vergrößern und weiser zu werden, um so seinen Mitmenschen besser dienen zu können. Aber der Lernende erkannte, daß er noch lange nicht genug wußte, um Lehrer sein zu können. Darum wanderte er viele Jahre durch das ganze Land; seinen Lebensunterhalt bestritt er durch Annahme jeder passenden Arbeit. Das war eine gute Art und Weise, die Probleme und die Enttäuschungen, von denen kein Mensch frei ist, zu studieren. Adamski war weder ein Fanatiker noch ein Schaumschläger. Die gute Mischung von Geduld, Mitgefühl und Frohsinn, die für den reifen Adamski so bezeichnend wurde, muß es wohl gewesen sein, die ihm das Vertrauen seiner Arbeitskameraden erwarb.

Erst mit fast vierzig Jahren beendete Adamski sein Wanderleben und ließ sich in Laguna Beach in Kalifornien nieder. Das war sein erstes richtiges Heim; hier widmete er die dreißiger Jahre ganz dem Lehren der Universal-Gesetze. Die Zahl seiner Studenten stieg bald in die hunderte. Er wurde aufgefordert, Vorträge in ganz Süd-Kalifornien zu halten, und seine Reden wurden über die Radio-Stationen KFOX in Long Beach und KMPC in Los Angeles übertragen.

Einer seiner Studenten schenkte ihm ein 15-cm-Newton-Reflex-Teleskop, und Adamski verwandte nun viel Zeit auf das Studium des Himmels. Er und seine Studenten machten zahllose Aufnahmen mit selbst gemachten Vorsatz-Geräten. Während dieser Periode gelang Adamski seine erste Aufnahme von einem Weltraum-Fahrzeug; nur wußte er damals noch nicht, was das war. Das Bild wurde mehreren Astronomen vorgelegt; keiner konnte es identifizieren. Das Objekt war zu weit draußen im Raum, um Einzelheiten erkennen zu lassen. Allerlei Vermutungen wurden aufgestellt, aber zufriedenstellend war keine von ihnen.

Im Jahre 1940, als der Krieg auf hoher See vorauszusehen war, zogen Adamski und einige seiner Studenten, deren Verhältnisse es erlaubten, fort von Laguna Beach in eine Siedlung an der Straße zum Palomar-Gebirge mit Namen Valley Center. Hier arbeiteten sie fleißig an der Errichtung einer kleinen Farm; sie hofften, daß diese genug einbrächte, um davon auf die Dauer ganz leben zu können. Als Amerika in den Krieg eintrat, diente Adamski in seinem Ort als Luftschutzwart.

Im Jahre 1944 wurde der landwirtschaftliche Betrieb in Valley Center verkauft. Adamski zog mit den paar Menschen, die während der Kriegsjahre bei ihm geblieben waren, nach den Südabhängen des Palomar-Berges, ca. 10 Kilometer unterhalb des Berggipfels und 17,6 Kilometer von dem Platz entfernt, wo das größte Teleskop der Welt steht, das zu jener Zeit noch nicht fertig war. Hier rodeten sie jungfräulichen Boden und bauten einfache Unterkünfte. Hier errichteten sie auch ein kleines Haus, als Café für Passanten. Es gehörte Frau Alice K. Wells, einer von Adamskis Studentinnen, die es auch bewirtschaftete. Jedes Glied der Gemeinschaft beteiligte sich an der anfallenden Arbeit in diesem Betrieb. Da Baumaterial noch infolge strenger Einschränkungsbestimmungen schwer zu beschaffen war, mußte alles Erreichbare herhalten.

Adamski kaufte ein 37,5-cm-Teleskop, und es wurde ein kleines Observatorium zu seiner Unterbringung errichtet, das ihm ermöglichte, den Himmel, auch bei rauhem Wetter, stundenlang zu beobachten. Das kleinere 15-cm-Teleskop wurde im Freien aufgebaut. Auf diese Weise konnte Adamski seine Himmelsstudien fortsetzen. Viele Besucher zeigten Interesse, und mit ihnen unterhielt er sich gern über seine Beobachtungen.

Während des Meteor-Falles im Jahres 1946 beobachtete Adamski mit einigen Freunden ein dramatisches Ereignis, das damals noch nicht erkannt wurde als das, was es wirklich war. Sie beobachteten ein zigarrenförmiges Fahrzeug, das dort verhältnismäßig nahe bewegungslos in der Luft hing. Es war für alle ein vollständig fremdes Objekt; niemand ahnte seine wahre Herkunft. Wohl hatte Adamski seit langem die Wahrscheinlichkeit menschlichen Lebens auf anderen Planeten erörtert, aber er war damals noch der Meinung, daß die Entfernungen, auch zwischen unseren nächsten himmlischen Nachbarn, viel zu groß seien für jeglichen physischen interplanetarischen Verkehr. Erst das folgende Jahr (1947) brachte den Beweis, daß er sich geirrt hatte. Mit seiner Frau und einigen Bekannten beobachtete Adamski länger als eine Stunde eine Formation außerirdischer Fahrzeuge, die sich lautlos, gleichmäßig in einer Linie hintereinander, quer über den Himmel von Osten nach Westen bewegte.

Da dasselbe Schauspiel auch von anderen Menschengruppen von den verschiedensten Orten aus beobachtet worden war, kamen in den folgenden Wochen viele Menschen zu Adamski, um ihre persönlichen Beobachtungen mit den seinen zu vergleichen. Nicht einer von ihnen konnte glauben, daß das ehrfurchterregende Schauspiel von irdischen Maschinen, so wie sie bis jetzt gebaut sind, vollführt werden könnte.

Adamskis weitere Erlebnisse auf diesem Gebiet sind der Öffentlichkeit übergeben worden in dem Buche „Fliegende Untertassen sind gelandet", das er zusammen mit Desmond Leslie herausgegeben hat. Die Ereignisse, die nach jener Veröffentlichung stattgefunden haben, sind in diesem Buche berichtet.

Charlotte Blodget

XVII.

Wer war George Adamski wirklich?

In der internationalen Presse konnte man zuweilen lesen, daß die Persönlichkeit und die Erlebnisse George Adamskis umstritten seien. Solchen Behauptungen ist von fachlicher Seite gleich anzumerken, wie betreffende Gegner von falschen Voraussetzungen ausgehen und demzufolge auch unrichtige Schlußfolgerungen ziehen.

Es ist leicht, aber mehr als unfair, einen Toten zu diffamieren. Um so mehr müssen wir als besser Informierte zur Wahrheit verhelfen. Wir erinnern an UN 230/31, S. 3, 4 und 9, 1975,

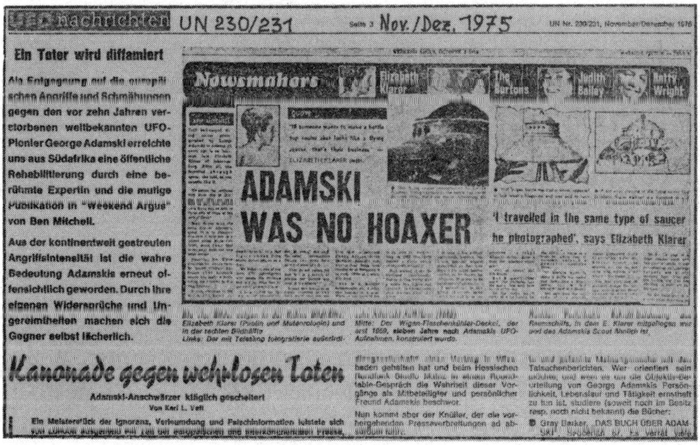

UN 230/231 Seite 3 Nov./Dez. 1975

Ein Toter wird diffamiert

Als Entgegnung auf die europäischen Angriffe und Schmähungen gegen den vor zehn Jahren verstorbenen weltbekannten UFO-Pionier George Adamski erreichte uns aus Südafrika eine öffentliche Rehabilitierung durch eine berühmte Expertin und die mutige Publikation in "Weekend Argus" von Ben Mitchell.

Aus der kontinentweit gestreuten Angriffsintensität ist die wahre Bedeutung Adamskis erneut offensichtlich geworden. Durch ihre eigenen Widersprüche und Ungereimtheiten machen sich die Gegner selbst lächerlich.

ADAMSKI WAS NO HOAXER

'I travelled in the same type of saucer he photographed', says Elizabeth Klarer

Mitte: Der Wigan-Flaschenkühler-Deckel, der erst 1959, sieben Jahre nach Adamskis UFO-Aufnahmen, konstruiert wurde.

Kanonade gegen wehrlosen Toten

Adamski-Anschwärzer kläglich gescheitert

Von Karl L. Veit

Ein Meisterstück der Ignoranz, Verleumdung und Falschinformation leistete sich ...

... baden gehalten hat und beim Hessischen Rundfunk Studio Mainz in einem Roundtable-Gespräch die Wahrheit dieser Vorgänge als Mitbeteiligter und persönlicher Freund Adamskis beschwor.

Nun kommt aber der Knüller, der die vorhergehenden Presseverbreitungen ad absurdum führt.

... Tatsachenberichten. Wer orientiert sein möchte, und wem es um die Objektive Beurteilung von George Adamskis Persönlichkeit, Lebenslauf und Tätigkeit ernsthaft zu tun ist, studiere (soweit noch im Besitz resp. noch nicht bekannt) die Bücher:

- Gray Barker, „DAS BUCH ÜBER ADAMSKI" ...

„Kanonade gegen wehrlosen Toten", mit dem Nachweis, daß die Adamski-Anschwärzer gescheitert sind.

Um diesen Lügen und Ehrabschneidungen die Spitze abzubrechen, haben wir uns kurzfristig entschlossen, unsere interkontinentale Leserschaft über die wirklichen Tatsachen neu zu informieren bzw. Adamski selbst sprechen zu lassen.

Es bleibt kein anderer Weg, den Verleumdern den Mund zu stopfen, auch um unseren neuen Lesern die Möglichkeit persönlicher Einblicknahme in Adamskis originale, zusammenhängende und erstaunlich minutiöse Darstellungen zu vermitteln.

Wir haben deswegen in den „UFO-Nachrichten" Nr. 268–270 Adamskis ersten Bericht zum Abdruck gebracht aus dem weltbekannten, viele Jahre vergriffenen berühmten Werk von Desmond Leslie, Fliegermajor und Mitautor des Buches „Fliegende Untertassen sind gelandet", einem Großneffen von Winston Churchill, der einige Monate bei G. A. lebte, um ihn gründlich kennenzulernen.

Prinz Philip von England, selbst privater UFO-Forscher, machte lt. FSR/London den Ausspruch: „Wer über Flying Saucers mitreden will, muß das Buch von Desmond Leslie und George Adamski gelesen haben!"

Außerdem verletzten der vorerwähnte Artikelschreiber wie auch der Herausgeber unser ausdrückliches Copyright, indem sie die Adamski-Aufnahmen ohne Anfrage abdruckten und dazu noch darunter vermerkten, sie kämen aus ihrem eigenen Archiv.

Aus Adamskis außergewöhnlichem Lebensbereich

George Adamski gab in den USA und auf seiner Welt-Vortragsreise von Amerika, Neuseeland, Australien über Indien nach Europa zahlreiche Filmvorträge und Interviews, wobei er weit über 100000 Menschen persönlich informierte und über Rundfunk und TV-Sendungen über 42 Millionen Menschen dreier Kontinente erreichte.

Mit George Adamski war ich anläßlich seines Film-Vortrags in der Caxton-Hall/London am 27. April 1959 und in Basel mit meiner Frau am 31. Mai 1959 persönlich zusammen. Als Verleger seiner deutschen Bücher und als Präsident der DUIST widmete er mir seinen Film, den ich in mehreren Großstädten Deutschlands und im Ausland vorführen sollte, was auch geschah.

Mit George Adamski am 31. 5. 1959 in Basel. V. l. n. r.: Frl. L. Zinsstag, George Adamski, Frau C. Müller, Frau Anny Veit, dahinter Karl L. Veit.

Im 9. Kapitel des Buches „Das Buch über Adamski" von Gray Barker wird von mir in ausführlicher Weise auf den Seiten 133 bis 174 über „Adamski in Europa" berichtet. Alle hochinteressanten Fakten über seine Besuche bei Königin Juliana und im Beisein hoher Militärs bei Papst Johannes

XXIII. mit Verleihung der Goldmedaille und über das Echo auf seine Vorträge können darin nachgelesen werden. Bezüglich unsachgemäßer Beschuldigungen von „Geldverdienern" sagte er: „Wäre es mir bei der ganzen Sache ums Geschäftemachen gegangen, so hätte ich allerhand Geld verdienen können. Die Zeitungen stellten mich eine Zeitlang ganz groß heraus. Ich hatte ja auch als einer der ersten meinen Kopf hingehalten und die Frage öffentlich zur Diskussion gestellt. Ich verspürte jedoch keine Lust, das so schwerwiegende UFO-Problem zu prostituieren; bei einem Thema von so umwälzender Bedeutung mußte ich es auch ablehnen, fade Witze zu machen. Möglich, daß ich für solche, die keine Ehrfurcht vor dem Kosmischen haben, Angriffspunkte bot . . ."

„Wenn ich das alles bedenke, fällt es mir nicht schwer, Nachsicht zu üben gegen alle, die versuchen, mich in ein schiefes Licht zu setzen. Sämtliche Untertassenforscher warten auf den Augenblick, an dem die überquellenden Aktenbündel der Luftwaffe geöffnet werden dürfen. Bis dahin ist der Laie eben auf seinen eigenen Verstand angewiesen. Er muß seine Entscheidung fällen, je nach dem Maß von Ehrlichkeit und Zuverlässigkeit, das er dem einzelnen Forscher zutraut. Aus diesem Grunde habe ich mich bemüht, in allen Einzelheiten völlig offen zu sein. Ich habe nichts zu verbergen. Meine Motive sind von Hintergedanken frei. Ich habe versucht, jede Frage vorwegzunehmen, die im Zusammenhang mit meinen tatsächlichen Erfahrungen gestellt werden könnte . . ."

Auch der berühmte Rodeffer-Fall vom 26. Februar 1965 (Distrikt Washington) kann nur kurz berührt werden (GB S. 43). Adamski sagte bei seinem Besuch diesem Ehepaar das Kommen eines Aufklärungsschiffes voraus, und Frau Madeleine Rodeffer (K. V. sprach telefonisch mit ihr) konnte das Scout (sog. Adamski-Typ) tatsächlich mit ihrer Movie-

Kamera filmen (!), während das Objekt über dem Park in Baumhöhe in atemberaubenden Bewegungen manövrierte. Über eintausend Teilnehmer am 7. UFO-Weltkongreß der DUIST im Oktober 1967 sahen diesen sensationellen Streifen im Kongreßhaus in Mainz.

M. Rodeffer, Maryland, 1965

Cecil B. de Mille's Star-Kameramann und Fotoexperte Pev Marley hob hervor: „Wenn Adamskis Fotos gefälscht sind, dann sind es die geschicktesten Fälschungen, die ich jemals zu sehen bekam – sie würden sogar die Künste eines Houdini in den Schatten stellen – die Schatten auf dem Flugobjekt und die auf dem Erdboden stimmen so genau überein, daß eine Fälschung einfach ausgeschlossen erscheint . . .“

In der UN-Ausgabe 233, Februar 1976, haben wir durch Text und Illustration „UFOs in Glockenform“ den weltweiten Beweis erbracht, daß der berühmte Adamski-Typ in allen Kontinenten, völlig unabhängig voneinander, fotografiert werden konnte. Millionen Menschen wissen das.

In den UN 269, Mai/Juni, wurde über die erste persönliche Begegnung mit dem Außerirdischen mit aller Akribie berichtet. Bei einer späteren Ansprache des Extraterrestriers zu Adamski sagte derselbe: „Auf eurer Erde (IIdR, S. 177) hat es viele ähnliche Sichtungen und persönliche Begegnungen mit dem einen oder anderen Individuum gegeben, außer deinen Begegnungen; einige vor, andere nach deinem ersten Treffen. Sie haben sich in fast jeder Nation in der Welt ereignet. Jedoch dein Erlebnis war das erste, das in einer Weise berichtet wurde, daß es sehr viele Menschen erfuhren. Obgleich solche Begegnungen seit Jahren stattgefunden haben und darüber Berichte, die allerdings nie veröffentlicht worden sind, angefertigt wurden, wagen nur wenige Menschen, ihre Erlebnisse zu erzählen; ihre Mitmenschen glauben ihnen ja doch nicht."

Als Adamski während seiner Weltraumfahrt 1955 die „Feuerfliegen" (fireflies), ebenso die Erde aus dem Blick vom Weltraum aus als „blauen Planeten", genau beschrieben hatte, sagten Besserwisser voraus, daß sowjetische und US-Raumsonden solche Angaben widerlegen würden. Das Gegenteil war ab 1957 eingetreten. US-Astronaut John Glenn bestätigte das Vorhandensein der „Feuerfliegen", und die Bezeichnung „Blauer Planet" ging als astronomischer und volkswirtschaftlicher Terminus (siehe Prof. Habers „Unser blauer Planet") ins Experten- und Menschheitsbewußtsein, sogar bei Schulkindern, ein!

Man müßte noch hundert andere Fakten vorbringen, um das großartige Bild über Adamskis Persönlichkeit und seine Publikationen abzurunden . . . Doch das sei dem Studium und eigener Erarbeitung aller gründlich Interessierten überlassen. Die dreißigjährige Vorarbeit der DUIST macht dieses Eindringen in Weltraumkunde und Ufologie nicht nur relativ leicht – es befriedigt auch, weil unser kosmisches Bewußtsein dadurch ungemein gefördert und zugleich erhöht wird.

George Adamski sagte als Sechsundsiebzigjähriger (S. 160) kurz vor seinem Hinübertritt u.a.: „Die Entwicklung der Wahrheit wird niemand aufhalten können! Was heute nur einige wissen, werden viele in einigen Jahren als selbstverständlich ansehen ... und die Jugend ist es, so hoffe ich, die sich der Forschung des Fortschritts und einer besseren Welt widmet."

Meine kurze Laudatio anläßlich seines irdischen Ablebens am 23. April 1965 in Washington D.C. – ebenso Auszüge aus unserem Briefwechsel aus den fünfziger Jahren – können im Buch von Gray Barker ab Seite 161 als historische Dokumente nachgelesen werden.

XVIII.

Meine Freundschaft mit George Adamski

Sondertagung der Deutschen UFO-Studiengesellschaft (DUIST) im Roten Pavillon des Kurhauses Wiesbaden Sonntag, 21. Juni 1981

Als Präsident der Deutschen UFO-Studiengesellschaft heiße ich Sie alle zu unserer Sondertagung sehr herzlich willkommen und freue mich, daß Sie von fern und nah angereist sind. Ich begrüße die Damen und Herren unseres Vorstandes, DUIST-Mitglieder und Gäste aus den USA, Frankreich, Schweiz, Polen, Nord- und Süddeutschland sowie aus Berlin – insbesondere aber unseren heutigen Ehrengast aus Kalifornien mit Gattin, und stelle Ihnen damit Mr. Fred Steckling aus den USA vor. Herr Steckling, gebürtiger Berliner, Deutschamerikaner, ist als Begründer der Adamski-Foundation ein profilierter UFO-Forscher. Er gab bei Vorträgen in drei Kontinenten seine Erarbeitungen und persönlichen Erlebnisse bei der NASA und im US-Pentagon in UFO-Forschungskreisen bekannt.

Wir freuen uns, aus dem Mund dieses Experten einen breiten Ausschnitt aus dem weltweiten Gebiet der Ufologie in Wort, Film- und Diabeiträgen hören und sehen zu können, speziell auch über den noch heute größten Pionier sowohl an Weltraum-Erkenntnissen wie auch als Kontaktperson mit den planetarischen hilfreichen Freunden aus dem All: George Adamski.

K.V.

Vortrag Fred Steckling/USA
(Nach Tonband-Protokoll leicht gekürzt)

Meine Damen und Herren. Es bereitet mir große Freude, daß ich nach so vielen Jahren wieder in Deutschland bin und daß ich über ein Thema sprechen darf, das mir so nah am Herzen liegt. Das Thema lautet: Gibt es intelligente Lebewesen im Weltall, auf anderen Planeten? Und ist es möglich, daß diese Lebewesen uns mit ihren Raumschiffen auf dieser Erde besuchen? Ich hoffe, daß mein Vortrag und die Filme und Dias Ihnen einen kleinen Einblick geben in das so vielseitige Gebiet.

Einiges Persönliche und meine Freundschaft
mit George Adamski

Ich lebe seit 23 Jahren in Amerika, und wir sprechen meistens Englisch in der Familie; deshalb bin ich mit meinem Deutsch etwas aus der Übung.
1963 verließ ich mit Frau und Sohn gerade ein Kaufhaus. Da sahen wir ein merkwürdiges Fluggerät in etwa 5000 Meter Höhe über der Stadt. Das Objekt war rund, wie eine flache Glocke etwa geformt, und hatte eine metallisch-blaue Farbe, unten mit drei merkwürdigen Kugeln. Damals war ich noch nicht vertraut mit so einem Gerät und machte ein Foto davon. Obwohl ich mich für die Fliegerei interessiere, seitdem ich als Jugendlicher in Deutschland Segelfliegen gelernt habe (1956 auf der Insel Juist), und heute mit einem Motorflugschein in Amerika viel herumfliege, hatte ich doch noch nie so etwas gesehen. Viele Zeugen waren mit uns auf der Straße, die das Gerät beobachteten; auch ein Reporter der amerikanischen Zeitung „Daily News", der dann am nächsten Tag in seinem Blatt darüber berichtete.

Mein nächster Schritt war, die Behörde zu benachrichtigen und herauszufinden, woher diese Apparate kommen. Die Luftwaffe schrieb mir in einem Brief, daß die UFOs meistens aufgeklärt werden können – bis auf etwa 12 Prozent – und daß diese Geräte keine Gefahr für die Vereinigten Staaten bedeuten. Vom Pentagon wurde mir ein Umschlag mit mehr Informationen versprochen, welcher aber nie ankam. Drei Monate später besuchte ich die US-Kongreß-Bibliothek in Washington, um mehr über die Sache herauszufinden. Unter den Sachbüchern der Kartei habe ich nach UFO-Büchern gesucht und viele gefunden, zuerst natürlich das Buch von Herrn Adamski, weil ich bei „A" anfing.

Gleich nach dem Öffnen des Buches „Im Innern der Raumschiffe" fand ich die Abbildung eines Apparates, der genau so aussah wie das, was ich vorher fotografiert hatte. Und da war ich natürlich überzeugt, daß so etwas existiert und daß die Fotografien, die Herr Adamski in seinen Büchern veröffentlicht hat, echt sind.

Herr Adamski hat das Privileg, drei fundamentale Feststellungen getroffen zu haben: 1. Es gibt interplanetarische Raumschiffe, die man fotografieren kann. 2. Auch andere Planeten sind bewohnt von Menschen wie wir; sie haben Basen auf dem Mond. 3. Diese Planetarier wenden Naturgesetze an, die wir noch nicht nutzen können, und sie haben eine Lebensphilosophie mitgebracht, von der Adamski uns in seinen Büchern etwas mitgeteilt hat.

Zahlreiche Bestätigungen für Adamskis Wahrhaftigkeit

Nun habe ich systematisch Nachforschungen betrieben, um mich selber von der Wahrheit zu überzeugen. Dabei habe ich herausgefunden, daß Adamski die Aufgabe hatte, die Erdbevölkerung auf das kommende Zeitalter des Raumfluges aufmerksam zu machen, und daß intelligentes Leben sich nicht durch Zufall auf der Erde entwickelt hat, sondern daß das Wunder des Lebens über den ganzen Kosmos verbreitet ist, erschaffen von einer kosmischen Intelligenz, nach strengen Naturgesetzen, welche das All regieren und beherrschen. Millionen von Menschen haben seine Erlebnisse und Lehren mit offenen Herzen empfangen, während andere mit beschränkten Vorstellungskräften seine Erfahrungen in das Reich der Phantasie legten. Aber das ist auch verständlich, denn viele Menschen auf dieser Erde werden zu oft von getreuem Festhalten an den überlieferten, herkömmlichen Schablonen beherrscht.

In meinen drei Jahren Zusammenarbeit mit Herrn Adamski habe ich ihn als einen Menschen kennengelernt, der voller Wissen, Geduld und Weisheit war. Eine Qualität, die vielen Menschen auf der Erde heute noch fehlt. Bei meinen Nachforschungen nach Beweisen fand ich folgendes heraus: Die amerikanische Luftwaffe hat im „Report 14", herausgegeben vom „Project Blue Book", zugegeben, daß am 20. November 1952 in der Umgebung von Desert Center/Kalifornien von Luftwaffen-Piloten über UFO-Sichtungen berichtet worden ist, und daß dieser „Report 14" von jedem angefordert werden kann. Das ist die positive Aussage der Luftwaffe, daß der Kontakt stattgefunden hat.

Im „Confidential-UFO-Magazin" (= vertrauliche Nachrichten) hat man 1981 einen Bericht herausgegeben über UFOs, die genauso aussehen wie die Apparate, die Herr Adamski vor 20 oder 25 Jahren aufgenommen hat; aber diese Berichte datieren aus den Jahren von 1965 bis jetzt. Man schreibt in diesem Magazin, daß die MIM-Studios in Hollywood neuerdings wieder die Adamski-Fotografien untersucht haben. Mit den vielen Millionen Dollar teuren Geräten in diesem Laboratorium hat man feststellen können, daß seine Fotografien nicht gefälscht sind. Die Tiefenschärfe der Adamski-Aufnahmen konnte nicht nachgeahmt werden.

Außerdem gibt es den Fall des Geologen Fritz von Nest. 1968 hat dieser Geologe Messungen im Staat Utah vorgenommen. Dabei gelangen ihm drei Fotos eines Objektes, das genau so aussah wie die Fotos von Herrn Adamski. Interessant jedoch ist, daß Herr von Nest nicht an Leben im Weltraum und nicht an UFOs glaubt und daß er in früheren Jahren mit Dr. Menzel zusammengearbeitet hat, der vor über dreißig Jahren die UFOs als Spiegelungen wegerklärte. Nun hat Herr von Nest die Fotos seinem Freund Dr. Menzel auf den Schreibtisch gelegt. Sie können sich vorstellen, wie überrascht der Doktor gewesen ist, als er diese Beweise sah.

Das alles passierte nach dem Tode Adamskis.

Als ich vor drei Jahren in Japan einen Vortrag hielt, bekam ich als Geschenk das Buch „Ultra Relativität" von Dr. Seike. Darin schreibt er, daß die japanische Regierung an elektromagnetischen Erfindungen zur Beeinflussung der Schwerkraft arbeiten läßt und daß die von Herrn Adamski aufgenommenen Objekte elektromagnetische Fahrzeuge sind. Auch der englische Ingenieur und Wissenschaftler Leonard Cramp bestätigt das.

Der Engländer John Searl hat bekanntlich elektromagnetische Fahrzeugmodelle gebaut und fliegen lassen. Nach vorliegenden Berichten hat das englische Militär auf diese Modelle geschossen, aber die Geschosse sind abgeprallt. Auch dies beweist, daß solche Apparate funktionieren und daß Adamski mit seinen Behauptungen recht hatte.

Der 90. Kongreß der Vereinigten Staaten hat Wissenschaftler zusammengerufen und hinter verschlossenen Türen befragt: „Ist es möglich, daß UFOs von unserem Sonnensystem kommen?“ Antwort: „Natürlich, denn wir haben bis jetzt keine Beweise, daß eine fortgeschrittene Zivilisation nicht auf den Planeten in unserem System leben kann. Wenn Mars in Erdnähe ist, nehmen die UFO-Sichtungen zu.“ Weitere Frage: „Wenn wir Besucher aus dem All haben, warum landen sie dann nicht?“ Antwort: „Im Jahr 1954 allein wurden über 200 Landungen registriert.“ Man kann sich vorstellen, wieviele Raumschiffe dann inzwischen hier gelandet sein mögen.*)

Im Luftwaffen-Report von Colorado Springs lernen die Kadetten, daß UFOs möglicherweise von anderen Planeten kommen, von intelligenten Lebewesen oder ferngesteuert betrieben werden und daß das UFO-Problem seit biblischen Zeiten bekannt ist. Ein Beweis, daß die Regierungen es ernst nehmen.

Von 1959 bis 1972 hat der französische Wissenschaftler Maurice Chatelain bei der NASA gearbeitet und war verantwortlich für die Funkverbindung mit den Raumschiffen. In seinem letzten Buch „Unsere Vorväter kamen aus dem Weltraum“ schreibt er, daß die Astronauten von UFOs begleitet worden sind, auf dem Weg zum Mond und um den Mond herum. Er bestätigt auch Adamski, daß nämlich unser Sonnensystem 12 Planeten hat, und daß Nicola Tesla (Wechselstrom), der Italiener Marconi und der Amerikaner Westinghouse

*) Lt. früherer Statistik des „Data Net Report“ von J. Clark/USA mit Landkarte haben allein in den USA bis ca. 1970 ungefähr 400 Landungen stattgefunden. Vergl. Vortrag von K.L. Veit, „Zwei Arten der Weltraumfahrt“, 10. DUIST-Kongreß/Wiesbaden, 30. September 1970; Dokumentarbericht 1970, Seite 39.

schon 1928 Radiokontakt mit intelligenten Lebewesen aufgenommen haben, was bis jetzt geheimgehalten wurde.

Astronaut Gordon Cooper hat 1966 noch als Luftwaffenpilot Hunderte von UFOs gejagt, die, in Gruppen fliegend oder stillstehend, in etwa 20 km Höhe sich am süddeutschen Himmel zeigten. Im gleichen Jahr war ich das letzte Mal in Deutschland. Aus dem fahrenden Eisenbahnzug zwischen Mannheim und Frankfurt konnte ich damals mit meiner Schmalfilmkamera eine Gruppe von weißen zigarrenförmigen Objekten filmen, während mein Sohn das offene Fenster herunterhielt.

Nach und nach werden von der NASA Berichte freigegeben, die bisher geheimgehalten wurden aus Angst vor einer Panik der Bevölkerung. Aus dem gleichen Grund haben die Astronauten ihre UFO-Erfahrungen auf dem Mond verschweigen müssen.

Die Apollo-12-Astronauten haben auf dem Mond eine Metallkappe genommen und diese sich gegenseitig zugeworfen wie eine fliegende Untertasse (als „Frisbee" aus Plastik in Spielwarengeschäften erhältlich). Sie haben erstaunt über Funk berichtet, daß die Mondluft zwar dünn ist, aber doch genügt, um die Frisbee fliegen zu lassen. Tatsächlich haben die von Apollo 12 und 14 hinterlassenen Instrumente auf dem Mond eine dünne Atmosphäre gemessen. Außerdem wurde Wasser registriert und Wolken von 15 km Durchmesser. Astronaut Borman: „Das, was ich aus meinem Fenster sehe, sieht so aus wie Wolken." Man hat ein magnetisches Feld und vulkanische Aktivitäten gefunden.

Apollo 11 berichtete: „Wir haben den Mond nicht als einen toten Planetenkörper aufgefunden, nicht steril, kahl und verlassen, sondern dynamisch und schön" (Zitat aus dem Buch „Footprints of the Moon").

Warum haben kurz nach der Landung von Apollo 11 vier wichtige Wissenschaftler zugleich ihren Abschied genommen? Es waren Bill Hess und die Geologen Albert King, Dr. Bell und Dr. Weiss. Man kann nur vermuten. daß sie es nicht verantworten wollten, die vielen neuen Erkenntnisse, die man gefunden hatte, der Weltöffentlichkeit verheimlichen zu müssen. Rodeffer-Film: Ein Superbeweis mit vier Zeugen.

Die Krönung einer Dokumentation von UFOs aber passierte 1965 – einige Tage vor dem Tod Adamskis. Durch seine Kontakte, die er bis in die letzten Tag seines Lebens hatte, wurde ihm mitgeteilt, daß er eine geladene Filmkamera für den 26. Februar 1965 bereithalten solle, denn dann könne er aus der Nähe ein Raumschiff aufnehmen. Adamski war bei Frau Rodeffer zu Gast, die dann den Film aufgenommen hat, damit Adamski nicht wieder der Fälschung verdächtigt würde. Ich war als Zeuge dabei und habe den Film gleich zum Entwickeln weggebracht. Er wurde im Kodak-Labor Rochester untersucht und für authentisch erklärt. Folgende Daten wurden gefunden: Durchmesser neun Meter, Entfernung von der Kamera 25 Meter, Höhe über dem Boden etwa 30 Meter. Durch das Kraftfeld, welches das Schiff umfließt, entsteht nämlich eine optische Verzerrung wie die Schlierenbildung in Luftschichten unterschiedlicher Temperatur. Meine Forschungen haben mich dann zur NASA gehen lassen. Ich habe die Adamski-Filme und meinen Eisenbahn-Film aus Deutschland genommen und beides den interessierten Stellen zur Vorführung angeboten. So wurden wir dann eingeladen von der NASA – Herren aus dem Pentagon und dem Senat waren auch dabei. Die NASA-Wissenschaftler haben uns mit großem Respekt behandelt. Sie wußten genau die Größe und Antriebsweise dieser Maschinen, wir mußten überhaupt nichts erklären.(!)

Die genannten Filme wurden zum Schluß des Vortrags vorgeführt. Herr Steckling erklärte aber noch, wie die Dias vom Mond zustandegekommen sind mit ihrem wahrhaft sensationellen Inhalt:

Enthüllte Mond-Geheimnisse

Mr. Steckling hatte sich die Mühe gemacht, im Dokumentenkeller der NASA in Houston die Tausende von Mikrofilmen mit Fotos vom Mond durchzumustern. Er schrieb sich die Kennziffern von denjenigen Bildern heraus, auf denen er merkwürdige Strukturen erkannt hatte oder Objekte, die seinen Verdacht erregten, nicht natürlichen Ursprungs zu sein. Es waren besonders Bilder von der Rückseite des Mondes. Mit Hilfe der Kennziffern konnte er Original-Papierbilder von der NASA erwerben. Diese wurden dann ausschnittweise an den interessantesten Stellen zehn- bis zwanzigmal vergrößert. Manche hat er zusammen mit seinem Freund Major Petersen in einem Labor der dänischen Luftwaffe vergrößert, und andere im eigenen Labor in Amerika. Natürlich hat durch die extreme Vergrößerung die Bildschärfe gelitten. Aber die Bilder bestätigen doch, was Kenner der Mondrätsel bisher nur vermuten konnten.

Da war z. B. ein großer Krater zu sehen, der genau in der Mitte durch eine hohe Mauer in zwei Hälften getrennt ist. Die eine Hälfte erscheint schwarz, die andere hell, aber mit dem Schatten einer „Staumauer"; es sieht wirklich so aus, wie ein Stausee bei uns für den Flieger erscheint! Andere unregelmäßige Vier-, Fünf- oder Sechsecke (mit abgerundeten Ecken) sind schwarz, aber von einer weißen Doppelkontur umgeben, genauso wie bei uns Pumpspeicherseen aus der Luft ausschauen. Auf einigen Bildern waren langgestreckte weiße Wolken sichtbar, welche Teile von Kratern verhüllten, aber auch viele kleine rundliche in Formationen, wie wir sie als Schäfchenwolken kennen.

Wasser auf dem Mond? Wegen dessen geringer Anziehungskraft sollte das längst in den Weltraum entschwunden sein. Wir wissen aber, daß unter der dezimeterdicken Staubschicht auf dem Mond gefrorener Boden vorherrscht. Als nämlich die Lunonauten mit dem Elektrobohrer Bodenproben hochholen wollten, ist ihnen wiederholt der Bohrer festgefroren (in 10 Meter Tiefe sind minus 30 Grad Celsius), wenn es ihnen nicht gleich gelang, ihn aus dem Bohrloch herauszureißen. Eis gibt es übergenug auf dem Mond, das wissen wir vom NASA-Geologen Farouk el Baz, sicher auch natürliche Eishöhlen, und es wäre nicht schwierig, solche künstlich zu erweitern!

Der birnen- oder eiförmige Mond dreht der Erde immer dieselbe schwerere Seite zu (das stumpfe Ende des Eies). Auf dieser uns zugekehrten Seite kann er kaum Atmosphäre haben, weil die Gravitation der Erde das Entweichen noch unterstützt. Aber auf der Rückseite muß dieselbe Kraft dem Mond helfen, die Moleküle von Luft und Wasserdampf festzuhalten, am besten natürlich innerhalb der Krater! Deshalb also scheinen Wolkengebilde und Wasserflächen auf der Rückseite durchaus möglich zu sein. Auf einigen Bildern der Mondrückseite verzahnen sich ausgedehnte braune und grüne Flächen. Die dunkelgrünen Stellen der nicht so stark beleuchteten Kraterabhänge lassen zweifelsfrei dichtes Buschwerk erkennen. Die rotbraunen Flächen möchte man nicht gern als Herbstlaubfärbung deuten, sondern als eine Blutform-Varietät der grünen Büsche, wie sie bei unseren Ziersträuchern beliebt ist. Vielleicht sind diese bei Temperaturgegensätzen günstiger fürs Fortkommen.

Auf einem Bild erkennt man im Bereich eines Kraterrandes drei riesige weiße Kugeln in Dreiecks-Formation, die aussehen wie bei uns die Satelliten-Antennen in Raisting oder die Fern-Radar-Kuppeln auf den Berggipfeln am „Eisernen Vorhang". Dicht daneben sind noch größere weiße Zylinder wie runde Hochhäuser oder dreistöckige Erdöl-Raffinerie-Tanks. Auf Kraterrändern oder ebenen Kraterböden sieht man riesige langgestreckte weiße Hallen, wie die unserer ehemaligen Luftschiffe gestaltet; ihre Länge reicht von einem Drittel bis zum vollen Krater-Durchmesser, z. B. 21 km. Es gibt aber auch halbkugelförmige Kuppeln, ebenfalls weiß; am Schatten erkennt man, daß es Erhebungen sind. Und immer wieder dazwischen die riesigen weißen zigarrenförmigen Raumschiffe, größer als unsere Flugzeugträger; man muß es gesehen haben, sonst glaubt man es nicht.

Wir sollten die Existenz solcher Dinge auf dem Mond zur Kenntnis nehmen und uns darüber Gedanken machen. Denn die NASA hat das Apollo-Programm nicht deshalb abgebrochen, weil man nichts Neues mehr entdeckt hätte, sondern (wie Herr Steckling erfuhr) deshalb, weil sie zuviel entdeckt haben.

Monografie und Luftbildauswertung
von St. Dir. a. D. Karl Maier.

Zu dieser Sondertagung der DUIST-Zentrale in Wiesbaden waren 180 Teilnehmer aus sechsundsechzig Städten von fünf Ländern zweier Kontinente angereist. Tagungsleiter:
Karl u. Anny Veit